零距离上岗 高职高专财会专业系列规划教材

财经应用写作

（第2版）

刘家枢 李照清 张爱华 编著

Finance and Economics Application Writing

電子工業出版社
Publishing House of Electronics Industry
北京 · BEIJING

图书在版编目（CIP）数据

财经应用写作 / 刘家枢，李照清，张爱华编著. —2 版. —北京：电子工业出版社，2015.4
零距离上岗·高职高专财会专业系列规划教材
ISBN 978-7-121-25467-3

Ⅰ. ①财… Ⅱ. ①刘… ②李… ③张… Ⅲ. ①经济－应用文－写作－高等职业教育－教材 Ⅳ. ①H152.3

中国版本图书馆 CIP 数据核字(2015)第 022771 号

策划编辑：杨洪军
责任编辑：王菀朕
印　　刷：三河市双峰印刷装订有限公司
装　　订：三河市双峰印刷装订有限公司
出版发行：电子工业出版社
　　　　　北京市海淀区万寿路 173 信箱　邮编 100036
开　　本：787×1092　1/16　印张：16.25　字数：396 千字
版　　次：2009 年 1 月第 1 版
　　　　　2015 年 4 月第 2 版
印　　次：2018 年 1 月第 4 次印刷
定　　价：36.00 元

凡所购买电子工业出版社图书有缺损问题，请向购买书店调换。若书店售缺，请与本社发行部联系，联系及邮购电话：（010）88254888，88258888。
质量投诉请发邮件至 zlts@phei.com.cn，盗版侵权举报请发邮件至 dbqq@phei. com.cn。
本书咨询联系方式：（010）88254199，sjb@phei.com.cn。

第2版前言

财经应用文是重要的管理工具，财经应用写作能力是高职财经类专业学生必须具备的关键能力（核心能力）。为有效培养高职学生财经应用写作能力，改进高职财经应用写作课程与教学，我们编著了本书。现就以下方面做出说明。

一、编写目的

第一，适应高职教育技能培养的新理念和人才培养创新模式的要求；第二，依据新的《党政机关公文处理工作条例》（中办发［2012］14号）、国家最新标准《党政机关公文格式》（GB/T 9704—2012）等一系列的标准与规范重新设计全书结构及内容；第三，将教学内容及案例进行充实与更新，体现财经应用写作标准化、发展性与实用性特点。

二、本书特色

财经应用写作能力是学生必须具备的关键能力。关键能力是那些与特定的专业技能不直接相关的、在各种不同场合和职责情况下做出判断选择的能力和成功处理职业生涯中不可预见的各种变化的能力。[①]关键能力具有普适性、可迁移性、工具性、持久性、价值性、独特性、整合性特征，是多种能力的综合。[②]财经应用写作能力是财经职业领域所有工作岗位和工作过程都需要的能力，具有关键能力的七大特点。本书在内容与结构上突出这一关键能力的培养。内容上，一是每个文种都配有典型案例，便于这一关键能力学习和模拟训练；二是案例内容结合财经管理业务，便于与专业学习相结合进行关键能力的训练；三是设计小组训练项目，培养学生通过合作提升应用这一管理工具的能力；四是引进最新标准、编选近3年的案例，建立财经应用写作训练的真实情境，提高学习这一关键技能的真实性和有效性。结构上，本书八个部分覆盖财经管理的各个领域，30多个文种由一般到具体、由简单到综合，遵循了高职财经应用写作这一关键能力的形成规律。

三、本书编著者

本书主要编著人刘家枢，管理学教授，中国职教学会科研工作委员会理事，全球职业规划师（GCDF），曾任《辽宁高职学报》副主编。他是文学学士、法学硕士，南京师范大学教育领导与管理专业博士研究生。教授并系统研究应用写作课程，积累了较丰富的高职财经应用写作课程教学经验。长期从事管理与教学工作，执笔大量公文及发展规划、论证报告、建设方案，以及合同、协议，起草大量管理文件、制度，具有应用写作丰富实践经验。刘家枢教授拟定全书框架、编写体例和主要内容，负责统稿，编写第1～3章，并与张爱华老师共同编写第4章。李照清，教育学硕士，讲师，编写第7、8章。张爱华，财经专业毕业，编写第5、6章。

---

① 凌红. 德国关键能力培养理念及对职业教育的启示[J]. 中国成人教育，2011,12:111-113.

② 尹金金，孙志河. 关键能力的内涵比较与反思[J]. 中国职业技术教育，2006,34:26-27.

四、对本门课程教学安排的建议

1. 遵循“教学做合一”的原则实施教学。本门课程教师要加强财经应用写作实践能力的训练和经验积累，并应考取秘书及相关的职业资格。课程应安排在第二学年，在第三和第四两个学期实施，与专业课教学相结合，进行任务式写作训练。

2. 一体化设计全过程培养方案，规划在每门课程、每部分教学内容或实训项目中财经应用写作能力的过程目标，以获得秘书职业资格为合格能力目标。一是在教学中要注意建立学习小组形式，完成项目训练；二是应与专业教学部门共同制定覆盖每门课程、每个教学或实训项目的应用写作训练计划，并组织有效实施；三是毕业论文部分的教学，可分段放在开始专业顶岗实习前，布置毕业论文撰写，毕业论文成绩作为财经应用写作课程成绩的组成部分。

3. 注重在财经专业条件下，情境化解决问题能力、财经应用写作能力、人际交往与合作能力的复合培养，强化学生自觉训练与自觉使用财经应用写作的意识。

4. 本课程的课时数可设为40～70课时，可以分理论与实践两个教学阶段。

五、对本门课程教师的建议

高职财经应用写作教师普遍存在专业经验不足、应用写作能力不足问题，建议如下。

1. 由高职院校组织财经类相关专业教师对财经应用写作教师开展专业培训，使财经应用写作教师初步掌握财经应用写作的专业背景知识及应用要求。

2. 加强高职院校应用写作教学组织与财经类专业教学组织的交流与互动，形成培养过程的相互支持与促进的合力。

3. 创新教学模式，可与专业教师共同实施财经应用写作训练项目，开发真实项目。

4. 财经应用写作教师要主动积累一定财经应用写作的专业经验，高职院校要创造条件，派这些老师去财经类企业进行企业实践和调研。

5. 收集财经企业各类应用文案例，建立案例库和项目库，开发网络教育资源。

6. 加强财经应用写作有效教学的专门化研究，组织研究团队，申办相关立项课题。

六、对本门课程学生的建议

1. 提高对于财经应用写作能力重要性的认识，了解关键能力和关键能力特点，提升自主学习意识，主动探索提升这一关键能力的有效对策。

2. 主动学习本书。本书每个部分可以独立阅读训练，也可以相互参酌，互为补充，互相支持。财经应用写作的特点是格式的规范性，可以模仿例文，不断训练，提高写作能力。

3. 注重学用结合。财经应用写作是在应用写作基础上建立的专门性训练框架，很多写作项目在日常学习和生活中都有相同、相近的情境和需要，要主动使用应用写作这一管理工具解决实际问题。在不断使用和解决问题的情况下，提升有效使用这一管理工具的信心。

4. 加强合作学习与训练。财经应用文要经过创意、起草、修改、审核、批准、使用一系列过程，往往是团队作业的产物。学生必须在学习过程中培养、训练合作意识与能力。

七、本书的局限与改进设想

教材编写人员必须具备四方面条件：热爱教育研究并具有创新意识与能力；具有对专业教材领域的深入研究和丰富的实践经验；具有对高职教育教学规律的研究、理解与丰富的实践经验；具有对学生及其学习规律的理解与深入研究。就像世界著名经济学家保罗·萨缪尔森，他主持撰写的巨著《经济学》1948 年出版第 1 版，直至他 2009 年去世前，还不断修订完善，直至第 19 版，印刷千万册，成为全世界经济学的经典教材。全面质量管理的基本原则之一就是持续改进，教材编写应该有这样的态度。

正因秉持持续改进的理念，我们决定重新编著本书的第 2 版。本次编著由热爱职业教育事业并有较丰富应用写作经验和教育教学经验的三位教师担任，吸收了许多使用《财经应用写作》第 1 版的教师的意见，在框架上保持了八个部分的总体结构，内容几乎全部重新编写，案例全部改用近 3 年的新案例，文种做了部分调整。

不过，本书也存在一些不足。例如，现在高职在校和毕业后创业的学生逐渐增多，商业（创业）计划书是创业必须使用的应用文文种；学生学习与就业都强调做好个人职业管理，职业发展规划是必须使用的应用文文种；高职毕业生越来越多参加公务员、事业单位、村官等类考试，申论是必考科目。这三个文种本版中没有列入写作框架，我们将在下一版修订时补充进去。任课教师可以根据教学经验编写补充教材进行教学。

八、致谢

感谢电子工业出版社杨洪军、王莞朕两位编辑，她们严格审核，支持、帮助我们完成本书编写工作。

在本书的编写过程中，我们吸收了国内外许多专家和学者的专著及论文成果，在此致以深深的谢意！感谢无数不相识、没见面、使用这本书的老师和同学，你们让这门课程充满生命力，成为提升本书质量的重要支持力量。

教材编写必须带着责任、带着对教育和对学生的爱心去做，必须遵循编写规范。热爱教育工作、致力于教育教学实践、不断追求教育理想的我们，希望通过这本书和这门课程帮助学生提高关键能力，让学生有较强的职业竞争力和发展力，有美好的职业人生。

带着感恩的心，我们完成了这次编写工作。

刘家枢

2015 年 1 月于南京师范大学随园

目　录

第 1 章　财经应用写作概述

本章学习目标

- 掌握应用文和财经应用文的概念。
- 掌握财经应用文的特点和种类。
- 掌握《党政机关公文处理工作条例》的概念与主要内容。
- 掌握《党政机关公文格式》（GB/T 9704—2012）的概念与主要内容。
- 掌握财经应用文的写作要求。

1.1　应用文与财经应用文

1.1.1　应用文的概念及种类

1. 应用文的概念

人类的写作活动主要分为两大类。一类是文学性写作活动，是作者为抒发主观情感、反映现实生活、直接或间接表达对社会的态度而写作，这类写作的主要文体形式是诗歌、散文、小说等。另一类是应用性写作活动，是作者为管理组织或个人事务、解决生产与生活中的实际问题而写作，这类写作的主要文体形式如公务文书、礼仪应用文、专业应用文、毕业及学术研究论文等。

应用文是组织或个人在管理过程中，为实现对组织或个人的有效管理目标而经常并普遍使用的一种具有固定或惯用格式的应用性文体，是一种重要的管理工具。著名教育家叶圣陶先生提出："大学毕业生不一定要会写小说、诗歌，但一定要会写工作和生活中实用的文章，而且非写得既通顺又扎实不可。"梁启超认为学生以会应用之文最重要，情感之文不必人人都要学。

2. 应用文的种类

在不同的管理领域，往往应用不同文种的应用文。按使用功能，应用文可分为以下三类。

第一类是公文类应用文。公文类应用文也称公文，是党政机关实施领导、履行职能、处理公务的具有特定效力和规范体式的应用文，是传达贯彻党和国家方针政策，公布法规和规章，指导、布置和商洽工作，请示和答复问题，报告、通报和交流情况等的重要工具。根据《党政机关公文处理工作条例》（中办发［2012］14 号）的规定，行政机关的公文主要有决议、决定、命令（令）、公报、公告、通告、意见、通知、通报、报告、请示、批复、函、议案、纪要 15 个文种。

第二类是事务类应用文。事务类应用文也称事务应用文，是党政机关、群众团体、企事业单位及个人在处理具体事务中经常使用的应用文，不同于党政机关公文有严格的格式规范要求，形式比较灵活多样；又不具有很强的专业性要求，是处理日常事务的常用文种。事务类应用文主要有计划、总结、章程、制度、会议记录及大事、记便条、条据、启事、声明、日记、读书笔记、演讲稿、书信、讣告、讲话稿、祝词等。

第三类是专业类应用文。专业类应用文也称专业应用文，是只在专业领域开展专业性或与专业工作相关的管理工作时使用的应用文。常见的专业应用文包括外交应用文、军事应用文、司法应用文、财经应用文、医学应用文等。有些领域还有自行规定的专用文体。

1.1.2 财经应用文的概念

财经应用文是组织或个人在实施财经及相关管理活动过程中，为实现对组织或个人财经及相关目标的有效管理而经常并普遍使用的一种具有固定或惯用格式的专业应用文，是财经管理工作中重要的管理工具。

可以从以下四方面理解和掌握财经应用文这一概念。

1. 财经应用文应用于财经专业管理工作过程中

财经应用文的撰写、印刷、发布、传输、归档、查阅乃至电子化，都是财经专业管理工作的重要组成部分，任何组织与个人都有财经工作及相关管理活动，所以，任何组织和个人都一定应用这一类专业应用文。因此，财经类专业学生必须高度重视并较好地掌握这一工具。

2. 财经应用文是有固定或惯用格式的应用性文体

财经应用文是应用文中专业应用文的一类，因此，它也具有应用文行文的科学性、格式的规范性、使用的普遍性等特点，普遍适用《党政机关公文格式》（GB/T9704—2012）等相关标准。所以，要掌握财经应用文这一管理工具，必须熟练掌握标准的具体内容，并能熟练应用。

3. 财经应用文有属于财经类专业领域的特殊属性

财经应用文重视用数据说话，用数据作为基本材料实施管理行为；财经应用文重视科学性，通过建立数据间严密的逻辑联系，实现对财经工作的科学管理；财经应用文有更强的专业性，撰写财经应用文必须懂得经济规律，掌握相关的经济理论知识。

4. 财经应用文是财经专业管理工作重要的管理工具

管理工具的使用取决于组织特点和管理目标，正确使用管理工具有利于组织的有效建设与目标实现，错误或不当使用会造成对组织的破坏，妨碍组织目标的实现。因此，在使用财经应用文这一管理工具时，须全面了解组织性质和管理目标。

1.2 财经应用文的作用

1. 组织管理作用

组织管理作用是财经应用文的首要作用。市场经济社会条件下，一切组织的管理活动都是经济活动或与经济相关的活动，必须遵循市场经济规律和组织发展规律，市场经济规律是组织管理与运行发挥基础性作用的规律。作为组织管理活动的工具，财经应用文的使用伴随组织管理活动始终，成为组织管理不可替代的重要工具。所有组织要取得组织管理成效，就必须使用计划（规划、预算、文案等），对计划进行科学论证（可行性分析报告），对计划执行情况进行检查总结（调查报告、决算、总结等）这些应用文体。

2. 信息传递作用

我们当今的社会已经被命名为信息社会，信息社会的突出特征就是社会以信息化的形式存在并运行。信息的制造、传递、收集、反馈、处理等活动就构成了社会各级各类组织的主要工作内容，没有信息传递，就没有组织存在的可能。财经应用文就是组织传递信息的重要载体和手段。财经应用文不仅是财经类组织主要的信息传递工具，也是很多非财经类组织传递财经相关信息的重要工具；组织在传递财经及相关信息时，既有对内的信息传递需要，也有对组织系统外的信息传递需要。财经应用文中财经新闻、财经述评、商业广告、商品说明书等文种就能有效发挥这样的作用。

3. 沟通协调作用

组织作为一个开放系统，需要对内的沟通协调与对外的沟通协调。财经应用文作为重要的也是有效的载体，是必须使用的沟通协调工具，财经方面的沟通协调也是组织管理的重要组成部分。财经应用文的请示、报告、通知、函、计划、会计报表附注等文种都有这样的作用。

4. 支持决策作用

决策是组织管理的核心内容，也是评价组织管理成败的核心指标。决策？依赖全面、准确、有效的信息及对这些信息的正确分析处理结果，其中经济方面的分析是决定性因素的分析。财经应用文就是这方面的主要管理工具，不论是对市场的调查、分析、预测，还是对企业组织的管理诊断，或者是对某一重大项目的论证与评价，都必须要用财经应用文这一管理工具。可以说，财经应用文是决策的基础与依据，更是正确决策不可或缺的支持性工具。财经应用文的市场调查报告，经济活动分析报告，可行性研究报告，财务情况说明书，预算、决算报告，广告策划书等文种都有这样的作用。

5. 规范保障作用

每个组织必须在法治的框架下活动，所有的活动必须遵守国家法律，财经活动也必须遵守国家财经法律，这样才能获得国家法律的保护。财经应用文中的财经法律应用文就是各级各类组织在进行涉及财经法律事务时经常和普遍使用的管理工具。这些财经法律应用文规范和约束组织和个人的经济行为，保障组织和个人的合法权益，在出现争议时可作为维护当事人权益的重要依据和凭证，发挥重要的规范行为和保护权益的积极作用。财经应用文的财经法律合同、授权委托书、公司章程，以及经济纠纷中的起诉状、上诉状、答辩状等文种都有这样的作用。

6. 职业提升作用

每个职业岗位，特别是财经专业类组织的职业岗位，都要频繁使用财经应用文这一管理工具。财经应用写作能力既是一个人学识与专业素养水平的综合体现，更是跨专业关键能力的评价依据。能很好地掌握这一工具并能熟练应用，就会更快获得职业发展机会。在这一点上，中外企业调查的结论出奇地一致。因此，提升财经应用写作能力是实现职业提升重要的，也是有效的途径之一。财经应用文的求职信、应聘书、竞聘报告、述职报告、岗位职责等文种都有这样的作用。

7. 资料档案作用

财经应用文在组织管理中普遍、连续地使用，构成组织最重要的管理档案。把这些重要的、连续性的管理档案科学归类、专门化保管，是每个可持续发展组织必须建立的管理机制与基本制度。这既为这些管理工具发挥管理作用提供了制度保障，也是国家法律与政策的要求。各级组织以财经应用文形式形成的很多文档都应该属于档案，每个组织都必须建立专门机构或由专门人员予以管理。许多以财经应用文为载体的文档资料成为组织历史档案的重要组成部分，发挥资料档案作用。

1.3 财经应用文的特点与种类

1.3.1 财经应用文的特点

财经应用文既有应用文的共同特点，由于其特殊的专业性，还具有财经专业的特殊要求。概括起来，财经应用文具有遵循法律法规、符合专业规范、解决实际问题、特定时间有效、格式规范标准等特点。

1. 遵循法律法规

中国是法治国家，社会主义市场经济是法治经济。社会组织与个人都必须在法律、法规的框架下活动，经济活动更是如此。作为经济活动中普遍使用的财经应用文，必须在遵守国家法律、法规及相关政策的前提下使用，才能发挥有效作用。一部分财经应用文本身就构成法律法规和政策，更多的是以国家法律、法规及相关政策为依据，针对组织发展与经济活动中出现的问题作为管理工具发挥积极作用。任何违反国家法律、法规及相关政策的财经应用文都会给组织和个人经济工作带来损失和不良影响。例如，起草经济合同必须遵循《中华人民共和国合同法》的有关规定，首先要建立在平等、互利的基础上，如果存在欺骗、不公允情况，合同会无法生效，会给双方带来严重后果。所以，遵循法律法规是财经应用文的第一个特点。

2. 符合专业规范

财经工作是专业性工作，组织与个人的财经管理是专门化管理工作，因为市场经济各领域都有特定的规则与规律。组织与个人在中国的市场经济中要遵守中国的市场经济规则。走出国门，面向开放的世界，在经济全球化背景下，还要遵循国际市场经济规则。

（1）财经应用文的内容要围绕财经专业活动来使用。财经应用文是在财经活动中解决实际问题的一种专用文体，要使用财经专用术语概念，它直接服务于经济工作，服务于各类组织与经济相关的活动。因此，它不仅要反映经济领域生产、流通、消费等各个环节的动态，而且十分重视总结经济活动中解决各种实际问题的经验。

（2）财经应用文在经济活动中发挥管理作用。财经应用文是在管理组织内部财经及相关工作时使用的管理工具，也是在管理组织与组织间财经业务时使用的管理工具，应用于管理过程的计划、实施、检查、改进的各个环节。在市场经济条件下，任何管理活动都必须按市场经济规律办事，经济规律是不以人们主观意志为转移的，财经应用文的应用也是经济规律的一种载体、概括和运用。在多种经济活动中，数据经常处于管理的核心地位，不但处处需要用数据反映问题、说明情况，还要用数据来分析问题，找到解决问题的依据及途径。广泛使用数据也成为现代财经应用文的一大特点。

（3）财经应用文影响组织或个人的经济活动结果。财经应用文以经济活动为管理范围，以服务经济活动主体为目标。有效提高组织和个人的经济活动效益，是财经应用文的直接功能。例如，招标书的写作，其目的就是通过投标者的竞争，力求以最少的投资获取最大的经济效益。商业广告的使用，就是对商品的优点、特色、品质、功能及比较优势进行有效宣传，以实现更好的销售目标，获得更多的经济效益。

3．解决实际问题

解决实际问题是指财经应用文为满足人们实现对组织和个人财经方面业务的有效管理、解决财经活动中的各种问题、维护组织和个人的合法权益而普遍使用所发挥的实际效用。财经应用文的使用一定是针对具体问题的，因此必须从实际出发，实事求是，才能取得实际效用。

（1）财经应用文的使用要立足于基本事实。反映的事实要有根有据，真实可靠；引用的数字要与实际相符，准确无误。文学作品也讲真实，但它追求的是艺术的真实，不是一种事实上的真实，它完全可以虚构。而应用文使用必须基于真实的事实，这是解决实际问题的先决条件。例如，作为为决策提供支持的市场调查报告，如果不是基于事实使用，就会导致错误决策，进而造成严重后果。

（2）财经应用文的内容要真实。作为财经应用文，其数据是重要的内容，这些数据必须真实、准确、可靠，才能准确反映管理中的实际问题，进而采取正确的措施。财经活动离不开数据，计划、总结、调查、分析及各种报告等各种文体，都需要从数据中发现问题、分析原因、找到解决办法；各种公文要根据数字反映真实情况、说明理由，做出正确决策；对某一经济问题或现象做出规定和要求，也离不开数据构成的基本事实。所以，对财经应用文中所引用的数据，一定要认真核实，要做到准确无误，如不真实或有差错，其后果将难以预料。

（3）财经应用文要取得实际效益。不管是财经公文，还是财经事务文书，都是针对一类或某一个管理中的问题而使用的。解决问题的办法要切实可行、实效可期，阐述观点要言不烦。虽然财经应用文本身不能带来效益，但有效使用、落实提出的对策与措施，解决存在的实际问题，会间接带来实际经济效益。

4．特定时间有效

财经应用文是在特定时期针对组织或个人特定领域、特定问题而使用的文体，只有在这一前提下才能发挥其有效作用。这就决定了财经应用文的特定时间有效特点。

（1）市场经济发展变化很快，决定了财经应用文是特定时间有效的。由于市场经济竞争激烈，影响市场发展的因素很多，经济领域有两个突出特点：一是信息量庞大；二是信息瞬息万变。如果我们反应迟钝，不能及时处理、及时解决，就会在市场竞争中贻误战机，败下阵来。因此，就要求财经应用文必须写得及时、发得及时、落实及时。这一点在证券市场表现最为突出，所有财经通讯的有效时间都很短。

（2）财经应用文一事一文的特点也决定其特定时间有效。由于篇幅与结构的特点，每次财经应用文的使用都针对一类或一个具体问题，不可能面对许多的对象，解决许多的问题。而每个具体问题都是在具体的时间、空间里存在的问题，具体时间、空间的有效性就是这篇应用文的存在价值，过了这个时间就失去意义。

5．格式规范标准

财经应用文区别于文学文体的最大特点就是格式规范、标准的特点，这种特点体现在用语的规范性、专业性，文风的平实性、简明性，受到应用写作规范的约束等方面。

（1）格式规范标准体现在用语的规范性、专业性。例如，公文的惯用语言，在请示和报告的最后，都要用“特此请示”和“特此报告”；在经济合同中会使用“标的物”、“甲方乙方”等特定用语；在预决算报告中会使用“总投入”、“利润”等用语。用这些规范、专业的用语，才能实现财经专业化管理的目标。

（2）格式规范标准体现在文风的平实性、简明性。所谓平实，就是文风平易、质朴，用语直白，不夸张、不掩饰。所谓简明，就是简洁明了，准确、直接、有效，表达清楚明白。为实现这一目标，常常要借助图表说明。例如，许多商品说明书就是图表格式的，甚至图表已成为其主要表达工具。

（3）格式规范标准体现在受到应用写作规范的约束。财经应用文格式是在长期使用过程中逐渐形成的，此后就成为大家共同遵循的一种习惯。随着管理科学的发展与管理技术的标准化，财经应用文的惯用格式发展到统一格式，再发展成为与国际标准对接的国家标准。《党政机关公文格式》作为对应用文影响最大的国家标准，从1988年起经历了GB/T 9704—1988、GB/T 9704—1999、GB/T 9704—2012的三次升级。连学术论文也有了国家标准《国家标准：科学技术报告、学位论文和学术论文的编写格式》（GB 7713—87）。不仅有格式规范，包括用纸、各种标记、装订及办文过程等也都制定明确标准。这些格式规范都具有其被公认并强制或推荐实行的特性和稳定性，也就是说，在一个相当长的时期里不会有大的变动。

财经应用文的格式规范标准突出地反映了发展的科学性、制度化、标准化特点。

1.3.2 财经应用文的种类

随着社会的发展与管理技术的进步，应用写作从文体形式到文种数量，都发生了很大变化。由于经济全球化的影响和管理标准化的推进，很多过去小范围或局部使用的文种已经逐步消亡。一些过去普遍使用的文种与格式也做出了很多改变。例如，2012年4月6日，中共中央办公厅、国务院办公厅联合印发了《党政机关公文处理工作条例》（中办发［2012］14号），同时废止了1996年中共中央办公厅印发的《中国共产党机关公文处理条例》和2000年国务院印发的《国家行政机关公文处理办法》。与《国家行政机关公文处理办法》对比，《党政机关公文处理条例》中出现了七个方面的变化，其中公文文种从13种增加到15种。

根据高职的财经应用文课程目标以及财经管理工作中使用频率较高的文种，本书将财经应用文分为以下七类。

1．财经公务类应用文（公务文书）

公务文书，简称公文，《党政机关公文处理工作条例》中公文包括15种。根据文种使用的频率和格式的典型性，本书选取通知、函、请示、报告四个文种进行教学，涵盖了公文中的上行文、平行文和下行文三种类型。

2．财经事务类应用文（事务文书）

事务文书就是事务性应用文，是在现实生活中使用频率最高、形式最灵活、文种最多的应用文。本书选取组织和个人财经事务管理中最常用的五种典型文种计划、总结、简报、规章制度、会议记录作为教学内容。

3．财经宣传类应用文

这一类应用文随着市场经济的发展，使用频率越来越高。一方面，如商业广告，形式越来越灵活；另一方面，如商品说明书，格式与内容也越来越规范。财经宣传类应用文主要包括业务宣传应用文、商品宣传应用文、新闻宣传应用文。本书主要选取商业广告、商品说明书、解说词、财经新闻、财经述评五个文种作为教学内容。

4．财经业务类应用文

这一类应用文是在财经管理专业工作中经常使用的文种，具有突出的专业性，必须具有财经专业背景才能有效使用。本书主要选取市场调查报告，经济活动分析报告，可行性研究报告，广告策划书，预算、决算报告，会计报表附注，财务情况说明书七个文种作为教学内容。

5．财经法律类应用文

这一类应用文是在财经法律事务管理专业工作中经常使用的文种，具有突出的专业性，必须具有财经法律专业背景才能有效使用。例如，起草经济合同必须熟悉《中华人民共和国合同法》有关规定，起草民事经济案件诉状必须熟悉《中华人民共和国民事诉讼法》有关规定。本书主要选取财经法律合同、授权委托书、借款申请书、公司章程、经济纠纷起诉状、经济纠纷上诉状、经济纠纷答辩状七个文种作为教学内容。

6．财经职务类应用文

随着经济的快速发展，人们的职业发展出现许多新情况。一是职业的流动性增强，一个职业岗位终身厮守成为历史；二是职业呈现跳跃式发展，职业提升不再论资排辈；三是自主职业发展成为个体职业发展的动力。因此，职业发展本身成为一门科学，职务类应用文呈现出多样化和高频率使用特征。本书主要选取求职信、推荐信、应聘书、竞聘报告、述职报告、岗位职责六个文种作为教学内容。

7．财经专业类论文

《教育部办公厅关于加强普通高等学校毕业设计（论文）工作的通知》（教高厅［2004］14号）提出："毕业设计（论文）是实现培养目标的重要教学环节。毕业设计（论文）在培养大学生探求真理、强化社会意识、进行科学研究基本训练、提高综合实践能力与素质等方面，具有不可替代的作用，是教育与生产劳动和社会实践相结合的重要体现，是培养大学生的创新能力、实践能力和创业精神的重要实践环节。"现代的财经类专业学习与工作，都需要研究性活动。高职财经专业学习是在知识学习与实践应用过程中进行研究，要求应用学习的专业理论认识财经专业工作领域的现象与问题，并能给出初步的解释与分析。财经专业工作者要研究实际工作中的问题，探索问题背后的原因，找出解决之道，探索财经工作规律。财经专业类论文是财经专业学习与工作的重要成果，也是评价的重要依据。本书主要按照财经毕业论文的写作流程选取10个方面作为教学内容。

1.4 《党政机关公文处理工作条例》的概念与主要内容

1.4.1 《党政机关公文处理工作条例》的概念、历史与作用

1.《党政机关公文处理工作条例》的概念

公文是党政机关实施领导、履行职能、处理公务的具有特定效力和规范体式的文书，是传达贯彻党和国家方针政策，公布法规和规章，指导、布置和商洽工作，请示和答复问题，报告、通报和交流情况等的重要工具。

《党政机关公文处理工作条例》是中共中央办公厅、国务院办公厅为推进党政机关公文处理工作科学化、制度化、规范化制定的关于公文拟制、办理、管理等一系列相互关联、衔接有序的工作管理制度。

2. 新中国成立后公文管理制度发展历史

中国共产党很早就建立了关于公文工作管理制度，在延安时期就发布过专门的规定。新中国成立后，根据中国经济社会发展的需要，每隔一段时间对原来的公文制度进行修改，经历了1951年、1981年、1987年、1993年的修改。1996年5月3日，中共中央办公厅发布《中国共产党机关公文处理条例》，2000年8月24日，国务院发布了《国家行政机关公文处理办法》。最近一次修改是2012年4月由中共中央办公厅、国务院办公厅联合下发的《党政机关公文处理工作条例》（中办发［2012］14号）。

3.《党政机关公文处理工作条例》的作用

（1）该条例适用于各级党政机关公文处理工作，是各级各类组织党政机关公文处理工作的法定标准，因此也是财经类公文的法定标准。

（2）该条例成为制定最新标准《党政机关公文格式》（GB/T 9704—2012）的依据。

（3）由于该条例的发布机构的权威性，该条例的有关规定实际上也普遍适用于社会各级各类组织各类应用文处理工作，成为全社会各级各类组织各类应用文处理工作的遵循规范。

1.4.2 《党政机关公文处理工作条例》的主要内容

《党政机关公文处理工作条例》（本节简称条例）是学习和写好各类应用文最重要的规范，必须认真学习，全面掌握条例中对公文写作的各种要求，正确应用到包括财经应用文在内的各种应用文写作中，财经应用文的管理工具作用才能有效发挥。条例的主要内容如下。

1. 第一章 总则

总则主要介绍制定条例的目的、条例的适用范围，公文、公文办理、公文处理的原则与有关要求。条例按照公文办理的工作流程将公文办理工作概括为“拟制、办理、管理”三个相互关联、衔接有序的工作环节，简洁明了。“拟制”包括“起草、审核、签发”三个环节（条例中隶属于发文办理），同时将整理（立卷）、归档划归至公文办理范畴。

2. 第二章 公文种类

本章规定公文共有15种，并介绍各个文种的概念。原《国家行政机关公文处理办法》中规定公文种类为13种，新条例中规定公文种类为15种，增加了“决议”（适用于会议讨论通过的

重大决策事项）和“公报”（适用于公布重要决定或者重大事项），同时将原规定的文种“会议纪要”改为“纪要”。

3．第三章 公文格式

本章第九条规定：“公文一般由份号、密级和保密期限、紧急程度、发文机关标志、发文字号、签发人、标题、主送机关、正文、附件说明、发文机关署名、成文日期、印章、附注、附件、抄送机关、印发机关和印发日期、页码等组成。”增加了“份号”、“发文机关署名”、“页码”，减少了“主题词”。同时，对涉密文件、紧急公文、联合行文、公文标题等有了明确的规定：涉密文件要标注份号，紧急公文标注“特急”、“加急”，联合发文可以单独用主办机关名称，公文标题应标明发文机关，有特定发文机关标志的普发性公文可以不加盖公章等。明确规定“公文的版式按照《国家行政机关公文格式》国家标准执行”。

4．第四章 行文规则

本章强调行文的必要性、实效性、针对性和可操作性，重点对上行文和下行文规则做出具体规定：一是规定向上级机关行文“原则上主送一个上级机关”；二是“党委、政府的部门向上级主管部门请示、报告重大事项，应当经本级党委、政府同意或者授权”；三是“请示”应当一文一事，并要提出倾向性意见；四是“除上级机关负责人直接交办事项外，不得以本机关名义向上级机关负责人报送公文，不得以本机关负责人名义向上级机关报送公文”；五是向下级机关行文，规定“党委、政府的办公厅（室）根据本级党委、政府授权，可以向下级党委、政府行文，其他部门和单位不得向下级党委、政府发布指令性公文或者在公文中向下级党委、政府提出指令性要求；六是需经政府审批的具体事项，经政府同意后可以由政府职能部门行文，文中须注明已经政府同意，“党委、政府的部门在各自职权范围内可以向下级党委、政府的相关部门行文”。

5．第五章 公文拟制

本章界定公文拟制，其包括公文的起草、审核、签发等程序。另外，对公文起草提出七点要求，提出公文审核五个重点方面。

6．第六章 公文办理

本章规定公文办理包括收文办理、发文办理和整理归档。收文办理环节增加了“承办”和“传阅”环节，对“承办”和“传阅”环节也做出了具体的规定和要求；发文办理环节减少为四个，将“起草”、“审核”、“签发”环节划归“公文拟制”部分，“用印”划分到“印制”部分。

7．第七章 公文管理

本章明确规定“党政机关公文由文秘部门或者专人统一管理。设立党委（党组）的县级以上单位应当建立机要保密室和机要阅文室，并按照有关保密规定配备工作人员和必要的安全保密设施设备”，第三十二条对“复制、汇编机密级、秘密级公文”也做出了明确详细的规定。

8．第八章 附则

本章强调与公文有关的三点规定：一是党政机关电子公文处理工作的具体办法另行制定；二是法规、规章方面的公文，依照有关规定处理；三是外事方面的公文，依照外事主管部门的有关规定处理。

对第四十条“其他机关和单位的公文处理工作，可以参照本条例执行”要准确理解：条例对党政机关是强制执行规范，对非党政机关组织则是参考性规范。因此，非党政机关组织要结合组织的管理制度，制定符合组织文化与管理要求的执行性财经应用文规范。

1.5 《党政机关公文格式》的概念与主要内容

1.5.1 《党政机关公文格式》的概念、历史与作用

1.《党政机关公文格式》的概念

《党政机关公文格式》（GB/T 9704—2012）由国家标准管理机关根据《党政机关公文处理工作条例》的有关规定对《国家行政机关公文格式》（GB/T 9704—1999）进行修订，规定党政机关公文通用的纸张要求、排版和印制装订要求、公文格式各要素的编排规则，并给出公文的式样的新标准。

国家标准编号由国家标准的代号、国家标准发布的顺序号和国家标准发布的年号（四位数字）构成。GB/T 是指推荐性国家标准，GB 即“国家标准”的汉语拼音缩写，“T”在此读“推”，是推荐的意思。推荐性国家标准是指生产、交换、使用等方面，通过经济手段调节而自愿采用的一类标准，又称自愿标准。这类标准任何单位都有权决定是否采用，违反这类标准，不承担经济或法律方面的责任。但是，一经接受并采用，或各方商定同意纳入经济合同中，就成为各方必须共同遵守的技术依据，具有法律上的约束性。

GB/T 9704—2012 就是 2012 年国家发布的推荐性国家标准，顺序号是 9704。

非国家行政机关各类组织可以依据这一标准制定组织内部管理用文档的管理制度与标准。

2.《党政机关公文格式》标准的发展历史

20 世纪 80 年代后，管理科学越来越受到重视，现代管理科学发展很快，应用到生产与社会管理中，带来了巨大效益。管理领域核心问题是质量控制。伴随着经济全球化的快速发展，质量问题越来越成为超越国际和地区边界的重大问题，国际间的合作日益重要。在此背景下，国际标准化组织于 1987 年发布了关于质量管理体系的 ISO 9000 族国际标准，推进全球标准化进程。1988 年，我国等效采用了 ISO 9000 国际标准。

在这一背景下，我国第一次将公文格式纳入国家标准，颁布《国家机关公文格式》（GB/T 9704—1988），并在 1999 年对标准修订，颁布新版本《国家行政机关公文格式》（GB/T 9704—1999），2012 年第三次修订，颁布《党政机关公文格式》（GB/T 9704—2012）。

3.《党政机关公文格式》的作用

（1）本标准适用于各级党政机关公文处理工作，是各级各类组织党政机关公文处理工作的国家标准，因此也是各级各类组织党政机关处理财经类公文的国家标准。

（2）本标准不仅规范规定党政机关公文格式，而且规定公文通用的纸张、排版和印制装订要求。

（3）本标准虽属于推荐性国家标准，但由于本标准的发布机构的权威性，本标准实际上也普遍适用于社会各级各类组织各类应用文处理工作，成为全社会各级各类组织各类应用文处理工作遵循的共同标准。

（4）因为本标准是推荐性标准，所以本标准是非党政机关的各类组织结合本组织实际制定

内部应用文标准的基本依据与重要参考。

1.5.2　《党政机关公文格式》的主要内容

《党政机关公文格式》对党政机关来说是强制性标准，对社会其他组织来说是推荐性标准。

与《党政机关公文处理工作条例》规范的形式与内容不同，《党政机关公文格式》是更准确、更具体、更具操作性的内容，形式上与公文不同；是典型的标准应用性问题。认真学习，全面掌握标准的各种要求，将其正确应用到包括财经应用文在内的各种应用文写作中，才能有效发挥标准的规范与管理工具作用。《党政机关公文格式》由前言和 11 个部分组成，主要内容如下。

（1）前言。介绍本次修改的依据和修订的内容，修订单位、起草人及历次版本情况。本次修改的重大变化，就是删除主题词格式要素。

（2）标准的适用范围。强调标准对于各级党政机关制发的公文是强制性标准，对其他机关和单位的公文是推荐性标准，可以参照执行。

（3）规范性引用文件。共有六个引用文件标准，其中三个是强制性国家标准，三个是推荐性国家标准。

（4）术语和定义。主要对字和行进行专业定义。

（5）公文用纸主要技术指标。

对用纸的技术指标进行定义。

（6）公文用纸幅面尺寸及版面要求。公文用纸是 A4 型纸；版面规范，包括页边与版心尺寸、字体和字号、行数和字数、文字的颜色。

（7）印制装订要求。提出制版要求、印刷要求、装订要求三方面的标准。

（8）详细介绍公文格式各要素编排规则。一是将版心内的公文格式各要素划分为版头、主体、版记三部分；二是对版头包括份号、密级和保密期限、紧急程度、发文机关标志、发文字号、版头中的分隔线及签发人七个要素的规格与格式要求；三是最重要的主体部分的有关标准，分别是标题、主送机关、正文、附件说明、发文机关署名、成文日期和印章、附注、附件八个要素的规格与格式要求；四是关于版记的标准，包括版记中的分隔线，以及抄送机关、印发机关和印发日期三个要素的规格与格式要求；五是关于页码的有关标准。

（9）公文中的横排表格。介绍了公文中横排表格的格式。

（10）公文中计量单位、标点符号和数字的用法。要求按照相关标准规范使用。

（11）公文的特定格式。介绍信函格式、命令（令）格式、纪要格式三种特殊文种的格式与标准。

（12）式样。共有 12 种直观的公文式样。

1.6　财经应用文的写作要求

财经应用文作为一种文体，首先，语言的应用要符合语言规范与相关规则；其次，财经应用文是组织管理的重要工具，作为公文的一类，也受到国家有关公文规范与标准的约束；再次，财经应用文有与财经专业相关的专业性撰写要求；最后，作为某一组织的组织文化与组织制度的一部分，还要受到管理环境与组织文化制度、组织传统的限制与约束。

具体来说，财经应用文的写作要求主要有以下方面。

1．严格遵守国家法律法规

《中华人民共和国宪法》第五条规定："中华人民共和国实行依法治国，建设社会主义法治国家。""一切国家机关和武装力量、各政党和各社会团体、各企业事业组织都必须遵守宪法和法律。"作为组织的管理工具，财经应用文的写作首先要符合国家法律法规，特别是党政机关财经类公文，既要严格遵守国家法律法规，还要注意符合党和国家各项政策的规定和要求。因此，要求财经应用文的作者认真学习与财经应用文有关的法律法规和政策，深入理解，熟练掌握每部分的具体规定和具体要求，结合实际，针对具体问题，才能实施有效管理。

2．切实解决实际问题

财经应用文是组织或个人用来解决实际问题的重要管理工具，必须面向现实情况，深入研究现实问题，取得组织管理实际效益。求真务实是正确、有效地使用这一管理工具的重要原则。

（1）准确判断使用这一管理工具的必要性。组织管理活动是一种需要成本的活动，任何管理手段的使用都需要投入人力、物力及财力。这种消耗越少，组织运行越好，效益越高。正确使用财经应用文、科学管理的重要方面，一定要全面考虑财经应用文使用的必要性、实施的可行性和预见使用后的有效性。

（2）分析问题实事求是。要深入实际，调查研究，掌握真实可靠的第一手材料，所有信息真实可靠，人名、地名、时间、数字、段落顺序、引文等一定准确。查找实实在在的管理问题，要深入研究出现问题的制度性根源，从加强管理的制度性建设方面科学使用这一管理工具。组织的财经管理工作是专业性工作，还必须遵循财经管理的专业规律，按照经济发展规律务实地使用。要写好财经应用文，不仅要掌握本行业、本系统、本组织的专业知识，还要掌握市场经济的规律和法则，熟悉产业运行过程中生产、分配、交换、消费等各个环节、各个领域的特点及其相互关系。

（3）所提措施和办法切实可行。使用财经应用文的目的是解决管理中的问题，调查、分析都是解决问题的重要基础，核心是提出能实际解决问题的措施与办法。这也是评价这一管理工具的科学尺度。在财经应用文中，提出的措施与办法，一是符合实际情况，二是符合财经专业工作规律，三是在组织现有条件下切实可行，四是预期会取得良好效果。四者缺一不可。

3．文种正确，格式规范

财经应用文这一管理手段伴随人类社会发展而不断发生变化。历史上出现过、曾广泛使用的文种很多已经停止不用，新的文种与格式规范也不断出现。以国家标准形式颁布的三个版本都体现了管理学的进步和标准化在应用文领域的日趋合理与规范。现行的公文文种 15 种，比上一版多了 2 种，并有些具体规定上的变化。各级各类组织，特别是一些现代服务业和扁平化结构的组织，在加强组织管理建设的过程中，一定要重视对标准与规范的贯彻落实，开展全员培训，正确掌握这一管理工具。

财经应用文也有许多格式上的变化，特别是一些惯用语、格式用语逐渐改变，甚至停止使用，在文言向现代汉语发展的过程中，有些文言色彩很浓的惯用语也不再使用。例如，在书信的结尾，原来普遍使用的"此致、敬礼"被祝福语所取代，书信体开头的"台启"也不再使用。

层次序号也有专门的字体、字号规范。这些都与组织管理中的规范化、标准化和现代书写习惯的发展等有很大关系。文字、数字、计量单位和标点符号等用法也要严格按规范使用，这些规范都在相关的国家标准中。必须熟练掌握常用文种的写作要求和财经应用文文字、数字、计量单位和标点符号等用法的具体规定。

4．写作朴实、严谨、精当

应用文写作不是个人创作。应用文写作要求必须文风朴实、结构严谨、文字精当。财经应用文要求文字、数字、计量单位和标点符号等细节必须准确无误。

（1）文风朴实。首先体现在语言的朴实上。例如，对药品或保健品的宣传采用夸张与虚饰的语言夸大产品作用与效果是违法的，依法将予以处罚。其次体现在表达方式的朴实上。最后是内容的朴实，就是把握管理工作的核心问题与关键环节，以真实的情况作为财经应用文反映的内容。

（2）结构严谨。首先，明确使用财经应用文的目的和意义，明确文章主旨。其次，观点材料统一。材料是表达主旨的载体和支撑，而主旨一旦确立又要反过来统帅材料，观点依据材料而形成，材料又必须能充分说明观点。要深入实际调研，把最真实、最典型、最有说服力的材料写进财经应用文中去。最后，全文建立在严密的逻辑基础上，循序渐进，形成层次递进的推理过程，核心概念统一并贯穿始终，通过严密的逻辑联系形成完整的统一性。

（3）文字精当。首先，财经应用文写作在文字上要突出财经的专业性特点，就是要准确使用数据、表格，并且能用数据精准表达的一定用数据表达。其次，语言精练，尽可能用简明扼要的语言反映管理问题和相关要求。最后，在平实的前提下要力求语言的精彩，这里的精彩是准确表达、生动直观，可以使用一些排比句增强气势，使用对偶句体现语言的形式美。

5．深入、全面掌握信息

管理活动是运用信息进行决策的过程，信息在管理过程中起着重要的支持性、决定性作用，管理决策的正确与否、科学与否、能不能取得预期管理效益，完全取决于所依据信息的全面性、准确性。财经应用文作为重要的管理手段，也建立在必要信息的基础上。

（1）要强化信息意识，建立信息收集与反馈系统，把信息工作作为管理工作的最重要环节。

（2）深入组织的各个方面、各个领域，做深入的调查研究，特别要重视第一手信息的获得，反映最新的变化情况。

（3）对获得的信息要进行全面的比较分析，筛选出重要的、反映和决定组织发展变化的信息做综合研究。

（4）应用专业性工具处理信息，可能的话建立科学的数学模型进行分析与预测，既增强决策的科学性，又提高决策的说服力与执行力。

6．服务组织战略发展目标

按照管理学理论，组织是一个复杂系统。因此，组织的管理工作是复杂性工作。组织由若干部分组成，每个部分只着眼于自身部分的功能与发展，组织内部各部分之间往往会有一些矛盾与冲突。因此，组织要实现整体性发展，必须统一协调管理资源，实现管理合力，致力于实现组织的战略目标。在实现组织的战略目标的过程中，正确使用财经应用文这一管理工具很重要。

（1）要加强组织的内部协调与沟通，重要的财经应用文要在主要部门间征求意见，通报相关信息，使财经应用文体现的管理决策成为整个组织的共同意志。

（2）要加强组织内部的信息传递，使管理决策成为组织的行动指南和共同遵守的制度。组织能够自上而下、自下而上统一意志、统一行动，从而使财经应用文发挥大大提高组织的整体发展力与创新能力的积极作用。

（3）要追求管理的战略创新。财经应用文立意要高、新、实，要从宏观、全局、整体的角度来思考问题。另外，要在符合大政方针的前提下，结合本单位、本系统、本行业的新情况、新事物、新经验、新特点，实现新突破，力求创新。

7. 最高管理者指导并参与重要财经应用文起草工作

财经管理工作是一个组织重要的生命线，也是组织生存发展的重要基础，决定着一个组织的生死存亡。因此，在一般的组织中，组织的最高管理者一定直接负责这一领域的管理工作。作为财经领域重要管理工具的财经应用文的制文和行文，是组织的重要管理工作，也是高度受重视的工作，因此组织要选派合适的、具有较高素质的人在这个岗位上工作。在起草一些重要的财经应用文时，最高管理者必须指导并参与起草工作，如组织的财经管理制度、组织的预决算、组织涉讼案件的答辩状等。

为了保证组织在这个方面管理到位，组织有必要建立专门的管理制度，从而有效保证最高管理者指导并参与重要财经应用文起草工作的权利，并建立可执行的管理控制程序。

1.7 财经应用文写作的常见错误

在实际工作中，由于从事财经相关管理工作的人员对财经应用文的标准、规范不了解，或对标准、规范掌握不够熟练，或缺乏财经管理的专业经验，在使用财经应用文这一管理工具时，经常出现一些错误。常见的错误有以下方面。

（1）字体、字号的选择与使用错误。例如，标题规定使用宋体小标二号，很多人错误使用。

（2）公文文种的使用错误。最常见的文种使用错误是请示、报告和函这三个文种的混用。请示是上行文，请示的事项是计划做而未实际做的。报告也是上行文，报告的事项是已实施或正在实施的事项。函是互无管理与被管理关系、隶属关系的组织之间联系业务、沟通信息使用的应用文种。我们常见请示与报告的错误使用，也常见有管理与被管理关系、隶属关系的组织间使用函这一文种。有些看起来互不直接隶属的两个组织，但是由于某项工作属于审批与被审批的惯性，就构成了事实上的上下级关系，只是这种上下级关系是单一业务方面的上下级关系。这时，不适用函这个文种。

（3）编辑排版方面的错误。常见段首不空格现象，违反中文文档行文的格式规范。还有常见标题下和落款与正文间错误空行现象，还有落款位置错误等现象。

（4）落款的时间数字使用、位置错误。落款的时间要精准，财经公文要以正式签发时间为准，经济合同要双方约定签字生效时间。落款有固定位置要求。落款时间要使用阿拉伯数字，这也是与过去一些规范不一致的地方之一。

（5）装订位置与订数错误。正式文档的装订订数与位置在标准中有明确规定，钉两个钉，距离顶端和底端各约 7 厘米。

（6）印章加盖位置及用印错误。

（7）行文层次序号使用及字体错误。

（8）落款单位简写错误。

（9）附件标注错误。

（10）公文办理程序不规范。

案例分析

××职业技术学院材料排版规范（学院内部资料编辑排版适用）

依据《党政机关公文处理工作条例》（中办发［2012］14 号）和《党政机关公文格式》（GB/T 9704—2012），结合我院实际，制定本学院校内材料编辑排版规范。

一、幅面尺寸。校内材料用纸采用 GB/T 148 中规定的 A4 型纸。

二、校内材料页面行距选择固定值、设置值 24 磅。

三、文字的颜色。如无特殊说明，文字的颜色均为黑色。

四、装订要求。公文应当左侧装订，订位为两钉外订眼距版面上下边缘各 70 mm 处，无坏钉、漏钉、重钉，钉脚平伏牢固。

五、标题一般用标宋体字小 2 号加粗，分一行或多行居中排布；回行时，要做到词意完整、排列对称、长短适宜、间距恰当；标题排列应当使用梯形或倒梯形。

六、正文字体与字号。一般用 4 号仿宋体字，每个自然段首空二字，回行顶格。

七、文中结构层次序数依次可以用“一、”“（一）”“1.”“（1）”标注；一般第一层用黑体字、第二层用楷体字、第三层和第四层用仿宋体字标注。

八、附件说明。如有附件，在正文下空一行左空二字编排“附件”二字，后标全角冒号和附件名称。如有多个附件，使用阿拉伯数字标注附件顺序号（如“附件：1. ××××××”）；附件名称后不加标点符号。附件名称较长需回行时，应当与上一行附件名称的首字对齐。

九、发文机关署名、成文日期和印章。成文日期一般右空四字编排，印章用红色，不得出现空白印章。一般在成文日期之上、以成文日期为准居中编排发文机关署名，印章端正、居中下压发文机关署名和成文日期，使发文机关署名和成文日期居印章中心偏下位置，印章顶端应当上距正文（或附件说明）一行之内。

十、成文日期中的数字。用阿拉伯数字将年、月、日标全，年份应标全称，月、日不编虚位（如 1 不编为 01）。

十一、附件。附件应当另面编排，并在版记之前，与公文正文一起装订。“附件”二字及附件顺序号用 3 号黑体字顶格编排在版心左上角第一行。附件标题居中编排在版心第三行。附件顺序号和附件标题应当与附件说明的表述一致。附件格式要求同正文。

十二、材料双面打印。

十三、材料要标注页码，选择页面底端、居中插入页码。

分析

《党政机关公文处理工作条例》(中办发[2012]14号)适用于党政机关公文处理工作，同时也适用于作为其他组织管理应用文的参考规范。所以，《党政机关公文格式》(GB/T 9704—2012)明确规定"本标准适用于各级党政机关制发的公文。其他机关和单位的公文可以参照执行"。

因此，非党政机关的各类组织都把这两个规范作为基本依据。但是在这些组织使用的财经应用文中，公文类应用文较少。因此，需要结合本组织文化、管理特点制定适用于本组织的财经应用文具体规范。在制定这类规范时，一是要遵循标准和基本规范，二是注重实效与可行，三是厉行节约，四是便于掌握和推广。

上面这一规范，就是在遵循这些原则的前提下制定的。这一规范的特点是：基本遵守国家标准，国家标准中的主要格式与基本要点予以贯彻，也符合财经应用文的功能要求；同时在不影响使用效果的前提下，有些符合实际的变化，更明确、更易于执行，在材料使用上更经济。这一规范在该学校自上而下贯彻落实，组织全员培训，很快使全校包括财经应用文在内的应用文材料规范化，也更美观，更方便归档保存及查阅使用。

关键概念

应用文　财经应用文　《党政机关公文处理工作条例》(中办发[2012]14号)《党政机关公文格式》(GB/T 9704—2012)

课堂讨论题

1. 什么是应用文和财经应用文？
2. 财经应用文的作用主要有哪些？
3. 财经应用文的主要特点是什么？
4. 财经应用文有哪些种类？
5. 财经应用文的写作要求有哪些？
6.《党政机关公文处理工作条例》(中办发[2012]14号)的主要内容有哪些？
7.《党政机关公文格式》(GB/T 9704—2012)的主要内容有哪些？
8. 结合财经专业课程学习与应用实际，谈谈如何理解财经应用文"写作朴实、严谨、精当"的写作要求，举例说明现实应用中的具体表现。
9. 分小组讨论：财经类专业学生为什么必须学会写好财经应用文？
10. 有人认为，各单位财经应用文只要按照国家有关规范和标准就可以，不必自行制定另外一套标准或规范。你对此有何看法？
11. 财经应用文的语言有什么要求？谈谈你的理解和建议。

实训题

阅读下面的财经应用文，请对照国家标准，参阅函文种的有关要求，根据规范与标准找出本文的错误，分析导致错误的原因，并予重新修改。

关于申请××师范学院图书馆专项建设经费的函

国家财政部：

根据国务院发布的《普通高等学院设置条例》和国家教委规范高校办学条件的有关要求，我省对××师范学院办学条件进行了认真检查，认为该院的办学规模、层次、条件、教育质量和科研水平均已达到了国家规定的办学标准。但是该校由于最近几年逐年扩招，原有的图书馆藏书和建筑面积已无法满足办学要求，急需建设新图书馆。规划新图书馆建筑面积为 38 000 平方米，规划项目建设总投资 8 000 万元。

××师范学院自 1953 年经政务院批准建立,是××地区仅有的两所本科师范院校之一(另一所是××师范大学)。该院建立 40 多年来，认真贯彻执行国家有关高等师范教育的发展规划，为国家培养了大批优秀师资，各项事业得到了迅速发展。学校已建成 22 个二级学院，在校生达到 23 000 余人，成为在全国师范院校中具有一定影响的高校。

为适应高等教育改革发展的需要，保证学院顺利通过 3 年后的本科教学评估，使学校办学条件达到国家规定的有关办学标准，进一步促进学校内涵建设，推动区域高等师范教育发展，提高办学质量，扩大国际教育交往，省政府决定由省财政支持该校图书馆项目建设经费 2 000 万元，学校自筹建设经费 2 000 万元，项目建设经费尚缺口 4 000 万元。特申请国家财政部按照支持区域重点项目政策给予支持。

请予审批。

××省人民政府（印章）

2013 年 12 月 20 日

第 2 章　通用应用文体写作（上）——公务文书

本章学习目标

- 掌握通知、函、请示、报告的概念、特点、写作格式、写作要求。
- 能够熟练撰写通知、函、请示、报告。

2.1　公务文书概述

2.1.1　公务文书的概念

公务文书是法定机关与组织实施领导、履行职能、处理公务的具有特定效力和规范体式的文书，是传达贯彻党和国家方针政策，公布法规和规章，指导、布置和商洽工作，请示和答复问题，报告、通报和交流情况等的重要管理工具。公务文书，又称公务文件，简称公文。

2.1.2　公务文书的特点

1. 内容和程序的合法性

公文的具体内容和制定程序必须符合国家法律法规和有关的政策规定。

2. 管理的权威性

公文是国家行政机关及其他管理组织在行政管理过程中依照法律制度、职权发布的，因而它具有法定的权威性。这也规定了公文必须履行法定程序方能生效。

3. 形式和格式的规范性

公文使用必须严格遵守种类、公文格式、行文规则、公文拟制、公文办理等规定，这些具体、明确的规定就构成了其严格的规范性。

4. 时效性

公文是在组织管理具体对象、解决某一类或某一个具体问题时制作使用的，有特定的时间空间条件下的目的性。这种特定时间空间和特定对象也就构成了一个公文的特定时效。所以，国家机关会定期宣布某些公文作废或失效。

2.1.3　公务文书的分类

《党政机关公文处理工作条例》规定，我国现行的公文主要有 15 种。现行公文的具体文种及其适用范围如下。

（1）决议。适用于会议讨论通过的重大决策事项。

（2）决定。适用于对重要事项做出决策和部署，奖惩有关单位和人员，变更或者撤销下级机关不适当的决定事项。

（3）命令（令）。适用于公布行政法规和规章，宣布施行重大强制性措施，批准授予和晋升衔级，嘉奖有关单位和人员。

（4）公报。适用于公布重要决定或者重大事项。

（5）公告。适用于向国内外宣布重要事项或者法定事项。

（6）通告。适用于在一定范围内公布应当遵守或者周知的事项。

（7）意见。适用于对重要问题提出见解和处理办法。

（8）通知。适用于发布、传达要求下级机关执行和有关单位周知或者执行的事项，批转、转发公文。

（9）通报。适用于表彰先进、批评错误、传达重要精神和告知重要情况。

（10）报告。适用于向上级机关汇报工作、反映情况，回复上级机关的询问。

（11）请示。适用于向上级机关请求指示、批准。

（12）批复。适用于答复下级机关请示事项。

（13）议案。适用于各级人民政府按照法律程序向同级人民代表大会或者人民代表大会常务委员会提请审议事项。

（14）函。适用于不相隶属机关之间商洽工作、询问和答复问题、请求批准和答复审批事项。

（15）纪要。适用于记载会议主要情况和议定事项。

此外，按照行文方向，还可以把上述 15 种公文归纳为以下三类。

（1）上行公文。报告、请示和部分意见。

（2）平行公文。函、议案和部分通知。

（3）下行公文。决议、决定、命令（令）、公报、公告、通告、通知、通报、批复、意见、纪要。

2.2　通知

2.2.1　通知的概念

通知是适用于发布、传达要求下级机关执行和有关单位周知或者执行的事项，批转、转发公文时所使用的一种有固定格式的知照性下行公文。

在各级各类组织中，通知是使用频率最高的一个公文文种，属于下行公文。

对通知这一文种概念应从以下方面理解：一是通知是上级部门对下级部门布置工作使用的下行公文；二是通知要明确要下级部门做什么、怎么做、做到怎么样；三是通常通知布置的工作下级组织在执行完毕后要有反馈，也就是要报告情况；四是通知是有固定格式的知照性下行公文。

2.2.2　通知的特点

1. 使用的普遍性

通知是使用最普遍的一个公文文种。普遍性体现在：一是发文组织的普遍性，各级各类组织管理工作都普遍使用；二是行文内容的普遍性，通知的内容不受特定范围限制，大小事项的处理都可以使用通知；三是受文对象的普遍性，通知的受文对象既可以是各级各类组织，也可以是普通组织成员。

2．形式的灵活性

形式的灵活性体现在：一是表现在行文方向上，属于下行公文，但在某些个别情况下，同级机关和不相隶属机关之间也可以使用通知；二是篇幅形式可长可短，比较灵活；三是结构灵活，可用一段式，也可用多段式。

3．内容的晓谕性

通知的内容晓谕性主要指告知和指挥特性。通知的告知性，即告知受文对象需要知晓的有关事项。通知的指挥性，即对受文对象提出要求，指挥其按规定办理某件事情或执行某些部署。

4．具体的时效性

通知的具体时效性是指在特定时间、空间、特定事务上有效的规定性。时效性体现在：一是规定时间内的有效，通知的事项往往要求在规定的时间内办理、执行或知照，超过时限自动失效；二是规定空间内的有效，通知的事项往往要求在规定的空间范围内办理、执行或知照，超过空间范围自动失效；三是规定对象的有效，通知的事项往往要求在规定的对象范围内办理、执行或知照，超过对象范围自动失效。

2.2.3 通知的分类

根据内容、使用功能的不同，通知可以分为以下六类。

1．发布性通知

用于发布行政规章制度、党内规章制度或组织内部管理制度。如果发布重要法规，常使用“颁布”或“发布”；如果是一般性制度，则用“印发”，如《交通运输部关于加快推进公路路面材料循环利用工作的指导意见》（交公路发［2012］489 号）、《国务院关于进一步优化企业兼并重组市场环境的意见》（国发［2014］14 号）。

2．批转性通知

批转性通知是用于上级机关批转下级机关公文的通知，如《国务院批转公开侵犯知识产权行政处罚案件信息意见》、《国务院批转关于依法公开制售假冒伪劣商品和侵犯知识产权行政处罚案件信息的意见（试行）的通知》（国发［2014］6 号）。

3．转发性通知

用于转发上级机关、同级机关和不相隶属的机关的公文给所属人员，让他们周知或执行，如《国务院办公厅转发财政部关于调整和完善县级基本财力保障机制意见的通知》（国办发［2013］112 号）、《国务院办公厅转发财政部关于加快发展我国注册会计师行业的若干意见》（国办发［2009］56 号）。

4．指示性通知

用于上级机关指示下级机关如何开展工作，一般是对某一事项做出具体规定，或对处理某一问题做出具体指示的通知。它一般用于上级机关需要对下级机关或所属单位有所指示，其政策性和指导性较强，也要求下级机关认真贯彻执行。一般这样的通知里还针对执行情况要求下级机关事后报告，如《国务院关于加强城市基础设施建设的意见》（国发［2013］36 号）、《辽宁省人民政府办公厅关于进一步加强全省非税收入管理的通知》（辽政办发［2010］35号）。

5．任免性通知

用于任免和聘用干部。如果只有任命或聘任事项而没有免除事项，称为任命通知或聘任通知；如果只有免除事项而没有任命或聘任事项，称为免职通知；如果既有免除事项又有任命或聘任事项，则称为任免通知，如《××区人民政府关于张××等同志职务任免的通知》。

6．事务性通知

用于处理日常工作中带事务性的事情，常把有关信息或要求用通知的形式传达给有关机构或群众。这种通知应用范围广泛，内容单一，或者要求下级机关办理某一事项，或者让有关单位知晓，或者需要有关部门协助共同执行等，如《关于2014年部分节假日安排的通知》。

2.2.4 通知的写作格式

通知一般由标题、主送机关、正文、落款四部分构成。

（1）通知的标题。一般有全称式标题和省称式标题两种写法。全称式标题是由发文机关、事由、文种三个要素构成的标题。省称式标题是由事由、文种两个要素构成的标题。

（2）通知的主送机关。一般有三种情况：一是多个主送机关；二是本系统本单位内部使用的通知，主送机关用“统称”，如“局内各单位”；三是新闻媒体上公开发布的通知，可不写主送机关。

（3）通知的正文。一般由开头、主体、结尾三部分组成。

开头：写发文缘由，包括依据、原因（背景）、意义、目的。段尾处常以惯用语“现将有关事项通知如下”等引出下文。

主体：写通知事项。

结尾：有的写执行要求，最后一般用“特此通知”惯用语结尾。有的写完通知事项即收束全篇。

（4）通知的落款。由发文机关、成文日期和印章构成。

上述结构形式只是总体要求，是一般通知所共有的基本结构形式。不同类型的通知，由于特殊的使用目的、特殊的内容及在写作格式和写法上的特定要求，也有许多不同的地方。

现将各类通知的写作分述如下。

1．发布性通知

（1）标题。发布性通知的标题，要求使用全称式标题，一般不能使用省称式标题。

发布性通知一般很少有“关于”，所以在“印发”前面要加上“关于”，如《国务院办公厅关于印发国家开发银行机构编制方案的通知》。

（2）正文。发布性通知的正文，一般是篇、段合一式结构，要写三层意思：开头写发布的根据或目的；中间写发布的对象“发布（印发、颁发）文件的名称”；最后写执行的要求“请遵照执行”、“请认真贯彻执行”、“从××××年××月××日起执行”。需要报告执行情况的，要提出“并将执行情况报告给×××”。

2．批转性通知

（1）标题。批转性通知的标题，要求使用全称式标题，一般不能使用省称式标题。

在拟制批转性通知标题时，应注意以下几个问题。

1）批转性通知标题中原制发机关的标明问题。批转性通知的标题中，在事由部分应标明被批转的原制发机关。这是因为原公文标题在有“眉首”的情况下，有可能省略了制发机关，如果批转通知的标题中只标明原公文的标题，受文机关则无法明确批转的是哪个机关的公文，就应该把原制发机关补充进来。例如，《国务院办公厅转发财政部关于控制行政经费问题的报告的通知》，即在被批转公文的前面补充了原文的制发机关“财政部”。

2）批转性通知标题中介词“关于”的使用问题。被批转公文标题中一般都包含一个介词“关于”，而批转公文要求用全称式标题，必然也要包含一个“关于”，于是就出现两个“关于”。如果是层层转发的公文，“关于”就可能重复出现多次。比较常见的处理办法是，只留一个介词“关于”。

原公文标题中有“关于”字样的，在批转前面省略“关于”，如《国务院批转农业部关于稳定和完善土地承包关系意见的通知》。

原公文标题中没有“关于”字样的，在批转、转发前面则加上“关于”，如《国务院办公厅关于转发国务院住房制度改革领导小组国家安居工程实施方案的通知》。

3）标题中不可轻易使用书名号。

4）尽量不要照抄、照转上级来文。除一些必须照章执行的上级重要来文可以翻印下发或照章转发外，在一般情况下，下级机关应根据上级文件精神，结合本机关实际提出具体措施和要求，再制发公文下发。不要照抄、照转，这是贯彻执行上级文件精神的基本要求，也是解决转发性通知标题拟制难题的办法。

（2）正文。批转性通知的正文一般由批转对象、批转意见两部分构成。

批转性通知的正文，开头部分要点明对象，即被批转的公文名称、发文字号、原发文机关，表明态度（批准或同意），做出决定（现批转）；批转意见部分通常对被批转公文的基本精神做进一步的强调或必要的补充说明，以突出其重点或核心内容，引起下级机关的重视，更好地贯彻执行。

3. 转发性通知

（1）标题。转发性通知的标题要求使用全称式标题，一般不能使用省称式标题。

在拟制转发性通知标题时，应注意以下几个问题。

1）转发性通知标题中原文制发机关的标明问题。转发性通知的标题中，在事由部分应标明被转发公文的原制发机关。这是因为原公文标题在有“眉首”的情况下，有可能省略了制发机关，如果转发通知的标题中只标明原公文的标题，受文机关则无法明确转发的是哪个机关的公文。遇到这种情况，就应该把原制发机关补充进来。例如，《国务院办公厅转发财政部关于控制行政经费问题的报告的通知》，即在被批转公文的前面补充了原文的制发机关“财政部”。

2）转发性通知标题中介词“关于”的使用问题。被转发公文标题中一般都包含一个介词“关于”，而批转、转发公文要求用全称式标题，必然也要包含一个“关于”，于是就出现两个“关于”。如果是层层转发的公文，“关于”就可能重复出现多次。比较常见的处理办法是，只留一个介词“关于”。

原公文标题中有“关于”字样的，在转发前面省略“关于”，如《国务院批转农业部关于稳定和完善土地承包关系意见的通知》。

原公文标题中没有“关于”字样的，在转发前面则加上“关于”，如《国务院办公厅关于转发国务院住房制度改革领导小组国家安居工程实施方案的通知》。

3）层层转发的通知标题的处理方法。转发层次较多的公文，拟制转发通知的标题时，按规定程式应该完全照转，但完全照转的话，就可能出现一些情况。例如，××市人民政府关于转发《××省人民政府关于转发〈国务院关于××××（事由）的通知〉的通知》的通知。

如果一律按规定这样照转的话，那么会有五个问题：写起来麻烦、读起来不顺、看上去别扭、难于理解、事由不突出。

要解决这样的问题，一般有采用“直转”的方法、采用“事由自拟”的方法和只保留原主发机关名称三条处理途径。

① 采用“直转”的方法。在转发通知标题中，可以省略间接转发机关和原发文机关的名称，只保留直接上级机关的名称，并在直接上级机关名称后面加上“所转发的”四个字。对上例这样的标题采用“直转法”处理，可以把它简化为《××市人民政府关于转发××省人民政府所转发的×××（事由）的文件的通知》。

② 采用“事由自拟”的方法。在转发通知标题中，自拟转发事由，省略原发文标题中的多个“关于”和多个“通知”及相应的“转发”等字样。其表述形式为“转发机关名称+关于转发+事由+通知”。这样，上例就可以写为《××市人民政府关于转发×××（事由）的通知》。这样写，省略了两个“关于”、一个“转发”和两个“的通知”，既解决了上述难题，又使标题简洁明了。

③ 只保留原主发机关名称。如果被批转、转发的公文是联合行文，原发文机关较多时，批转、转发通知的标题不便把这些机关一一列出，可只保留原主发机关名称，后加“等部门”三个字将原发文机关概括为一个综合概念。例如，某份意见是国家计划生育委员会、国家计划委员会、公安部、国内贸易部联合制发的，国务院批转时，标题中可只保留原主发机关名称，后面加上“等部门”，将四个发文机关概括为一个综合概念，即“国家计划生育委员会等部门”。

4）标题中不可轻易使用书名号。在转发性通知标题中不可轻易使用书名号，或者把书名号改写成引号。只有被批示的公文是规范性文件时，才可以用书名号。把标明公文名称的书名号改写成引号的做法是不规范的。

5）尽量不要照抄、照转上级来文。除一些必须照章执行的上级重要来文可以翻印下发或照章转发外，在一般情况下，下级机关应根据上级文件精神，结合本机关实际提出具体措施和要求，再制发公文下发。尽量不要照抄、照转上级来文，这既是避开转发性通知标题拟制难题的最佳方法，也是贯彻上级文件精神的基本要求。

（2）正文。转发性通知的正文，一般由转发对象、转发意见两部分构成。

转发性通知的正文，开头部分比批转通知简单，一般写明被转发的公文名称、原发文机关。转发意见一般根据不同情况，提出“认真贯彻”或“参照执行”的要求即可，必要时才强调意义，提出更具体的执行要求。

4．指示性通知

（1）标题。指示性通知的标题是严格的规范式，不能随意省略或简化，必须使用全称式标题，即必须具备发文机关、事由、文种三个要素。

（2）正文。指示性通知重在指导具体工作，正文由开头、主体、结尾三部分构成。

开头部分写发文缘由。涉及重大的问题、事项、工作时，应详写缘由；一般事项可略写；须揭示存在的问题时，应说明纠正、解决的必要。段尾写“承启语”，如“现将有关事项通知如下”，引出下文“事项”部分。

主体部分写通知事项。

结尾部分写执行要求，即制发机关就贯彻执行该通知提出的希望和要求。通常以“惯用语”形式出现，如“特此通知”。

5．任免性通知

（1）标题。任免性通知的标题一般是省略发文机关的省称式标题，但要写明被任免职务人员的姓名。如同时任免多人职务时，标题中应写出具有代表性的一个人的姓名，后边用“等同志”加以概括。

（2）正文。任免性通知的正文一般可分为任免根据和任免决定两部分。

任免根据是用来说明此次任免决定所依据的文件、会议、程序等。

任免决定要写清被任免职务人员的姓名、职务。任免决定包括任命职务、聘任职务、免除职务、既任又免等几种情况。既任又免也就是既任命（聘任）现职务又免除原职务。行文中注意要交代清楚。

6．事务性通知

（1）标题。事务性通知的标题比较灵活，可以使用全称式标题，也可以使用省略发文机关的省称式标题。

（2）正文。正文一般应包括开头、主体、结尾三部分。开头部分写发文缘由，包括原因、根据、意义、目的等；主体部分写通知事项；结尾部分写执行要求。

有些事务性通知，如周知性通知，由于重在“周知”某些情况或事项，所以，其正文往往可以省略“发文缘由”或“执行要求”，一般只写“通知事项”即可。但需要周知的事项一定要写得具体可行、清楚明白。

事务性通知中的会议通知有如下更详尽的写作要求。

（1）标题。会议通知的标题一般比较灵活，可以使用全称式标题，也可以使用省略发文机关的省称式标题。

（2）正文。会议通知的正文，开头部分要写明召开会议的缘由，包括原因、根据、意义、目的。主体部分要写明通知的具体事项，一般应包括：召开会议的机关；会议的名称；会议的基本安排，包括会议时间（报到时间）、会议地点（报到地点）、会议日程（会议议程）、与会人员及分配人数；会议的注意事项，包括材料准备、食宿安排、费用支付、交通路线等；其他说明，包括联系人姓名、联系方式（如电话、传真、E-mail等）。

2.2.5　通知的写作要求

1．文种使用要正确

每种通知之间有功能与格式上的区别，要全面了解它们各自的特点和要求，必须正确使用。特别要注意以下文种的差异，并正确使用。

转发性通知与批复两者都属于针对下级来文所做的指示性下行文，但转发性通知须附上被批转的原文，构成一份“连体公文”，即作为复合式文件一并下发；而批复却不必附上被批复的文件。

转发性通知与指示性通知都具有指导性、政策性和执行的效力。但二者有明显区别：转发性通知只针对所报的原件而发；指示性通知是针对某项具体工作或某个具体问题而做出的决定或指示。

2．要素要齐全、准确

通知的内容中必要的对象、时间、地点、事件、目标、要求及具体事项联系人与联系方式等要素都要齐全、准确，才能有效发挥应有的作用。批转、转发、公布的事项必须准确无误，不能混同，否则势必影响执行效力。

3．格式要符合规范

作为公文，都有固定的格式要求，要按照党政机关公文格式执行。要把握各类通知具体的的写作规范要求，注意其间的细微差别，力求通知格式符合规范。

2.2.6　例文分析

例文 1

国家发展改革委关于开展低碳社区试点工作的通知
发改气候［2014］489 号

各省、自治区、直辖市及计划单列市、新疆生产建设兵团发展改革委：

根据《国务院关于印发“十二五”控制温室气体排放工作方案的通知》（国发［2011］41 号）有关工作部署，为积极探索新型城镇化道路，加强低碳社会建设，倡导低碳生活方式，推动社区低碳化发展，国家发展改革委决定组织开展低碳社区试点工作。现将有关事项通知如下。

一、充分认识开展低碳社区试点工作的重要意义

本《通知》中的“社区”是指城市居民委员会辖区和农村村民委员会辖区，包括辖区内的居民小区、社会单位、配套基础设施等。社区作为城乡居民生活的基本单元，是建设资源节约型和环境友好型社会的基础载体。低碳社区是指通过构建气候友好的自然环境、房屋建筑、基础设施、生活方式和管理模式，降低能源资源消耗，实现低碳排放的城乡社区。通过开展低碳社区试点，将低碳理念融入社区规划、建设、管理和居民生活之中，探索有效控制城乡社区碳排放水平的途径，对于实现我国控制温室气体排放行动目标，推进生态文明和“美丽中国”建设具有重要意义。

……（略）

二、指导思想和工作目标

（一）指导思想。以科学发展观为指导，深入贯彻落实党的十八大、十八届三中全会和中央城镇化工作会议精神，坚持从各地经济社会发展实际出发，按照绿色低碳、便捷舒适、生态环保、经济合理、运营高效的要求，坚持规划先行、循序渐进、因地制宜、广泛参与，打造一批符合不同区域特点、不同发展水平、特色鲜明的低碳社区试点，有效控制城乡建设和居民生活领域温室气体排放，为推进生态文明建设、加强和创新社会管理、构建社会主义和谐社会、提高城镇化发展质量做出积极贡献。

（二）工作目标。重点在地级以上城市开展低碳社区试点工作。国家低碳试点省市要率先垂范，大力推动低碳社区试点工作。到“十二五”末，全国开展的低碳社区试点争取达到1 000个左右，择优建设一批国家级低碳示范社区。

三、低碳社区试点建设主要内容

低碳社区试点可选择在具备条件的城乡既有社区开展，也可选择在以新开发小区为主的社区开展。“十二五”时期，重点结合国家保障性住房建设、新型城镇化建设和社会主义新农村建设，开展低碳社区试点工作。试点社区要根据实际情况，坚持量力而行、因地制宜、突出特色、注重效果，重点围绕以下六个方面开展创建活动。

（一）以低碳理念统领社区建设全过程……（略）

（二）培育低碳文化和低碳生活方式……（略）

（三）探索推行低碳化运营管理模式……（略）

（四）推广节能建筑和绿色建筑……（略）

（五）建设高效低碳的基础设施……（略）

（六）营造优美宜居的社区环境……（略）

四、组织实施

（一）加强对试点工作的指导……（略）

（二）抓好试点工作组织落实……（略）

（三）研究制定试点配套支持政策……（略）

中华人民共和国国家发展和改革委员会

2014年3月21日

例文简析

本文是一份开展低碳社区试点工作的指示性通知。

写作格式，由标题、文号、主送机关、正文、落款五部分组成。

标题，属于全称式标题，即由发文机关、事由和文种三个要素构成的标题。

主送机关，使用的是下级机关的统称。

正文，由开头和主体两部分构成。开头部分，写明发文根据和目的，概述通知事项，并以惯用语过渡，用“现将有关事项通知如下”引出下文。主体部分，写明通知事项和要求，采用分条列项的写法，将开展低碳社区试点工作的重要意义、指导思想和工作目标、试点建设主要内容、组织实施一一写明，内容具体，条理清楚。本通知没有结语，写完通知事项即收尾。

落款，由发文机关、成文日期和印章构成。

总之，这份通知缘由明确、事项清楚、要求具体、形式规范。

例文 2

国务院关于批转交通运输部等部门重大节假日免收小型客车通行费实施方案的通知

国发［2012］37 号

各省、自治区、直辖市人民政府，国务院各部委、各直属机构：

国务院同意交通运输部、发展改革委、财政部、监察部、国务院纠风办制定的《重大节假日免收小型客车通行费实施方案》，现转发给你们，请认真贯彻执行。

附件：重大节假日免收小型客车通行费实施方案（略）

国务院

2012 年 7 月 24 日

例文简析

本文是一份批转性通知。

写作格式，由标题、文号、主送机关、正文、落款五部分组成。

标题，为全称式标题。注意：被批转的文件不能使用书名号。

主送机关，使用的是下级机关的统称。

正文只有一段，包括两层意思：一是批准转发下级机关文件，二是要求认真贯彻执行。

本通知没有结语。

落款，由发文机关、成文日期和印章构成。

这份通知从标题到内容，写得简练、规范。

关键概念

通知　转发性通知　任免通知　指示性通知　事务性通知

会议通知

课堂讨论题

1．分述六种通知的适用范围。

2．讨论会议通知的写作格式。

实训题

试评析下面一份公文，依据通知的写作要求，找出存在的毛病，分析原因并改正。

关于工会成立业余兴趣小组的通知

为了推动公司企业文化建设，丰富员工的业余文化生活，增强凝聚力，建立全员参与的活动机制，开展好内容丰富、形式多样的文体活动，形成积极向上、健康活泼的工作氛围，经请示社领导，决定成立业余兴趣小组，具体如下：

一、兴趣小组的设立和参与方式

1. 兴趣小组拟分为羽毛球、八段锦、太极拳、摄影、登山、声乐、瑜伽六个工会活动兴趣小组。

2. 成立兴趣小组坚持组织引导，本着自愿报名的原则，每人最多只可报名参加两个兴趣小组。

3. 请以部门为单位将报名表电子版（见附件）发人力资源部谢平徇处。

二、兴趣小组的活动时间、办法和经费视报名情况而定，实施方案待定

附件：报名表

广东×××××音像出版社有限公司工会

二〇一四年四月一日

2.3 函

2.3.1 函的概念

函是不相隶属机关之间商洽工作、询问和答复问题或向有关主管部门请求批准和答复审批事项时使用的平行公文。这里所说的函通常是指公函。

2.3.2 函的特点

1. 沟通性

函用于不相隶属机关之间相互商洽工作、询问和答复问题，起着沟通作用，充分显示平行文种的功能，这是其他公文所不具备的特点。从行文关系上看，“函”不同于其他文种的一个突出特点就是可以相互沟通，一般有发函必有复函，是以一组的形式出现的。其他文种除了请示和批复之外，一般都不具备这种一对一的沟通关系。

2. 灵活性

函的灵活性表现在三个方面。一是行文关系灵活。函是平行公文，但是它除了平行行文外，还可以向上行文或向下行文，没有其他文种那样严格的特殊行文关系的限制。二是格式灵活。除了国家高级机关的函必须按照公文的格式、行文要求行文外，一般函比较灵活，也可以按照公文的格式及行文要求办。可以有文头版，也可以没有文头版，不编发文字号，甚至可以不拟标题。三是写法上也比较灵活简便，其篇幅一般也比较短。

3．单一性

函的主体内容具备单一性的特点，一份函只宜写一件事项、只发往一个单位，复函更只针对来函提出的单一问题或事项给予明确答复。

2.3.3　函的分类

1．根据性质不同，可以分为公函和便函

公函用于机关单位正式的公务活动往来，具有较完整的公文格式，属于正式公文。便函则用于日常事务性工作的处理。便函不属于正式公文，没有公文格式要求，甚至可以不要标题，不用发文字号，只需要在尾部署上机关单位名称、成文时间并加盖公章即可。

2．根据发文目的不同，可以分为发函和复函

发函是为商洽工作、询问事项主动制发的函，受文机关往往将这种公函称为来函。复函是答复对方来函中有关事项的函。

3．根据内容和用途不同，可以分为商洽函、询问函和请批函

（1）商洽函。商洽函是平行机关或不相隶属机关之间用来商量和接洽工作的函，即与对方协商某事项、请求对方协助或支援解决某问题时使用的公函，如协商调转人员、商请提供支持、商请前往调查研究或参观学习事宜等。在实际工作中，商洽函是最常用的一种函。

（2）询问函。询问函是平行机关或不相隶属机关之间用来询问事项或征求意见的函。

（3）请批函。请批函是用来向有关主管部门请求批准某事项的函。其功用和写法与请示十分相近。所不同的是，请示的主送机关是直接“上级机关”，而函的主送机关则是不相隶属的“有关主管部门”。

2.3.4　函的写作格式

由于函的种类较多，其写作格式有较大灵活性。本节主要介绍规范性公函的结构、内容和写法。

公函的写作格式，一般由标题、主送机关、正文和落款四部分组成。其各部分的格式、内容和写法如下。

1．标题

函的标题写法，按照发函和复函两种类型呈现不同结构形式。

（1）发函。发函的标题有两种形式：一是全称式标题，即发文机关名称、事由和文种三个要素组成标题，如《国务院办公厅关于同意深入推进毕节试验区改革发展规划的函》（国办函［2013］35 号）。二是省称式标题，即当有发文机关名称的固定“眉首”时，标题中可以省略发文机关名称，只由事由和文种两个要素组成标题，如《××集团关于商洽委托培训管理干部的函》。

（2）复函。复函的标题有两种形式：一是四项式标题，即在全称式标题的“事由”后面加上来文机关名称，如《国务院办公厅关于湖南望城经济开发区升级为国家级经济技术开发区的

复函》（国办函［2014］24号）。二是三项式标题，即省略四项式标题中的复函机关名称，由事由、来文机关名称和文种三项组成的标题，如《关于××问题给××的复函》。

2. 主送机关

主送机关即受文并办理来函事项的组织，在文首顶格写明机构全称或规范化简称，其后用冒号。一般情况下，函只有一个主送机关。

3. 正文

正文一般由开头、主体、结尾和结语等部分组成。

（1）开头部分。发函，开头写缘由部分，一般要概括交代发函的原因和目的等内容。然后用“现将有关问题说明如下”等过渡语转入下文。

复函，开头要写“引据”，即引述来函情况，说明对方何时、关于何问题的来函收悉；有时还要引述来函的发文字号。然后用“现就有关问题函复如下”或“经××研究，答复如下”等惯用过渡语转入下文。

（2）主体部分。这是函的核心部分，主要说明致函事项。函的事项部分内容单一，一函一事，行文要简练，直陈其事。无论是商洽工作、询问和答复问题，还是向有关主管部门请求批准事项等，都要用简洁的语言把需要告诉对方的问题、意见叙写清楚。如果属于复函，还要注意答复事项的针对性和明确性。

（3）结尾和结语部分。一般用礼貌性语言向对方提出希望或请求，或者请对方及时复函，或者请对方提出意见或请主管部门批准等。最后结尾部分通常根据函询、函告、函商或函复的事项，选择运用不同的结语，如“特此函询（商）”、“特此致函”、“请即复函”、“特此函告”、“特此函复”等。有的函也可以不用结束语，如属于便函，可以像普通信件一样，最后使用祝福语。

有的函事项部分写完即收束全文，不再用结语。

4. 落款

落款一般包括发文机关、印章和成文日期。

发文机关要写制函机构全称，写明成文年、月、日，并加盖公章。

2.3.5 函的写作要求

1. 要符合公文格式规范

与所有规范公文一样，函也是正式公文的一种，一定注意行文符合公文的相关规范。写作应注意与相关文种的区别，特别是与请示的区别。在实际写作中，要防止把请批函与请示错用。

2. 要注重时效性

公文都有特定的时效性，函也有时效性的问题，特别是复函更应该迅速、及时。像对待其他公文一样，及时处理函件，以保证管理活动的正常进行。

3. 语气要言辞恳切

函是往来于平行机关和不相隶属机关之间的公文，相互不存在领导与被领导的关系，发函都是有求于对方的，或商洽工作，或询问题，或请求批准。因此，要求函的语言要朴实，语气要恳切，态度要谦逊，否则势必影响沟通和问题的解决。

4．内容要简洁

函的内容必须专一、集中。一般来说，一个函件以解决一个问题或一件事情为宜，以便于收文机关及时处理。由于事项单一，函的篇幅往往比较短小。函的写作，首先要注意行文简洁明确，用语把握分寸。至于复函，则要注意行文的针对性、答复的明确性。

2.3.6 例文分析

例文1

××集团关于商洽委托培训管理干部的函

××大学管理学院：

本集团新近招聘一批管理干部，需进行管理专业业务培训。据了解，贵院管理专业将于今年8月开办企业管理干部培训班，系统培训企业管理实务、公关礼仪、企业质量控制体系等课程。我公司经研究决定，组织新招聘管理干部参加这次培训。我们拟派出培训人员 10人，参加该班培训学习。有关培训费用及其他相关经费，将按要求支付。

特此致函。

××集团（印章）

2014年2月20日

例文简析

这是一份为商洽工作而主动发出的商洽函。

写作格式，由标题、主送机关、正文和落款四部分组成。

标题，是由发文机关名称、事由、文种三个要素构成的全称式标题。

主送机关，只写一个，即商洽工作的不相隶属单位。

正文，由开头、主体和结尾三部分构成。开头部分，写去函缘由，概括交代了去函的原因，即由于新近招聘一批管理干部，需进行管理专业业务培训。主体部分，写函告事项，即提出委托贵院培训。结尾部分，写结语“特此致函”。

落款，包括发文机关、印章和成文日期。

这份去函，“缘由”部分写得有理，“致函事项”部分写得有据。总之，它作为商洽函，写得庄重周严，表达确切，选词用语恰到好处。

例文2

关于不同意借款给××集团的复函

××集团：

你集团关于因为基本建设工程流动资金增加，要求借款 4 000 万元的函已收悉。由于你集团尚有一笔3 000万元短期融资借款于本月到期，按照中国××银行总行关于基本建设企业借款的有关管理规定，不能给予新借款。因此，我行不能向你集团发放新借款。望尽快做好到期借款的还款工作。

特此复函。

中国××银行××市支行（印章）
2014年3月20日

例文简析

这是一份复函。

写作格式，由标题、主送机关、正文和落款四部分组成。

标题，是三项式标题，即由事由、来文机关名称和文种三项组成的标题。

主送机关，为一个，即××集团。

正文包括三项内容：一是答复引据；二是答复事项和要求；三是结语部分。

落款，包括发文机关、印章和成文日期。

关键概念

函

课堂讨论题

1．函的主要特点有哪些？

2．函的标题有哪几种结构形式？

3．请求批准的函与请示有哪些区别？

实训题

分小组讨论，依据函的格式规范与写作要求，分析下面公文存在的问题，在不改变原文主要内容和功能的前提下，改写为正确的公文。

公　函

××集团：

首先，我们以××职业技术学院的名义，向贵集团致以亲切的问候。我们以崇高和迫切的心情，冒昧地请求贵集团帮助解决我校当前面临的一个难题。

按照教育部关于高职院校建设“双师型”专业教师队伍的有关要求，我校磋商，决定派10位老师到贵集团挂职锻炼。只因这10位老师还承担着学校的教学任务和管理工作任务，不能全日到贵集团工作，每周可在周一、周三两天前往挂职锻炼。因学校将于今年下半年接受教育部对高职院校人才培养质量工作评估，继续通过这10位老师到贵集团挂职锻炼提高学校“双师型”专业教师队伍规模和比例的要求。

为此，我们在办学艰难的情况下，仰望贵集团良好的社会责任感，且具有扶危济困的美誉。我们抱着热切希望，与贵集团商洽，能否为我校 10 位老师到贵集团挂职锻炼提供条件。但不知贵集团是否有其他困难，如有具体的要求和条件，我校则尽力满足。我校 10 位老师到贵集团挂职锻炼期间可为贵集团开展技术开发研究和职工培训工作，这样校企可以相得益彰。我们热切期待贵集团竭诚支持。

以上教育发展大事，社会企业皆有支持职责，希望尽快得到贵集团的同意答复。

××职业技术学院（印章）

2014 年 3 月 18 日

2.4　请示

2.4.1　请示的概念

请示是下级机关向上级机关请求对某项工作、问题做出指示，对某项政策界限给予明确，对某事予以审核批准时使用的一种请求性公文。请示属于上行性公文，适用于向上级机关请求指示、批准时使用。

对请示这一概念要从以下方面理解。

请示是上行公文，必须为了向上级请求批准。

请示在下级机关向上级机关请求指示、批准时使用。这里的上级机关有时是直接上级机关，有时是这项事务的管理机关。例如，教育部是国务院教育行政管理部门，代表国务院管理教育行政事务。省政府有请求批准教育行政的事务，就不能向教育部致函，而要用请示这一文种。

请示这一文种的使用一定是事前请示，就是还没有实施之前。

请示的问题必须是自己无权做出决定和处理的。

应按隶属关系逐级请示，一般情况下不得越级请示。

2.4.2　请示的特点

1. 时效性

请示事项一般时效性较强。请示的事项一般都是急需明确和解决的，否则会影响正常工作，因此时效性强。因为上级对下级的请示要进行研究，有时要进行一系列调查，所以在发出请示时要预见到这种情况，及时发出请示，并注意及时与上级沟通情况，跟踪请示的处理过程。

2. 请求性

请示是下级机构要处理某一问题而又无权自行决定，必须请求上级机关给予指示、审批后才能办理，这就是请示的请求性特点。这种事前请示的特点是区别于报告及其他文种的主要特点。表现在文字表达方面，“请示”应以祈使的方式、谦恭的语气、祈求的口吻行文，如开头部分的末尾，常用“特请示如下”或“现就有关问题请示如下”引出下文。结尾部分，常以“以上请示，请批复”或“以上意见如无不妥，请批准”等惯用语式结尾。不能用决断的语气或要挟的口吻行文，更不能用命令的口气行文，也不能要求上级机关限期答复等。

3．单一性

请示更强调遵循一文一事的原则。在一份请示中，只能就一项工作或一种情况、一个问题做出请示。如果确有若干项需要同时向同一上级机关请示，必须写出若干份请示，各自是独立的文件，用不同的发文字号和标题。上级机关要分别对不同的请示做出不同的批复。

2.4.3 请示的分类

根据请示的内容和写作意图，可分为以下三类。

1．请求指示的请示

此类请示一般是政策性请示，是下级机关需要上级机关对原有政策或具体规定做出明确解释，对需要变通处理的问题做出审查认定，对处理突发事件或新情况、新问题做出明确指示等请示如《关于高等职业院校科研处长可以申报技术职务的请示》。

2．请求批准的请示

此类请示是下级机关针对某些具体事宜向上级机关请求批准的请示，主要目的是解决某些实际困难和具体问题，如《关于解决化工项目污染土地造成损失问题的请示》。

3．请求批转的请示

下级机关就某一涉及面广的事项提出处理意见和办法，需各有关方面协同办理，但按规定又不能指令平级机关或不相隶属部门办理，需上级机关审定后批转执行，这样的请示就属此类，如《莆田市卫生局等六部门关于请求批转莆田市基层医疗卫生机构补助暂行办法的请示》。

2.4.4 请示的写作格式

请示一般由标题、主送机关、正文、落款四部分组成。

1．标题

请示的标题通常有两种形式。

（1）全称式标题。由发文机关名称、事由和文种三个要素组成，如《××市商业局关于增设地下消火栓需要资金的请示》。

（2）省称式标题。当有发文机关名称的固定“眉首”时，标题中可以省略发文机关，由事由和文种两个要素组成，如《关于解决化工项目污染土地造成损失问题的请示》。

2．主送机关

请示的主送机关只能是一个，即直接的上级机关。请示一定要正确选择主送机关。

3．正文

请示的正文，一般由开头、主体和结尾三部分构成。

（1）开头部分。阐明请示的原因、理由，着重阐明“为什么请示”。一般需简要地陈述背景，末尾常以“现就有关问题请示如下”或“鉴于上述情况，特请示如下”等惯用语引出下文。

（2）主体部分。写请示的事项，着重阐明“请示什么”。不同类型的请示写法不同。

请求指示的请示，事项部分要明确提出指示的问题和要求。请求批准的请示，事项部分应明确提出需要上级机关支持、帮助或解决的具体事项或问题，也可以提出本部门解决问题的建议或对策，供上级决策参考。提出的要求应合理、适度。请求批转的请示，事项部分应提供本部门的解决方案或行动计划，即打算“做什么”、“怎么做”等。在具体表述时，只能用“拟”怎么办，而不能用“决定”怎么办。

（3）结尾部分。结语要表示明确而肯定的要求。一般惯用的请示结语有“请批复”、“以上请示，请予审批”、“以以上请示妥否，请批复”、“以上请示，如无不当，请批准（转）”等，一般最后另起一行，写“特此请示”。

4．落款

请示的落款，包括发文机关、印章和成文日期。

2.4.5　请示的写作要求

（1）要求一事一请示。不得在同一请示公文中请示两个或几个互不相关的事项。

（2）要求逐级请示。一般不得越级请示。

（3）要求向一个主体请示。不得主送两个以上的上级机关。

（4）要求只对组织请示。除领导者交办的事项外，请示公文均不得直接向领导者个人发出。

（5）要求正确使用文种。请示和报告是常见的容易混淆的两个文种。这是两种截然不同的文种，它们的区别有以下几点。

1）行文目的不同。请示的目的，是请求上级批准、指示、支持和帮助，重在呈请。报告的目的在于向上级汇报工作、反映情况、答复上级机关的询问，重在呈报。

2）行文时间不同。请示在事前行文，提出“要做什么、要怎么做”。报告在事后行文，回答“怎么做的、做的结果”。

3）内容规定不同。请示的内容必须单一而集中，即一事一请示。而报告一般涉及的内容相对广泛，容量比较大，可以一事一文，也可以反映多方面的情况。

4）处理方式不同。请示属办件，收文机关必须及时批复、处理。报告多数是阅件，除需批转建议报告外，上级机关对各类报告一般不行文回复。

5）文种性质不同。请示是请求性、呈批性公文。报告是汇报性、陈述性公文。

2.4.6　例文分析

例文

关于解决化工项目污染土地造成损失问题的请示

××省人民政府：

××化工项目位于××市境内，是省国资委所属的××化工集团一个大型投资项目。由于多年来××化工集团对设备改造和更新投入不足，没有按国家规定的标准进行技术改造和化工排放物有效处理，长期以来造成对周边农业用地的严重污染，致使周边三个自然村的3 200亩土地连续几年无法正常耕种，给农业生产带来严重影响，使周边农民蒙受巨大的经济损失。目前，仍有一些农民丧失经济来源，处境十分艰难，生活难以为继。受灾农民屡屡上访，向当地政府要饭吃，要地种，该地区出现了许多不安定因素。

鉴于上述情况，我们请求××省人民政府帮助解决如下问题：

一、按国家现行的有关规定和政策，根据××化工项目的实际运行情况，重新估算化工项目污染土地造成损失的规模和影响，并做好受灾地区农民的生产和生活安置工作。

二、重新划定化工项目占用土地规模，按项目征地办法解决被征地农民的利益补偿问题。

三、请省政府有关部门对因××化工项目污染土地造成损失问题进行调查，追究相关部门和责任人的法律责任。

请予审批。

××市人民政府（印章）

2014年2月20日

例文简析

这是一份请求批准的请示。

写作格式，由标题、主送机关、正文和落款四部分组成。

标题，是由事由、文种两种要素构成的省称式标题。

主送机关，只写一个，即其直接隶属的上级机关。

正文，由开头、主体、结尾三部分构成。开头部分，写请示缘由，简要陈述了××化工项目污染土地造成损失的实际情况。主体部分，写请示事项，明确提出了请求××省人民政府帮助解决的三个实际问题。结尾部分，写请示结语，即请求上级机关予以审批。

落款，包括发文机关、印章和成文日期。

总之，这份请示在写法上的特点是，缘由写得情辞恳切、真实而充分，所提的请示事项具体而明确，行文的语气和口吻也都符合请示文种的规范。

关键概念

请示

课堂讨论题

1．为什么请示一般不能越级行文？哪些情况可以越级行文？

2．请示与报告的区别是什么？

实训题

分小组讨论下面的公文，找出存在的问题，在不改变原文主要内容和功能的前提下，改为一篇正确的公文。

关于××区公安局申请新建办公楼的请示报告

市公安局×局长、市发改委×主任：

您们好！

我局原来的办公楼是20世纪80年代建成并投入使用的四层老楼。无论是外部造型，还是内部装修，都已不适应需要了。为了加强基础设施建设，我局决定拆除旧楼建新楼。设计方案为钢筋混凝土框架结构，地面以上为八层，外表为高级铝合金扣板，内部格局设计多功能，具有办公、安全监控、指挥中心等齐全功能，采用高档装修。工程预算总额为 3 800 万元。现我局已经自筹 1 000 万元，余款需市局划拨。目前因施工黄金季节已到，市局必须在本月月底前将 2 800 万元差额拨款到位。否则，出现工期拖延、影响工作的问题，责任由市局承担。

另外，根据国家公安部的要求，我局“金盾工程”业已上马，现有人员学历层次和数量，都不能适应此项工作的需要，急需市局、市发改委马上给我局分配 5 名大学本科以上学历的计算机专业人才。

谢谢合作！

××区公安局

2014 年 2 月 15 日

2.5 报告

2.5.1 报告的概念

报告是下级机关向上级机关汇报工作、反映情况、答复上级机关的询问或要求，以及报送文件或物件的有固定格式规定的陈述性上行公文。这种报告是公文的一种，它不同于某些特殊组织或机构面向社会发布的调查报告或发展报告，如企业发展报告、行业发展报告、高校人才培养质量报告、上市公司财务报告等。

对报告这一概念的理解如下。

报告是下级机关向上级机关发出的陈述性上行公文。

报告内容是汇报工作、反映情况、答复上级机关的询问或要求，以及报送文件或物件，有固定格式规定。

2.5.2 报告的特点

1．内容的汇报性

报告都是下级向上级机关汇报工作，让上级机关掌握基本情况并及时对下级的工作进行指导，汇报性是报告的突出特点。

2．语言的陈述性

报告的表达方式是陈述，以客观叙述和说明为主，必须对情况做如实的陈述。即使提出意见和建议，或者答复上级机关的询问，也是在陈述事实的基础上，做出适当的分析和结论，而不是像请示那样采用祈使、请求等表达方式。

3．行文的单向性

报告是下级机关向上级机关汇报工作、反映情况、答复上级机关询问时使用的单方向上行文，不需要上级机关给予批复，与请示双向性特点有较大的不同。

4．成文的事后性

多数报告都是在事情做完或发生后，向上级机关做出的汇报，是事后或事中行文。

5．双向的沟通性

报告虽不需批复，却是下级机关以此取得上级机关的支持、指导的重要方式。同时上级机关也能通过报告获得信息，了解下情。报告成为上级机关决策指导和协调工作的依据。

2.5.3 报告的分类

根据报告内容的不同，可以分为以下五种类型。

1．例行性工作报告

例行性工作报告是按照某种制度规定，定期向上级机关或上级机关代表汇报计划执行情况、工作进展情况、反映工作问题、总结工作经验和教训的报告。具体又可以分为综合性工作报告和专题性工作报告两种。综合性工作报告是汇报一定时期内全面工作情况的报告，如国务院总理李克强 2014 年 3 月 5 日在第十二届全国人民代表大会第二次会议上所做的《政府工作报告》。专题性工作报告是汇报某一专项工作情况的报告，如×××在××省××会议上所做的《民族宗教事务工作报告》。例行报告不能变成“例行公事”，而要随着工作的进展，反映新情况、新问题，写出新意。

2．情况报告

情况报告是向上级机关汇报出现的新情况、新问题，特别是突发事件、特殊情况、意外事故及处理情况的报告。它重在“反映情况”，不局限于具体工作，不局限于本机关情况，这是它与工作报告的主要区别。报告要迅速、及时，一事一报。呈报、呈转要分清写明。应对情况做出分析，必要时还应有针对性地提出意见或建议。例如，《铁道部“7·23”甬温线特别重大铁路交通事故调查报告》。

3．建议报告

建议报告是下级机关向上级机关提出意见或建议、办法或方案的报告。建议报告与情况报告的不同之处在于：建议报告是“呈转性”的，旨在要求上级机关“批转”；而情况报告是“呈报性”的，旨在让上级机关“阅知”。建议报告具有指挥性公文的特点，一经上级机关批转后，相关的下级机关就应认真贯彻执行。例如，《陕西省烟草专卖局关于制止盲目乱建烟叶复烤厂问题的报告》。

4．答复报告

答复报告是答复上级机关的询问事项的报告。例如，《××集团关于李××同志行政级别问题的答复报告》。

5．报送报告

报送报告是用于向上级机关递送文件、物件的报告。例如，《××职业技术学院关于报送我校 2013—2014 学年第二学期开学准备工作情况的报告》。

2.5.4 报告的写作格式

报告一般由标题、主送机关、正文、落款四部分组成。

1. 标题

报告的标题通常有两种形式。

（1）全称式标题。由发文机关名称、事由和文种三个要素组成。例如，《××市人民政府关于预防禽流感工作情况的报告》。

（2）省称式标题。由事由和文种两个要素组成。例如，《关于支持大学生创业工作意见的报告》。

在实际使用中，只有当公文标有发文机关名称的正式“眉首”时，可以使用省称式标题。

2. 主送机关

报告的主送机关只能是一个，需要同时报送其他上级机关时，以“抄报”的形式处理。

3. 正文

报告的正文一般由开头、主体、结尾三部分构成。

（1）开头。开头写报告缘由，通常说明报告的依据、目的、原因，概括报告的主要内容或主要情况，一般这部分应写得比较简单，篇幅较短。开头部分的末尾，常以惯用语过渡，如工作报告和情况报告常用“现将有关情况报告如下”引出下文；建议报告常常需要在过渡语中“提出以下意见”、“ 提出以下处理意见”等；答复报告的过渡语，则应针对上级机关的询问使用“答复如下”。

（2）主体。主体是报告的主要内容部分，各类报告正文主体部分的写法也各有特殊要求。

1）例行性工作报告。主体部分一般包括基本情况概述、主要成绩、经验体会、存在的问题及原因、今后工作安排意见或打算。例行性工作报告内容的重点是所做的工作、今后的打算。有成绩和经验，就应认真总结；如果有问题、困难或失误，也应毫不隐瞒。

2）情况报告。情况报告正文的主体部分一般包括基本情况、问题和原因、办法或措施（意见或建议）。其内容的重点是“基本情况”，以陈述情况为主，兼写存在的问题及原因、解决问题的意见。如果报告的是“事件情况”，应写清事件的起因、经过及结果；“存在的问题及原因”则主要对造成这一事件的原因进行分析。如果报告的是“问题”，应写明问题的主要表现及影响，分析产生问题的原因，提出解决问题的措施和办法。

3）建议报告。建议报告正文的主体部分一般包括情况分析和意见措施两部分。建议报告中情况分析不必很具体、详细，一般多是针对有关情况或问题做出概括性说明。内容重点是意见措施，大多数建议报告正文的主体部分其实就是意见措施。

4）答复报告。答复报告的正文主体部分一般包括答复依据和答复事项两部分。往往针对上级机关的询问或要求回答清楚即可。

5）报送报告。报送报告正文的主体部分一般只要写清所报送材料（文件或物件）的名称、数量即可。

（3）结尾。结尾写结语。不同类型的报告，结语有各不相同的惯用语。

例行性工作报告、情况报告，结尾多用“特此报告”。建议报告，结尾多用“以上报告如无不妥，请批各地区、各部门执行”。答复报告，结尾多用“特此报告”。报送报告，常以“请审阅”、“请收阅”、“请查收”、“特此报告”等惯用语结尾。

4. 落款

报告的落款，包括发文机关、印章和成文日期。

2.5.5 报告的写作要求

1. 正确使用文种

报告的功能就是向上级汇报情况、答复咨询。所以，报告中不允许夹带请示事项。另外，例行性工作报告与情况报告也不能混用。例行性工作报告反映的是常规性的工作，内容相对稳定；情况报告汇报的是偶发和突发特殊情况或紧急情况，内容多不确定。

2. 内容要真实

报告的内容要真实可靠、有理有据。向上级机关汇报工作应该本着实事求是的态度，如实汇报。

3. 语言要朴实

报告的表达方式是陈述事实，所以使用的语言要朴实、质朴。

2.5.6 例文分析

例文

××管理区关于张××等人信访问题调查情况及处理意见的报告

市信访局：

我区于2013年6月29日接到上级转来××镇原农机厂部分老职工要求安置补偿的信访件之后，区党委、管委对此高度重视，责成相关人员对此问题进行调查，现将调查情况及处理意见报告如下。

一、反映问题

××镇茶炉厂因破产拍卖，原农机厂的老职工至今没有得到妥善安置（“三金”问题）。

二、调查情况

经查，茶炉厂的前身是农机厂，原农机厂共有四个车间，职工70多人。1989年，因农机厂效益不好，面临倒闭，后转型为茶炉厂。由于转型后该厂用人有限，加之个人要集资，所以有些职工就自行离厂，其中有调离的，有自己经商的，也有外出打工的。1990年，茶炉厂由李××私人承包，在此期间，又有职工因交不起集资款，自动离厂，同时承包人根据用人需求另招有其他人员，这样一来留厂人员只占原厂人员的1/6。2000年，受市场经济影响，茶炉厂彻底破产。该厂破产后，其职工多次要求镇政府对其人员进行安置，解决他们的生活困难等问题。2011年9月，镇政府成立了由政府分管领导、相关部门负责人和职工代表组成的茶炉厂资产处置、人员安置领导小组，经与茶炉厂职工代表共同协商，该厂职工愿将合作开发利润分成的款项作为该厂职工的安置费用，并与茶炉厂签订了文字协议。经过公开招标，茶炉厂现有资产取得合作开发利润129万元。因原农机厂的职工人员较多，情况复杂，原厂的老职工与现留茶炉厂的职工意见不统一，在安置问题上产生矛盾，××镇政府多次派人做工作，但始终未能达成一致意见，造成原厂老职工和家属多次上访。

三、处理意见

1. 曾经在原农机厂和茶炉厂工作的同志原则上都参与安置。

2. 安置办法以工龄年限核算。

3. 茶炉厂职工（包括原农机厂和烘炉厂）工龄的计算以进厂之日起至向政府交利润最后一年为止。

4. 中途离厂人员按离厂前的工龄计算安置。

5. 调离人员不得参与安置。

6. 凡由县级以上劳动部门办理招工手续的企业正式职工，可按××省劳动和社会保障厅文件精神办理城镇企业职工养老保险。

四、目前安置工作进展状况

自2011年10月以来，××镇多次指派有关人员，对该厂职工的安置工作进行多方调解，其结果是原厂的老职工同意政府的处理意见，要求政府尽快落实，而承包后的职工有异议，只同意对个别老职工的遗属给予小额的照顾，其余款额全由承包后茶炉厂的人员所得。该镇纪委书记李××、经济发展办主任陈××多次召集承包后茶炉厂人员代表协商安置问题，而他们以各种借口不参加座谈协商，就是偶尔来一次，也不同意政府拿出的综合处理意见，否则，就大发雷霆，没有新的进展和结果。目前状况是双方意见不一致，政府如果强制办理，茶炉厂的人员也要组织人员进行集体上访，目前出现双方对抗的局面，致使工作无法进展下去。

五、下一步工作措施

一是分管领导和领导小组办公室人员深入新老职工中间做思想工作，力争达成共识，拿出合理的安置方案，并做好稳控工作，把问题解决在基层；二是双方如仍达不成协议，积极引导其进入司法程序。

特此报告。

××管理区办公室

2013年6月30日

例文简析

这是一份关于张××等人信访问题调查情况及处理意见的报告。

写作格式，由标题、主送机关、正文和落款四部分组成。

标题，是由发文机关、事由、文种三要素构成的全称式标题。

主送机关，根据上报公文的要求只写一个，即“市信访局”。

正文，是由开头和主体两部分构成的。开头部分，交代了该报告是对上级什么批示、就办理什么事项所做的情况报告。主体部分，分两个层次，分别汇报了信访问题调查情况及处理意见。用“特此报告”结尾。

落款，由发文机关、印章和成文日期构成。

该报告以上级交办事项的办理情况和结果为重点，写得结构严谨、简明扼要。

关键概念

报告　　例行性工作报告　　情况报告　　建议报告　　答复报告

报送报告

课堂讨论题

1．建议报告与情况报告的主要区别是什么？

2．为什么报告中不能夹带请示事项？

3．不同类型报告的结语分别是什么？

实训题

请依据下面提供的基本材料，以××集团工程公司的名义向集团总部提交一份情况报告，要求符合报告的格式规范和写作要求，字数不超过800字。

1. 2014年1月4日凌晨2时40分，××集团工程公司××市在建商业大厦项目发生火灾事故。

2. 火灾事故后果：三人烧伤，一人死亡，该商业大厦六楼以下已装修部分被全部烧毁，直接经济损失1 250万元。

3. 火灾事故原因：四楼某施工队居住人员私接电线，使用大功率电器，夜间没断电导致电线起火。

4. 施救情况：事故发生后，××集团工程公司领导及时报警，市消防队出动了八辆消防车，至清晨7点，火灾被全部扑灭。

5. 善后工作：××集团工程公司经理、副经理配合有关部门现场调查，安置伤亡者家属，并对事故责任人和责任部门进行了认真处理。

第 3 章　通用应用文体写作（下）——事务文书

本章学习目标

- 掌握计划、总结、简报、规章制度和会议记录的概念、特点、写作格式、写作要求。
- 能够熟练撰写计划、总结、简报、规章制度和会议记录。

3.1　事务文书概述

3.1.1　事务文书的概念

事务文书是与公务文书相对应的管理应用文，是各级各类组织管理和处理日常事务时使用的，用来沟通信息、总结经验、探索问题、指导工作的应用文。

事务文书种类多、应用范围广、使用频率高，在实际使用中不能简单套用公务文书的规范，但也有约定俗成的习惯。常见的事务文书有计划、总结、简报、制度和会议记录等。

3.1.2　事务文书的特点

1．应用更加广泛

公务文书只在各级各类组织管理工作中使用，必须写明有公文处理责任的主送机关。事务文书不仅可以在各级各类组织管理工作中使用，也可以在组织对个人、个人对组织、个人对个人间使用，特别在非政府机关组织中使用更加广泛。

2．格式约定俗成

对事务文书的格式，虽然没有《党政机关公文格式》这样明确的格式标准，但在长期的使用中，一方面各种事务文书在基本格式上主动参照公文格式规范，另一方面长期使用形成了约定俗成的惯用格式。在写作事务文书时也要遵守基本规范，不允许随便自创格式。

3．使用更加务实

各类事务文书与公文不同，公文有时就是为逐级传递信息使用，事务文书是为解决实际问题、处理具体事务而使用。因此，撰写事务文书要以能够满足实际需要为前提。在事务文书使用中，要讲求实际效果，要有利于管理工作内容的实施。

4．有较强时效性

事务文书使用中要追求解决实际问题，要取得预期的实际效果，因此也非常重视时效性。为完成工作任务或解决实际问题而撰写的事务文书，只有在限定的时间内及时完成，才能发挥应有的管理作用。例如，工作计划必须在工作开展之前写出，否则它就失去指导实施的作用；工作总结则必须在工作结束之后马上写出，否则其价值就会大大降低。

3.1.3 事务文书的分类

事务文书按照不同的功能，可以分为不同种类。常见的事务文书有以下几类。

1．计划类文书

计划类文书是组织或个人为实现某一目标，对一定时限内的工作或学习所撰写的有准备、有组织、有步骤安排的应用文。主要包括规划、设想、计划、工作方案等。

2．总结类文书

总结类文书是反映某一项具体工作过程、情况和经验，对工作中存在的问题或具有普遍意义的重要情况进行分析研究的应用文。主要包括总结、经验报告等。

3．制度类文书

制度类文书是各级各类组织针对某方面的管理工作，在职权范围内发布的要求人们遵守的规范类文书。主要包括规定、办法、规则、规程、制度、守则、公约等。

4．简报类文书

简报类文书是记录性、传达性应用文。包括简报、定期编写的大事记等。

5．会议类文书

会议类文书是用于记录或收录会议情况和资料的应用文。主要包括会议计划、会议安排、会议记录、发言稿、开幕词、闭幕词等，这类应用文统称为会议材料。

3.2 计划

3.2.1 计划的概念

计划是各级各类组织在一定时期内根据对组织外部环境与内部条件的分析，提出要达到的组织目标及实现目标的方案途径的事务文书。

计划是组织管理的重要基础，因为计划确定了组织的阶段目标，具有导向作用，也是协调组织行动的指南。同时，由于计划还是对组织管理工作的进度和质量进行考核的依据和标准，也成为评价管理工作的一个客观尺度。因此，计划是一个重要管理工具，既有指导作用，又有推动作用，还有评价作用。

常见的安排、打算、规划、设想、意见、要点、方案等都属于计划一类。一般地讲，规划适用于时间较长、范围较广、内容比较概括的计划；安排、打算适用于时间较短、内容比较具体的计划；设想适用于内容比较概括，初步的、非正式的计划；意见、要点、方案往往是管理机关向下属单位布置工作时使用的计划。

3.2.2 计划的特点

1．首位性

按照管理学计划、实施、检查、改进的过程，计划是进行其他管理环节的前提，计划在前，行动在后。因此计划具有首位性特点。

2．针对性

计划是针对本组织的具体目标和实际情况制定的，有效实现预定目标是计划的核心功能，计划的内容必须体现这些核心内容。

3．预见性

计划是在行动之前制定的，它以实现今后的目标、完成下一步工作和学习任务为目的。计划是为做好未来的工作、实现预定目标而制定的，强调突出的预见性。因此，制定计划时，必须对组织的主观优势、劣势和客观上的机遇挑战进行调查研究，做出科学分析。管理学有一种方法叫趋势分析法，简称“SWOT 分析法”。在此基础上制定出有效对策，设计好方法、步骤、措施。

4．可行性

计划要用于引领组织行动，因此在制定目标、任务时要依据自身实际条件，确保目标可以实现，可行性是重要原则和评价标准。计划不是一成不变的，有时计划需要随客观实际情况的变化做必要的调整和修订。

5．权威性

计划要求组织内全体成员必须严格执行，并且必须努力实现。计划一经法定程序通过或主管机关批准，就具有正式文件的权威性和约束力，必须致力实现。

6．操作性

计划要有明确的可操作性，必须符合实际，易于执行、目标适宜是衡量一个计划成败的重要标准。计划应明确设计组织的操作性目标和任务，明确设计实现目标所需的资源及所采取的程序、方法和手段，明确规定各级管理人员在执行计划过程中的具体权利和职责。

3.2.3　计划的分类

计划的种类很多，可以按不同的标准进行分类。主要分类标准有计划的重要性、时间界限、明确性和抽象性等。但是依据这些分类标准进行划分，所得到的计划类型并不是相互独立的，而是密切联系的。例如，短期计划和长期计划、战略计划和作业计划等。以下介绍常见的几种分类标准。

（1）按计划的重要性，可以将计划分为战略计划和作业计划。

应用于整体组织的，为组织设立总体目标和寻求组织在环境中的地位的计划，称为战略计划。规定总体目标如何实现的细节的计划称为作业计划。战略计划与作业计划在时间框架上，在范围上和在是否包含已知的一套组织目标方面是不同的。战略计划趋向于包含持久的时间跨度，通常为 5 年甚至更长，它们覆盖较宽的领域，不规定具体的细节。此外，战略计划的一个重要的任务是设立目标；而作业计划假定目标已经存在，只是提供实现目标的方法。

（2）按计划的时间界限，可以将计划分为长期计划、中期计划和短期计划。

长期计划描述了组织在较长时期（通常 5 年以上）的发展方向和方针，规定了组织的各个部门在较长时期内从事某种活动应达到的目标和要求，绘制了组织长期发展的蓝图。短期计划具体地规定了组织的各个部门在目前到未来的各个较短的时期阶段，特别是最近的时段中，应该从事何种活动，从事该种活动应达到何种要求，从而为各组织成员的行动提供了依据。中期则介于两者之间。

（3）按计划内容的明确性，可以将计划分具体性计划和指导性计划。

（4）按计划的性质，有综合性计划、专题性计划。

（5）按计划的内容，有工作计划、科研计划、生产计划、学习计划、营销计划等。

（6）按计划的主体，有国家计划、部门计划、单位计划等。

（7）按计划的表达形式，有表格式计划、条文式计划和表格与条文相结合计划。

3.2.4 计划的写作格式

一个完整的计划文本通常由标题、正文和落款三部分构成。

1．标题

计划的标题常见三种写法。

（1）由计划单位名称、计划内容和文种三部分组成，如《××股份公司关于实行股份制改革的工作计划》。

（2）由计划单位名称、计划时限和文种三部分组成，如《××区教育局 2014 年工作计划》。

（3）由计划单位名称、计划时限、计划内容和文种四部分组成，如《××集团 2014 年生产销售工作计划》。

如果计划未确定或未正式讨论通过，可在标题后面用括号注明“草案”、“征求意见稿”或“讨论稿”。

2．正文

计划的正文通常由开头、主体和结语三部分构成。

（1）开头。复杂计划的开头部分，一般要写计划制定的背景（前一阶段的成绩与主要问题）、制定计划的依据，然后写指导思想和总体目标等。开头部分要求简明扼要、高度概括。

简单计划的开头部分，如工作计划或小型计划的开头部分也可以不写背景（前一阶段的成绩与主要问题）、制定计划的依据，而直接写计划目标和具体计划事项。

（2）主体。主体部分写重点计划事项。主要包括：任务（做什么），方法、措施（怎么做），时间、步骤（分几步完成、何时完成），执行人（哪个部门或谁来完成）。目标、任务、执行人要明确具体，方法、措施要切实可行，步骤要适当，时间安排要科学、合理。这样才能充分实现计划的可操作性。

（3）结语。结语一般写法：一是提出希望和要求，号召组织全体为实现计划而努力；二是强调核心任务，强调工作重心；三是强调注意事项，指出计划实施中可能出现的问题；有的用“此计划，望各单位认真执行”结尾。

有些计划有结语，有些计划没有结语，可根据实际需要决定写或不写。

3．落款

一般要注明制定计划单位名称、制定计划的时间，如果标题中有单位名称，落款中可以省略。正式上报和下发的计划，要加盖公章。

3.2.5　计划的写作要求

1. 要切实可行

计划要解决组织发展中的实际问题，不是为了某种形式意义。切实可行是计划的本质要求，具体体现在目标可行、策略可行、措施可行、条件可行、方法可行。

2. 要富有预见性

计划是对未来一段时间组织工作进行规划的管理工具，预见到未来客观形势变化、确定组织主观努力方向，在这种预见性前提下做出对未来工作的安排和部署，目标必须是经过努力可实现的，还要预防现实中可能出现的偏差。这种预见性体现组织决策的战略远见。

3. 要明确具体

计划是组织实现未来目标、组织愿景的有效管理工具，这种工具的有效性建立在对做什么（目标）、谁来做（执行人）、怎么做（方法与策略）、什么时间做（选择时机）的具体、明确规定上，这样才能保障组织的资源有效配置，在一种有序状态下推进组织发展。

4. 要重点突出

组织发展过程中面临着复杂的形势，要完成各种各样的任务。但是在这些复杂任务中有需要组织各个层次分别去完成的任务，这就要分清什么是组织的主要任务，什么是组织中下层的具体任务。组织的计划就是要分清哪些是组织的主要任务，并把这些任务作为计划目标，这些目标就是重点工作目标。组织决策者必须找到当前最主要的、最紧迫的任务并落实到位。

5. 要集思广益

一个组织的计划不能是组织管理者个人的行动计划，也不能是组织某些人的计划，必须体现整个组织的目标和愿景。这就要求组织的计划制定过程是一个宣传动员的过程、整合资源的过程、集思广益的过程，也是群策群力的过程，这个过程就决定了计划的质量和计划实现的可能性。所以，一般组织的计划制定要经过这样的科学程序。

3.2.6　例文分析

例文 1

××公司行政部 2014 年年度工作计划

一、总体目标

根据员工满意度调查及绩效考核总结出来的本年度工作情况与存在不足，结合目前公司发展状况和今后趋势，行政部计划从以下 12 个方面开展 2014 年的工作。

……（略）

二、工作安排

（一）做好日常的行政和人事管理工作……（略）

（二）进一步完善企业的组织架构，确定和区分每个职能部门的权责，完成企业各职位的工作分析，为人才招募与评定薪资、绩效考核提供依据。

（三）完成日常行政招聘与配置……（略）

（四）推行薪酬管理，实行公平的薪酬制度。

（五）充分考虑员工福利，做好员工激励工作，建立内部升迁制度，做好员工职业生涯规划，增强企业凝聚力……（略）

（六）在现有绩效考核制度基础上，参照先进企业的绩效考评办法，实现绩效评价体系的完善与正常运行，并保证与薪酬挂钩，从而提高绩效考核的严肃性和有效性。

（七）大力加强员工厂纪厂规、日常行为规范的培训，协助各部门做好技能、安全生产知识培训，加大内部人力资源开发……（略）

（八）培育和建设企业文化……（略）

（九）建立内部纵向、横向沟通机制，调动公司所有人员的主观能动性，建立和谐、融洽的企业内部关系……（略）

（十）做好人员流动率的控制与劳资关系、纠纷的预见与处理，既保障员工合法权益，又维护公司的形象和根本利益……（略）

（十一）实施员工体检计划。

（十二）搞好员工旅游、军训、中秋晚会、年终表彰大会的策划，形成企业文化的一部分，通过以上这些活动，来增强员工的集体荣誉感，调动员工的团队向心力，体现公司的人性化管理，劳逸结合，既紧张又活泼。

新的一年面临新机遇和新挑战，我们行政部全体人员决心再接再厉，使工作更上一层楼。

例文简析

这是一份部门综合性工作计划，写得比较规范。

标题由计划单位名称、计划时限、计划内容和文种四部分组成。

正文由开头、主体两部分组成。开头部分交代了总体目标，分成 12 个方面，重点突出。主体部分写目标（做什么）、步骤（分几步完成）、措施（怎么做），按工作重要性顺序写，对应 12 个目标展开，计划要素齐全。

结尾部分表示决心，直接结束。

整个计划思路清楚，语言准确、清晰，目标明确，措施具体，要求清楚，是一篇写得较好的计划。

例文 2

××市地税系统 2014 年税收宣传月活动安排

2014 年 4 月的税收宣传月也是全国第 23 个税收宣传月。今年，××市地税系统税收宣传月的主题仍然沿用“税收·发展·民生”的主题。深入宣传社会主义税收取之于民、用之于民、造福于民的性质，深入宣传税收在筹集国家财政收入、调控经济和调节分配、保障和改善民生等方面的重要作用，使社会各界更好地关心、理解和支持税收工作。同时，充分体现地税部门服务经济民生的工作理念。

按照宣传月的主题，确定了今年税收宣传月的三个宣传重点……（略）

结合宣传月的宣传重点，××市地税系统组织以下主要宣传活动。

1．开展“便民办税春风行动”宣传活动……（略）

2．开展“春风送法进万家”系列活动……（略）

3．开展系统内先进典型选树活动……（略）

4．利用纳税人税法培训中心和办税服务厅进行税法宣传……（略）

5．依托网络资源，开展网上税收宣传活动……（略）

2014年是全面贯彻落实党的十八大和十八届三中全会精神的重要一年，也是实施“十二五”规划承前启后的关键一年。面对新形势、新要求和新挑战，××市地方税务局决心以扎实开展党的群众路线教育实践活动为动力，以更加饱满的工作热情，以为民、务实、清廉的工作作风，认真履行好“为国聚财、为民收税”的神圣职责，为全市经济社会发展做出新的贡献。

例文简析

这是一份月份专题性工作计划。

标题由计划单位名称、计划时限、计划内容和文种四部分组成。

正文由开头、主体和结语三部分组成。开头部分概述了××市地税系统2014年税收宣传月总体背景、“税收·发展·民生”主题和三个方面的宣传重点，然后以“结合宣传月的宣传重点，××市地税系统组织以下主要宣传活动”，自然过渡到主体部分。主体部分是按五项具体任务来写的，每项具体任务明确，措施都可操作，具有可行性。结语部分重申任务艰巨和繁重，并展望未来。

关键概念

计划　　规划

课堂讨论题

1．某高职学院义工队计划本周末组织队员到敬老院活动，现在需制定一份活动计划，请问该计划需写进哪些内容?

2．计划正文主体包括哪些内容?

实训题

市场营销课程组织商业信息项目调研，要去全市五个大商场调研十种家用电器销售价格和销售策略。全班分五个小组，每个小组制定一个调研工作计划。要按照计划制定格式和程序要求完成。

3.3 总结

3.3.1 总结的概念

总结是在管理过程中对过去某一阶段所做的工作，进行全面检查、系统分析，从而做出客观评价，以指导今后工作实践而撰写的事务性应用文。

对总结概念的理解如下。

总结是管理过程中的重要一环，也是重要管理工具。

总结主要对过去一段工作进行回顾，以肯定成绩为主，同时查找问题。

总结要以客观事实为依据，做出系统分析，不能片面和偏颇。

总结的目的在于总结经验，转化为制度成果；发现问题，促进机制改进。

3.3.2 总结的特点

1．回顾性

总结的内容是回顾已经完成的工作过程，是对既往工作过程的回溯，这种回溯不能无中生有，不能夸夸其谈。回溯的主要目的是肯定成绩，增强组织和组织成员继续发展的自信，把经验转化为制度性成果。另外，通过回溯，发现问题，改进管理机制，减少或消除再次导致问题或失败的概率。可以说回溯本身就具有自我优化功能。

2．客观性

总结立足于对过去一段工作事实的回顾与分析，这种回顾与分析必须建立在客观事实的基础上，也建立在对客观事实的客观分析的态度和方法基础上。就是说，总结不能脱离真实的实践，也不能建立在主观片面的基础上。客观性能保证总结出来的经验与教训有认识和指导意义。

3．经验性

总结的目的不在于原原本本记录已经做过的实际工作，主要在于把过程中经验的东西升华为制度性成果，从具体工作中发现规律性的东西，以便为改进今后的工作提供依据。总结以概括经验为主，建立在具体事实之上的经验要经历从感性体验上升为理性认识的过程，所以总结不能离开事实，但绝不能停留在事实上，必须通过现象看本质，发现规律，要对大量的现象材料进行去伪存真的理论性升华。只有这样，才能通过总结持续改进组织，有所创造。

4．制度性

在现代管理学中，总结是管理过程的重要环节，也是实现组织目标的重要管理工具。无论是环节还是工具，总结已经成为现代组织管理的一项制度，每个组织都必须安排、必须使用、必须重视，因此总结有突出的制度性特征。没有哪个组织不重视总结工作和环节，这是组织持续改进的重要保障。

3.3.3 总结的分类

依据不同的分类标准，可把总结分成不同的种类。

（1）按性质，可分为综合总结、专题总结等。综合总结又称全面总结，是对某一时期各项工作的全面回顾和检查，进而总结经验与教训。专题总结是对某项工作或某方面问题进行专项的总结，尤以总结推广成功经验为多见。

（2）按内容，可分为工作总结、生产总结、销售总结、思想政治工作总结、管理总结、会议总结等。

（3）按时间，可分为五年规划总结、年度工作总结、季度总结、月份总结、阶段总结、周小结、日小结等。

（4）按范围，可分为全国性总结、地区性总结、部门总结、本单位总结等。

3.3.4　总结的写作格式

总结一般由标题、正文、落款三部分构成。

1．标题

（1）公文标题法。一般由组织名称、时限、事由和文种四项内容构成。这四项内容根据行文的要求，可以做适当的调整，主要有以下三种情况：

1）由组织名称、时限、事由和文种四部分构成。例如，《××省教育厅2013年学前教育普惠制改革工作的总结》、《××职业技术学院体育部2013年教学工作总结》。

2）由时限、事由和文种三部分构成。例如，《2013年财政收支情况的总结》。

3）由事由和文种两部分构成。例如，《关于开展"税收宣传月"活动的总结》。

（2）文章标题法。文章标题法一般有以下两种形式。

1）文章正副标题法。正标题概括所总结的内容，鲜明地揭示主题。副标题或体现文体特点，或标明单位名称、时限、事由和文种等。例如，《育人为本——××职业技术学院 2013 年学生工作总结》、《让内涵建设成为建设发展的主题——2013年教学工作总结》。

2）一般文章标题法。这类标题是根据内容概括题目，类似一般文章标题的写法，标题本身能体现出总结的性质或内容。经验总结常用这类标题。例如，《学前教育3年行动计划实施的回顾》、《制度创新使企业走上成功之路》。

2．正文

正文一般包括开头、主体和结语三部分内容。

（1）开头。总结的开头部分，一般写总结的依据和要求，也可总体概述基本情况或交代有关的情况，揭示总结的主要精神和内容；有的是概括所取得的主要成绩或经验；有的写为了什么目的，对什么工作做以下总结。开头要提纲挈领，紧扣中心，有吸引力。

（2）主体。主体部分的内容如下。

1）按照工作进程写。要写明做了哪些工作，有哪些基本做法，采取了哪些措施、方法和步骤。

2）按照主要成绩和经验写。要写明工作的效果，取得了哪些成绩，取得成绩的主客观原因是什么，哪些做法是成功的。

3）按照主要问题写。要写出工作中存在的问题、困难及它们给工作带来的不利影响，造成的损失，出现问题的主客观原因，由此得出规律性结论。

（3）结语。结语部分，主要概写今后工作思路。这部分针对工作中的实际问题和下步工作任务，提出改进措施、今后打算、努力方向。

有的总结不单列结语部分，而是把今后工作思路放在主体部分去写。

3．落款

落款处要写上总结的单位名称和成文时间。如果在标题中已出现总结的单位名称，落款处可以省略，只写成文时间并加盖印章。

3.3.5 总结的写作要求

1. 要坚持实事求是

总结是要系统分析过去一个阶段的实际工作，系统总结的前提就是要建立在真实材料、真实经验的基础上，这是写好总结的首要前提。既要全面、系统总结成绩和经验，肯定取得的成就，更要真实反映工作中的问题与教训。实事求是、一切从实际出发，这是总结写作的基本原则。

2. 要善于突出重点

总结所涉及的一个阶段内的工作纷繁复杂，既有纵向上不同层次的成绩与问题，也有横向上的结构问题、组织内外的适应与不适应关系问题，不能事无巨细全部都写，也不能离开现实工作写一些纯理论问题。总结必须根据写作目的和内容性质的不同而有所侧重，必须抓住本质的和规律性的问题，写深写透。把那些既能显示本组织、本地区特点，又有一定普遍性的材料作为重点选用，写得详细、具体，一般性的材料则要略写或舍弃。

3. 要加强分析研究

总结是为了认识工作规律，推动组织持续发展，这就要求总结必须对照计划深入研究，研究预见和没预见到的管理事实，注重对工作情况的研究和分析，挖掘现象背后的深层次矛盾，分析原因，作为编制下一阶段计划的依据。注重系统科学分析，如使用 SWOT 分析法科学分析。

4. 要挖掘自身特色

总结就要写出不同组织或同一组织不同时期的独特经历与独有特点，要写出组织管理与发展特色。要写出个性，总结就要有独到的发现、独到的体会、新鲜的角度、新颖的材料。

5. 要语言简明准确

总结是事务性应用文，是重要的管理工具，不是文学作品，一般不使用文学手法和富有文学色彩的语言。总结的语言一定要简明、准确，特别要注意使用数据说话。一般要用第一人称，即从本部门的角度来撰写。

3.3.6 例文分析

例文 1

××义工联合会 2013 年工作总结

2013 年，××义工联合会本着“奉献、友爱、互助、进步”的义工精神，深化义工理念，创新服务方式，实现了义务工作的快速发展，有效地促进了和谐社会的建设。

××义工联合会全体义工团结协作，有目的、有计划地开展了各种有意义的义工活动，既帮助了值得关注的弱势群体，又活跃了义工的身心，更加强了自身队伍的建设。现将 2013 年工作总结如下。

一、加强队伍建设，健全组织制度

××义工联合会自 2007 年组建以来，为实现扶贫济困这一共同目标，把不同年龄、职业、学历的爱心人士聚集在一起。经过 6 年的发展……（略）

二、积极开展活动，服务对象日益广泛

××义工联合会大力弘扬"奉献、友爱、互助、进步"的义工精神，围绕敬老、助残、助学、环保等工作目标，在社会各界爱心人士的共同努力下，坚持不懈地组织开展不同形式的活动，用实际行动传递爱心、播撒希望。6年来，××义工会员活动遍布××区各个乡镇。2013年，义工基金收到社会各界爱心人士捐款×元，参与活动的总人数达到×人次。随着爱心队伍的不断壮大，爱心活动所服务的对象也日益广泛。

（一）关爱孤寡老人……（略）

（二）走访资助贫困生……（略）

（三）走进社会需要帮助的地方……（略）

2014年1月10日

例文简析

这是一份××义工联合会年终的综合性工作总结。

总结的标题由单位名称、时限、事由和文种四部分构成。

总结的正文由开头、主体和结语三部分组成。开头部分用两段话概括说明了一年的工作情况及其成效，并自然地过渡到主体部分。主体部分采用条文并列式的结构方式，接着分二个部分对一年来的工作成绩一一做了总结。最后展望未来并发出号召，结束了全文。

总体来说，这份总结能突出成就性，思路清晰、层次分明、语言简练，也很有说服力。

例文2

围绕市场创新　产品持续升级
——××铝业集团开展企业管理创新活动的经验

××铝业集团是全国铝业龙头企业，全国500家最佳经济效益企业。长期以来，××铝业集团始终坚持"管理为本、质量为命、提升效益"的发展方针，立志高远，艰苦创业。以深化改革创新为主线，以市场经济为导向，推动产品持续升级、提高产品质量的同时，增产降耗，强化经营管理，克服重重困难，使企业得到长足的进步和发展，经营生产年年持续跨上新台阶，为振兴西北地区经济、发展我国铝业做出了应有的贡献。总结××铝业集团在转机制、抓管理、练内功、挖潜力、增效益方面的经验，主要有以下几个方面。

一、加强企业内部体制机制改革创新

（一）解放思想，转变观念，走转机制、抓管理的新路子……（略）

（二）坚持实行"两保一挂"管理新方式，优化内部经济承包责任制……（略）

（三）创新以三项制度改革为重点的企业内部配套改革，不断优化分配机制和竞争机制。

二、创新质量管理，致力持续提升效益

（一）坚持以标准化为核心、以班组建设为落脚点的质量管理过程控制机制建设……（略）

（二）不断提升质量管理能力，加强以质量控制为中心的生产过程管理……（略）

（三）全面应用现代化管理手段，积极推进企业管理现代化……（略）

三、坚持围绕市场创新，加快技术升级步伐

（一）加快技术升级速度，提高装备水平，增强企业发展核心竞争力……（略）

（二）依靠科技进步，积极实现“三新”……（略）

目前，××铝业集团不断完善现代化企业制度，贯彻“管好主体、放活辅助、加强基层、服务现场”的发展思路，重点抓好经营机制创新，逐步实现主辅分离，为建立一流现代化企业、推进上市进程打好基础。

例文简析

这是一份专题性经验总结。

总结的标题采用文章正副标题法。正标题概括所总结的内容，鲜明地揭示主题，副标题写单位名称和概括总结的具体内容。

总结的正文由开头、主体和结语三部分组成。开头部分概述××铝业集团的基本情况和取得的主要成绩，接着用“主要有以下几个方面”过渡到主体部分。主体从三个方面具体介绍了××铝业集团在创新体制机制、强化质量管理、挖潜力、持续提升效益方面的成功做法。写法上采用列小标题的方式，每条经验概括为1个小标题。具体介绍各条经验时，又以观点作为段首，并编上序号。

文章以该集团目前的工作和今后努力的方向作为结语。

关键概念

总结

课堂讨论题

1．总结的写作要求是什么？

2．总结正文主体包括哪几部分？

实训题

1．请结合自己的专业学习或实习实践经历，写一篇阶段总结。

2．请阅读下面这篇总结，依据总结写作各项要求，逐项列出存在的问题，分小组交流。以小组为单位将其修改为一篇符合规范的总结。

××集团2014年第一季度工作总结

2014年第一季度，××集团在生产和经营管理方面做了许多工作，取得很大成绩。这一季度，主要做了以下工作：动员组织集团干部和广大群众学习中央文件；安排、落实全年生产计划；推行、落实新的管理制度，建食品生产车间厂房；销售速冻饺子等食品；解决原材料不足问题；美化环境，栽花种草；办了一期信息技术培训班；调整了部分工作人员，开始试行干部竞聘制。

在工作任务重而干部不足的情况下，完成很多工作，主要有：

一、团结一致。集团领导和一般干部都能同甘共苦，劲往一处使。工作中有不同看法，当面讲、共同协商。互相间有意见能开展批评与自我批评，不犯自由主义。例如，有的干部就经理未做商议，擅自更改速冻饺子销售奖励办法，影响效益一事有意见。经当面提出，经理做了自我批评，共同研究了新的奖励办法，又出现了效益增长势头。

二、不怕困难。集团刚刚起步，技术力量薄弱，原材料不足；产品销路没有完全打开。领导干部共同想办法，放弃自己的休息时间，忍饥挨饿，四处联系，终于解决了今年所需要的原料，推销了一些产品。

三、领导带头。集团的几位主要领导带头苦干、实干。他们白天到下边去调查了解情况、解决问题，晚上再开会研究问题，寻找解决的办法。领导干部夜以继日地工作，使集团工作上了新台阶。

××集团

2014 年 4 月 5 日

3.4 简报

3.4.1 简报的概念

简报有两方面的含义：一方面是指作为“事务文书”的简报，是指各类组织在管理活动中编发的，用于通报信息、反映情况、汇报工作、交流经验的事务性应用文。另一方面是指作为“载体”的简报，是组织管理过程中用来传递某方面情况的内部小报。简报具有简、精、快、新、实、活和连续性等特点。

简报的形式多样，可使用简报软件，也有传统的印刷或手写形式的简报。在一些研讨会上，信息展示及论文简报都是常见的简报方式。

简报的主要作用如下。

（1）反映情况。通过简报，可以将工作进展情况及工作中出现的新情况、新问题、新经验，及时反映给各级决策层，使决策层了解下情，为科学决策、指导工作提供依据。

（2）交流经验。简报体现管理机关的一定指导意图，通过组织交流，可以提供情况、借鉴经验、吸取教训，这样对工作有指导和推动作用。

（3）传播信息。简报是一种信息载体，可以使各级各类组织及相关人互相了解情况，吸收经验、改进工作。

3.4.2 简报的特点

1. 内容专业性强

简报与公开发行的报纸不同，它一般由有关单位、部门主办，专业性十分明显。例如，《经济普查简报》、《全民健身简报》、《思想政治工作简报》、《就业工作简报》等，分别由主办单位组织专人撰写，传递该项工作的各种信息，包括情况、经验、问题和对策等，主要宣传专业性的内容。对一般读者来说，能使他们了解工作的进展情况，增强责任感。对领导机关来说，可以直接掌握第一手情况，便于科学决策。

2. 篇幅比较简短

简报的突出特点是简短，这是它区别于其他报刊的最显著的特点。一期简报甚至只登一篇文章、几段信息，或一期几篇文章、总共一两千字，长的也不过三五千字，读者只用很短的时间就可把它读完，符合管理工作提高效率的要求，适应快节奏工作的需要。篇幅就决定简报的语言必须简明、精练。

3. 用于内部交流

简报一般在编报机关管辖范围内部交流，不公开甚至不能公开传播，特别是涉外机关和涉及国家机密机关主办的简报更是如此。个别简报，往往是专给某一级领导人看的，例如，《领导内参》，严格控制发放范围。

3.4.3 简报的分类

简报的种类，可以按时间分，可以按性质分，还可以按内容分。一般有以下四种。

（1）工作简报。又称业务简报，是一种反映本地区、本系统、本部门日常工作或问题的经常性简报。它包含的内容丰富，工作情况、成绩问题、经验教训、表扬批评，对上级某些政策或指示执行的步骤、措施都可以反映。它常以定期或不定期的形式出现，在组织内部发行。

（2）专题简报。又称中心工作简报，是一种阶段性的简报。它往往是针对机关工作中某一时期的中心工作、某项中心任务印制的简报，中心工作完成，简报就不再编发。例如，《××学院党的教育实践活动专题简报》。

（3）会议简报。由会议组织部门在会议期间编发、反映会议情况的简报，属于临时性简报，内容包括会议中的情况、发言及会议决定的摘要等。规模较大、时间较长的会议常要编发多期简报，以起到及时交流情况、推动会议进行的作用。小型会议一般是一会一期简报，常常在会议结束后，写一期较全面的总结性的情况反映。

（4）动态简报。包括情况动态和思想动态。一般针对某一专项任务编发。这类简报的时效性、机密性较强，要求迅速编发，发送范围有一定限制，在某一时期、某一阶段要保密。专项任务结束，简报不再编发。

3.4.4 简报的写作格式

简报的写作格式包括报头、报核和报尾三部分，报头、报核和报尾三部分之间用一条粗线隔开。

1. 报头

（1）简报名称。一般用套红印刷的大号字体。如有特殊内容而又不必另出一期简报时，就在名称或期数下面注明“增刊”或“××专刊”字样。秘密等级写在左上角，也有的写“内部资料，注意保存”等字样。

（2）期号。可写在名称下一行，用括号括上。

（3）编印单位。

（4）印发日期写在与编印单位平行的右侧。

2．报核

报核，即简报所刊的一篇或几篇文章。简报的形式较灵活。大多数是消息，包括标题、导语、主体、结果和穿插在叙述中的背景材料。除了消息，还有别的文体，所以，不是每篇简报都有这几项内容。

（1）标题。类似新闻的标题，要揭示主题，简短醒目。

（2）导语。通常用简明的一句话或一段话概括全文的主旨或主要内容，给读者一个总体印象。导语的写法多种多样，有提问式、结论式、描写式、叙述式等。导语一般要交代清楚主体、时间事件、结果等内容。

（3）主体。用足够的、典型的、有说服力的材料，把导语的内容加以具体化。

（4）结果。或指明事情发展趋势，或提出希望及今后打算。如果主体部分已经把事情说清楚，也可以省去。

（5）背景。对人物、事件起作用的环境条件和历史情况。背景可以穿插在各个部分。

3．报尾

在简报最后一页下部，用一横线与报核隔开，横线下左边写明发送范围，在平行的右侧写明印刷份数。

3.4.5　简报的写作要求

1．抓重点

简报即抓要害，抓主导，抓全局性、指导性的问题，抓问题的核心、关键。一是从全局着眼。简报的作者必须站在单位领导的高度、全局的高度去观察事情、分析问题。二是善于抓趋势。所谓趋势性问题，既不是偶然发生的问题，也不是个别的问题，而是反映事物发展的动向性问题。三是善于抓苗头。所谓苗头性问题，就是那些代表新生事物的先声、新创造的火花、新经验的先导。四是具备工作敏感。所谓工作敏感，是指作者对于组织内外各种客观事物具有敏锐的观察能力、判断能力和预见事物发展进程的能力，以及能够及时、准确反映事物的能力。

2．抓热点

热点问题不仅是群众关心的问题，同时也是各级领导关心的问题。热点问题往往也是影响大的问题，解决这一问题是组织的当务之急。通过简报反映热点，更容易让决策层尽快了解并积极采取措施。

3．抓亮点

亮点是能让人眼睛一亮、为之一振的情况。简报刊发这些亮点信息，一是宣传组织良好形象，二是鼓舞组织成员的工作积极性，三是凝聚组织共识，推动组织尽快发展。

4．抓材料

简报作为加强领导和推动工作的重要工具，内容必须保证绝对真实、准确。否则，就会造成不良后果。简报一是要准确，二是要强调真实性。必须注意做到不为迎合领导而弄虚作假，必须使用事实材料。

5．记简明

简报的写作必须注意做到简短、明快，用尽可能少的文字说清楚必须说明的问题。一是注意主题集中，一稿一事，一期一个重点。二是注意精选材料，围绕主题精心挑选典型事例，注意选择典型材料。典型材料具有代表性，最能反映事物的本质，使简报的主题充分而明确地表现出来。三是注意既要求简，又要写清。

6．讲时效

简报是组织领导对一些问题做出决策的依据之一，也是推动工作的重要手段。这要求作者思想敏锐，对问题反映得快，对材料分析得快，写作构思快，动笔成稿快，还要求简报的编辑、签发、打印、发稿速度快，把握发稿时机。

7．要务实

简报的写作用现实生活中的事实来宣传，务实是简报的主要特征，也是编写简报时要遵循的一个重要原则。

3.4.6 例文分析

例文

工作简报

第四期

中共××县委办公室　2014年4月18日

按：县计生委努力转变工作作风，坚持从实际情况出发，对今年2月计生宣传月的工作检查不搞兴师动众，不从乡镇和部门抽调人员，全部依靠本单位的干部组织检查，这样既减少了对乡镇和部门工作的牵扯，又全面检查和掌握了全县计生工作情况，受到基层和群众欢迎。希望全县各级部门认真借鉴此一经验，进一步加强党风廉政建设，改进工作作风，提高工作效率，以实际行动推动全县两个文明建设的发展。县计生委改进检查方法转变工作作风成效明显。

今年3月下旬至4月下旬，我县集中领导、集中力量、集中时间开展了《××省计划生育条例》和《中国计划生育发展纲要》宣传活动。县计生委于3月2日至28日，对各乡镇的活动情况进行了全面检查验收。他们切实转变作风，积极改进方法，由本单位干部组成一个检查组，统一思想、统一标准开展检查活动，取得了较好效果。其基本做法如下。

一、统一思想，提高认识。计划生育工作政策性强、涉及面广，每年都要进行几次阶段性工作检查。针对今年检查时间在“双抢”期间的新情况，县计生委党组专门召开会议，在认真总结过去工作检查经验的基础上，积极改进检查方法，改过去从乡镇和各相关部门抽人组成检查组为组织县计生委机关干部集中检查。在干部职工会上，明确了这次检查的目的、方法和基本要求，统一了全委从领导到一般干部对这次检查的思想。

二、统一确定检查对象，集中时间开展检查。时间集中在3月进行，实行抽查，对各乡镇随机抽取一个村作为检查对象，并保密封存村名，检查组到达乡镇时再启封公布检查的村，然后分组直接进村入户开展检查。

三、统一检查验收标准。为了杜绝检查中的人为主观因素，减少乡镇对检查结果产生的异议，挤干工作中的水分，他们在检查中，严格按照政府《关于对贯彻〈××省计划生育条例〉集中宣传活动进行考核奖惩的通知》的规定，统一检查评分标准，直接考核到检查的村社。在检查前，组织检查人员认真学习文件和有关的政策规定及业务知识，提高了检查人员的政策水平和业务技能，为公正考核检查奠定了基础。

四、统一口径汇总检查结果。进村分组到户开展检查后，以村为单位，统一口径将各社的情况汇总。然后向乡领导汇报检查情况，交换意见。如乡镇对被查村社的检查结果提出异议，则当场重新核实汇总，对问题比较突出的乡镇、检查人员与乡镇领导、计生办一起，共同分析原因，找出差距，研究补救措施。

五、统一费用开支渠道。过去的计划生育工作检查，由乡镇或计生办接待检查组。超标准、超规格接待现象时有发生。为从根本上改变这种状况，这次检查不由乡镇接待安排，不接受乡镇的生活宴请，而由县计生委仿照有关规定，本着节俭原则，从紧安排，统一支付费用。有乡镇准备按惯例安排宴请，被检查组婉言谢绝。初步统计，13 人的检查组，在长达 1 个月的专项检查中，开支费用不到过去同类检查费用的 1/10。

六、切实做到“四个坚持”。一是坚持客观、公正地考核各乡镇的集中活动开展情况，进村入户如实登记、汇总，最后按标准计分；二是坚持不兴师动众，只要乡镇在工作上的配合，不要在生活上的陪同，减轻了乡镇领导的精力负担；三是坚持固定检查人员，从计生委机关抽出的 13 名干部自始至终参加检查，保证了按时完成任务；四是坚持执行严格的组织纪律，检查人员必须遵守计生委党组规定的各项纪律制度，如有违反，从严处理。

这次检查，全面、真实地了解了我县人口生育现状。据统计，检查结果数比乡镇报表更接近实际。例如，对育龄妇女进行普查，原乡镇报表统计普查率为 93.75%，而检查结果普查率仅为 80.42%，减少了 13.32 个百分点；落实安扎措施率，报表统计为 95.21%，检查统计为 72.12%，减少了 23.09 个百分点。

例文简析

这是一份写得比较规范的工作简报。

报头。简报名称“工作简报”，期号“第四期”，编印单位是“中共××县委办公室”，印发日期是 2014 年 4 月 18 日。

报核。本期简报所刊的只有一篇文章，没有类似新闻的标题，采取编者“按”的方式，交代简报背景。

导语。用一段话概括全文的主旨或主要内容，给读者一个总体印象。本文导语采取叙述式，交代清楚主体、时间、事件及结果等内容。

主体。用六个方面的典型材料，把导语的内容加以具体化。

结尾。用数据展示本项工作的成果。

报尾。用横线隔开，写明发送范围和印刷份数。

这是一份结构严谨、内容真实、总结全面的工作简报。

关键概念

简报

课堂讨论题

1．不同类型的简报写法有何不同？

2．谈谈简报的写作格式和写作要求。

实训题

请结合本月班级专业学习活动，分小组编制一期简报，要求符合简报规范。

3.5 规章制度

3.5.1 规章制度的概念

规章制度是组织要求成员共同遵守的办事规程或行动准则，也指在一定历史条件下形成的法令、习俗等规范或一定的规则。规章制度是各种法规、章程、制度、组织规则的总称，是一定范围内要求人们必须遵守的规范和行动准则。

规章制度是社会和社会组织管理的工具，也是社会有序运行的制度保障。任何组织都必须以规章制度作为存在的基本前提。

3.5.2 规章制度的特点

1．指导性和约束性

规章制度对相关人员做些什么工作、如何开展工作都有一定的约束和指导，也明确相关人员不得做些什么，以及违背了会受到什么样的惩罚。因此，规章制度有指导性和约束性的特点。制定规章制度的目的在于加强管理，它要求有关人员必须严格遵守，若有违反，则要受到相应的处罚。规章制度具有很强的指导性和约束力。

2．鞭策性和激励性

规章制度是组织所有成员共同认可、共同遵守的准则，严格遵守的人会受到精神和物质上的鼓励，反之则受到公开的惩罚。许多的规章制度就张贴或悬挂在工作和管理现场，鞭策和激励着人员遵守纪律、勤奋工作。

3．规范性和程序性

规章制度对实现工作程序的规范化、岗位责任的法规化、管理方法的科学化起着重大作用。规章制度的制定必须以有关政策、法律、法令为依据，符合相关规范，履行一定程序才能生效。规章制度的实施有固定的程序性，为人们的工作和活动提供可供遵循的依据。

4．多样性

规章制度的形式具有多样性，规章制度的内容具有多样性，规章制度的制定主体具有多样性，规章制度的实现具有多样性。多样性是规章制度一大突出特征。

3.5.3　规章制度的分类

规章制度可分为岗位性规章制度和法规性规章制度两种。

（1）岗位性规章制度。对做好某一个岗位的工作而制定的管理操作规程和行为要求，如《学院教学工作管理制度》、《集团安全管理工作规章制度》。

（2）法规性规章制度。对某方面工作制定的带有法令性质的规定，如《学位论文作假行为处理办法》、《××公司职工休假制度》。

3.5.4　规章制度的写作格式

规章制度由标题和正文两部分组成。

1．标题

规章制度的标题主要有两种构成形式。

（1）由事由和文种构成，如《档案管理制度》、《行政事业单位定期审计规章制度》。

（2）由制文单位、事由和文种构成，如《××职业技术学院固定资产管理制度》。

2．正文

规章制度正文的结构，主要可以概括为三种情况：引言、条文、结语式结构，通篇条文式结构，多层条文式结构。具体如下。

（1）引言、条文、结语式结构。引言不设条，而是简要概述制定该文的目的、依据、性质、意义，常用“为了……特制定本规定”或“为了……根据……特制定本规章制度”。主体部分通常分若干条款写明规定的事项，一般按先主后次、先原则后具体的顺序，逐条写来。

（2）通篇条文式结构。将全部内容都列入条文，包括开头部分的根据、目的、意义，主体部分的种种规定，结尾部分的执行要求等，逐条表达，形式整齐。

（3）多层条文式结构。这种写法适用于内容复杂、篇幅较长的制度，特点是将全文分为多层序码，篇下分项、项下分条、条下分款。例如，某省制定的《档案管理制度》，用“一、二、三……”来表示大项，用“（一）、（二）、（三）……”来表示大项下的条，用“1、2、3……”来表示条下的款。

如果规章制度正文的结构形式比较单一，一般都是序言加条文式的，依次列述规定内容。

制发单位和日期。如有必要，可在标题下方正中加括号注明制发单位名称和日期，其位置也可以在正文之下，相当于公文落款的地方。

3.5.5　规章制度的写作要求

1．格式的规范性

规章制度在一定范围内具有法定效力，因此在格式上较其他事务文书更具有规范性。规章制度要求用语简洁、平易、严密，在格式上，不论是章条式，还是条款式，本质上都采用逐章逐条的写法，条款层次由大到小依次可分为七级：编、章、节、条、款、目、项。一般以章、条、款三层组成最为常见。

2．内容的规范性

规章制度是依据国家的法律法规制定的，不管是哪一级、哪一类组织的规章制度都要遵守国家法律法规的规范，这样的规章制度才能生效，才能受到法律法规的保护。

3．规章制度的强制性特点

规章制度通过立法过程被批准，就被赋予了强制性特征，即使制定和执行规章制度的组织与人员本身也受这种强制性约束。

3.5.6 例文分析

例 文

学位论文作假行为处理办法

第一条 为规范学位论文管理，推进建立良好学风，提高人才培养质量，严肃处理学位论文作假行为，根据《中华人民共和国学位条例》、《中华人民共和国高等教育法》，制定本办法。

第二条 向学位授予单位申请博士、硕士、学士学位所提交的博士学位论文、硕士学位论文和本科学生毕业论文（毕业设计或其他毕业实践环节）（统称为学位论文），出现本办法所列作假情形的，依照本办法的规定处理。

第三条 本办法所称学位论文作假行为包括下列情形：

（一）购买、出售学位论文或组织学位论文买卖的；

（二）由他人代写、为他人代写学位论文或组织学位论文代写的；

（三）剽窃他人作品和学术成果的；

（四）伪造数据的；

（五）有其他严重学位论文作假行为的。

第四条 学位申请人员应当恪守学术道德和学术规范，在指导教师指导下独立完成学位论文。

第五条 指导教师应当对学位申请人员进行学术道德、学术规范教育，对其学位论文研究和撰写过程予以指导，对学位论文是否由其独立完成进行审查。

第六条 学位授予单位应当加强学术诚信建设，健全学位论文审查制度，明确责任，规范程序，审核学位论文的真实性、原创性。

第七条 学位申请人员的学位论文出现购买、由他人代写、剽窃或伪造数据等作假情形的，学位授予单位可以取消其学位申请资格；已经获得学位的，学位授予单位可以依法撤销其学位，并注销学位证书。取消学位申请资格或撤销学位的处理决定应当向社会公布。从做出处理决定之日起至少 3 年内，各学位授予单位不得再接受其学位申请。

前款规定的学位申请人员为在读学生的，其所在学校或学位授予单位可以给予开除学籍处分；为在职人员的，学位授予单位除给予纪律处分外，还应当通报其所在单位。

第八条 为他人代写学位论文、出售学位论文或组织学位论文买卖、代写的人员，属于在读学生的，其所在学校或学位授予单位可以给予开除学籍处分；属于学校或学位授予单位的教师和其他工作人员的，其所在学校或学位授予单位可以给予开除处分或解除聘任合同。

第九条 指导教师未履行学术道德和学术规范教育、论文指导和审查把关等职责，其指导的学位论文存在作假情形的，学位授予单位可以给予警告、记过处分；情节严重的，可以降低岗位等级直至给予开除处分或解除聘任合同。

第十条 学位授予单位应当将学位论文审查情况纳入对学院（系）等学生培养部门的年度考核内容。多次出现学位论文作假或学位论文作假行为，影响恶劣的，学位授予单位应当对该学院（系）等学生培养部门予以通报批评，并可以给予该学院（系）负责人相应的处分。

第十一条 学位授予单位制度不健全、管理混乱，多次出现学位论文作假或学位论文作假行为影响恶劣的，国务院学位委员会或省、自治区、直辖市人民政府学位委员会可以暂停或撤销其相应学科、专业授予学位的资格；国务院教育行政部门或省、自治区、直辖市人民政府教育行政部门可以核减其招生计划；并由有关主管部门按照国家有关规定对负有直接管理责任的学位授予单位负责人进行问责。

第十二条 发现学位论文有作假嫌疑的，学位授予单位应当确定学术委员会或其他负有相应职责的机构，必要时可以委托专家组成的专门机构，对其进行调查认定。

第十三条 对学位申请人员、指导教师及其他有关人员做出处理决定前，应当告知并听取当事人的陈述和申辩。

当事人对处理决定不服的，可以依法提出申诉、申请行政复议或提起行政诉讼。

第十四条 社会中介组织、互联网站和个人，组织或参与学位论文买卖、代写的，由有关主管机关依法查处。

学位论文作假行为违反有关法律法规规定的，依照有关法律法规的规定追究法律责任。

第十五条 学位授予单位应当依据本办法，制定、完善本单位的相关管理规定。

第十六条 本办法自2013年1月1日起施行。

例文简析

这是一份学位论文作假行为处理的规章制度。

该规章制度由标题、正文两部分构成。

标题由事由和文种构成。

正文采用通篇条文式结构写法。将全部内容都列入条文，第一条写根据、目的、意义，第二条规定适用范围，总计十六条，最后一条是生效日期。

关键概念

规章制度

课堂讨论题

1．规章制度的正文部分都有哪些结构？

2．规章制度的写作要求是什么？

实训题

请认真阅读下文，对照管理制度写作规范，分小组讨论，列出其存在的问题，在不改变原文主要内容的前提下写出修改稿。

××公司用水管理制度

（2014年2月10日发布）

第一条 制定本制度，是为了合理利用国家水资源，充分发挥用水设备潜力，达到安全、经济、合理、节约用水的目的。

第二条 加强用水管理，严格用水制度。实行内部经济合同制，每月根据生产、工作任务把用水指标下达到车间、部门，做到日清、旬结、月考核，实行节奖超罚，充分调动各用水部门的积极性。

第三条 所有用水部门应切实做到“五有”：

1. 用水有计划。各用水部门不得随意更换生产设备、用水设备，以搞好计划用水；特殊情况需要更换时，需经动力科批准，否则供水科有权停止供水。

2. 消耗有定额。供水科根据产品数量、加工性质、工艺流程，制定当日用水定额，下达到车间和所有用水部门，同时交供水科一份备考。

3. 考核有计量。所有用水部门的水表不许任意更动，以免损坏，影响考核；不属于同一水表的线路不准自行接管线使用，违者罚款500元。

4. 使用有制度。各用水部门要认真执行供水科许可的用水时间，否则供水科有权停止供水。如劝阻不改者，每吨水罚款100元。

5. 节约有措施。所有用水部门的生产设备均应有专人负责，做到人走水停、机床停。

第四条 供水科人员要严格按规定做好用水记录，发现问题立即报管水人员，并按规定时间将用水记录呈报有关部门，登记考核。

第五条 所有办公室、集体宿舍、家属楼均要使用节水设备（有特殊需要者经报公司批准），违者罚款500元。如不经批准擅自接管线使用水，根据不同情节，处以100～500元罚款。由此造成损失者，要负经济责任。

第六条 对常年坚持节约用水有贡献的集体或个人，根据贡献大小，分别在不同范围内予以表扬，或者作为评先进的条件之一；对提出用水合理化建议和改革措施，并且有节水经济效益的集体或个人，要给予物质奖励。

第七条 各部门要经常开展用水安全和合理节约用水教育，普及用水常识，使有限的水资源在我公司发挥应有的作用。

3.6 会议记录

3.6.1 会议记录的概念

会议记录是由会议组织者指定专人，把会议的进行情况、研讨的问题、报告与发言的主要内容和决定的有关事项如实、简要地记录下来的一种事务性应用文。

“记”有详记与略记之别。略记是记会议重点内容、会议上的重点或主要言论。详记则要求记录的项目必须完备，记录的言论必须详细完整。若需要留下包括上述内容的会议记录，则要靠“录”。“录”有笔录、音录和影像录几种。对会议记录而言，音录、影像录通常只是手段，最终还要将录下的内容还原成文字。笔录也可以借助音录、影像录会后补充。

会议记录有别于会议纪要。二者的主要区别如下。

（1）性质不同。会议记录是会议过程实录，属事务文书。会议纪要只记要点，是法定公务文书。

（2）功能不同。会议记录一般不公开，无须传达或传阅，只作为资料存档。会议纪要通常要在一定范围内传达或传阅，要求贯彻执行。

（3）格式不同。会议记录的载体是会议记录簿或记录本。会议纪要作为法定公文，其载体为文件，具有组织所赋予的法定效力。

（4）人称不同。会议记录中发言者怎么说的就怎么记，会议怎么定就怎么写，贵在“原汤原汁”不走样。会议纪要通常用第三人称写法，以客观介绍情况为主。

（5）适用对象不同。会议记录不允许公开发布，只是有条件地供需要查阅者查阅利用。会议纪要具有传达告知功能，有明确的读者对象和适用范围。

（6）分类不同。会议记录主要依据档案管理的需要分类，通常按照会议内容来分类，往往以会议召开的时间顺序编号入档。会议纪要种类很多，按其内容，可分为决议性纪要、意见性纪要、情况性纪要、消息性纪要等；按会议的性质，可分为常委会议纪要、办公会议纪要、例会纪要、工作会议纪要、讨论会纪要等。对会议纪要的分类，有助于撰写者把握文体特点，突出内容重点，找准写作角度。

3.6.2　会议记录的特点

1．真实性

会议记录写作者只有记录权，没有改造权。会议记录要坚持“怎么讲就怎么记”的原则，不允许在记录中加入记录者个人的观点或倾向，更不能随意删改发言者的言论。

2．综合性

会议记录是在对会议中各种材料、与会人员的发言及会议简报等进行综合分析和概括提炼的基础上形成的，具有整理和提要的基本特点。

3．规范性

尽管会议记录自身并不成文，但作为事务性应用文，也具有一定规范性。规范性主要表现为：一是使用规定的记录本；二是要求按规范的格式记录；三是规范整理出清晰的、重点突出的会议记录。

4．指导性

一是会议本身具有权威性，二是会议记录集中反映了会议的主要精神和决定事项。纪录一经传达、下发，将对组织和组织成员产生约束力，起着类似于决定或决议等指挥性公文的作用。会议记录还可以作为与会同志向单位领导汇报、向群众传达的文字依据。

5．资料性

会议记录有时可以用于向上汇报或向下通报情况，也可编号保存起来，必要时可作查阅资料之用。

3.6.3 会议记录的分类

按照会议内容来分，会议记录大致有办公会议记录、专题工作会议记录、联席（协调）会议记录、座谈会议记录等。

（1）办公会议记录。记述各级各类组织定期召开的，对重要的、综合性的工作进行讨论、研究、议决等内容会议的会议记录。办公会议纪录一般包括：例行性办公会议记录，即记述例行办公会议情况及其议决事项的会议记录；现场办公会议记录，即为解决某重大问题而召集有关方面在现场研究、议决或协商的办公会议记录。

（2）专题工作会议记录。记述研究专项工作的讨论、研究的情况与成果的一种会议记录。其主要特点是主题的集中性与讨论的充分性相结合，既要归纳比较集中、统一的认识，又要将各种不同观点和倾向性意见都归纳表达出来。

（3）联席（协调）会议记录。记述由一方主导召开，互相没有隶属关系的组织或部门参加的，研究共同关心的问题、有共同利益问题的会议内容的会议记录。

（4）座谈会议记录。一般是记述组织内部召开的非定期性、非正式专题会议内容的会议记录。

3.6.4 会议记录的写作格式

完整的会议记录一般由标题、会议组织情况、会议内容、结尾四部分组成。

1. 标题

会议记录的标题由三个要素组成，即单位名称、会议名称（或会议内容）和记录。例如，《××集团董事会第二次会议记录》、《××职业技术学院学生管理工作会议记录》、《××股份有限公司第五次股东大会记录》。

2. 会议组织情况

这部分在会议主持人宣布开会之前已确定，记述如下内容。

（1）会议议题。会议主要研究的文题。

（2）会议时间。准确记述××××年×月×日×时至×时。

（3）会议地点。准确记述具体地点，如公司××会议室。必要时需注明所在地址。

（4）出席人。出席人数少，要写清楚出席者的姓名、职务；出席人数多，可以只写出席人数。重要的会议，作为会议资料的一部分，必须另设签到簿，请出席人签署姓名，填写单位、职务、职称、联系方式等基本信息。

（5）缺席人姓名和缺席原因。

（6）列席人及其职位。

（7）主持人。写清楚主持人的姓名、职务。

（8）记录人。写清楚记录人的姓名、部门。

3. 会议内容

这是会议记录的主体部分，包括主持人讲话、大会主题报告、讨论发言、决议四部分内容。

要按会议的过程或会议议程记录会议进行情况。先写报告人和发言人的姓名，然后再记录发言内容。记录方法有详细记录和摘要记录两种。

（1）详细记录。就是要把所有与会者的发言尽可能地全部记录下来，做到有言必录，不能有取有舍，更不能只记结论。这种方法一般用于重要会议，一般采用速记法，会后还要进行整理。

（2）摘要记录。这是一般会议常用的方法，它不是有言必录，而是只记录要点、结论和会议上讨论的问题，以及会议上通过的决定、决议等主要内容。

4．结尾

会议结束，要另起一行，左边空两格写“散会”字样，有时可省略。

在会议记录的右下方，由会议主持人和记录人签名，以示负责。

3.6.5　会议记录的写作要求

1．记述要真实准确

要如实地记录会上人员的发言，不论是详细记录，还是概要记录，都必须忠实于发言人真实意思，不得随意加入记录者的主观意见，不得断章取义，特别是会议决定的内容，必须原原本本记录。具体要求包括：不添加，不遗漏，依实而记；书写要清楚，记述清晰，有条理。

2．内容要重点突出

记录方式要根据会议内容重要性决定。一般地说，决议、建议、问题和发言人的观点、论证等要记得具体、详细。一般情况的说明，可只记述要点。

3．注意信息保密

记录人只负有择要记录的职责，必须遵守保密制度，必须妥善保管会议记录，确保不能外传或遗失。会议记录一般不发表，如有特殊情况需要公开发表或印发，首先必须经会议主持人审阅批准，其次要经发言人核实并同意。

4．符合格式规范

会议记录往往有固定的格式，但是信息记录必须齐全，详见前述会议记录的写作格式。

3.6.6　例文分析

例文

××局人事处专题工作会议记录

时间：2014 年 3 月 4 日 14:30—17:00

地点：××局第二会议室

出席人：刘××（处长）、杨××（副处长）、张××、吴××及各处室、各直属单位负责人

缺席人：李××、黎××（外出开会）

主持人：刘××（处长）

记录：吴××

一、报告

（一）杨××报告全市行政机关人事制度改革工作安排。（略）

（二）主持人传达市政府《关于压缩政府机关部门人员编制的通知》（以下简称《通知》）。（略）

二、讨论

××局按照市政府《通知》的精神抓好落实。

三、决议

（一）利用两个半天时间（具体时间由各处室、各直属单位自行安排，但必须安排在本周内）组织有关人员集中传达学习《通知》精神，提高认识，统一思想。

（二）各处室、各直属单位负责人在认真学习的基础上，向各部门人员传达。

（三）各处室、各直属单位责成有关人员根据《通知》的压缩指标，重新审查和修改本年度行政经费开支预算，并于两周内报主任办公室。

（四）各处室、各直属单位必须严格控制本部门人员编制，上报改革方案。

（五）利用学习和贯彻《通知》精神的机会，对全中心员工普遍开展一次勤俭节约、艰苦朴素的传统教育。

散会。

主持人（签名）

记录人（签名）

例文简析

这是一份专题工作会议记录。格式符合会议记录的要求。正文分两部分，第一部分记述会议的组织情况，第二部分摘要记录了会议的内容，会议做出的决议记录具体、清楚。

关键概念

会议记录

课堂讨论题

1．会议记录与会议纪要的区别是什么？

2．会议记录的写作格式和写作要求是什么？

实训题

下面是一份病文，试指出其存在的毛病。

××财务公司办公室会议记录

时　间：2014年3月8日

地　点：会议室

出　席：李××　白××　方××　刘××　商××　刘××

记录人：刘××

主持人：李××

首先由李××发言。接着进行了两项内容。第一项是对 2 月公司管理情况进行了总结。对各人负责的工作进行分析，提出了改进之处。与会人员一致同意蔡××、尚××调整工作岗位。

第二项是召开了信息化建设工作座谈会，与会人员进行了自我检查，并开展了相互批评。张××认为办公室信息化建设太缓慢，资金投入要加大。办公室主任李××对此进行了解释，并表示将尽力改善。

散会。

第 4 章　财经宣传应用写作

本章学习目标

- 掌握商业广告、商品说明书、财经新闻、财经述评的概念、特点、写作格式、写作要求。
- 能够熟练撰写商业广告、商品说明书、财经新闻、财经述评。

4.1　财经宣传应用文概述

4.1.1　财经宣传应用文的概念

财经宣传应用文是宣传类应用文的一种。宣传类应用文是各级各类组织或个人为实现某一宣传目标、扩大影响，使用的时效性较强的宣传应用文。

财经宣传应用文是组织或个人为实现一定时期内财经工作的中心工作目标，针对与组织相关的财经事实，包括财经状况、财经问题、财经事务、财经人物、财经工作等，向公众或特定对象进行宣传、教育、鼓动、引导、解释、说明、介绍时所使用的一类应用文。

财经宣传应用文应用于组织管理与组织活动的财经领域各个方面，对于组织实现管理目标、扩大影响、提高效率和效益具有重要作用。

4.1.2　财经宣传应用文的特点

财经宣传应用文的功能在于服务组织宣传目标，扩大组织与组织产品的影响度。能被受众高效、持久、广泛接受相应宣传的信息是其核心功能。这既要求宣传方法与载体的多样性与有效性，也要求宣传应用文使用文种的适用性与有效性。财经宣传应用文有以下特点。

1. 财经宣传的公开性

财经宣传应用文的使用目的就是要使组织的有关财经信息为公众所知，要广泛传播。一方面是扩大组织和组织产品影响的需要，另一方面也是服务受众的需要、引导消费的需要。这就决定财经宣传应用文是公开发布、公开传播的，具有公开性特点。

2. 财经宣传形式的多样性

由于经济生活在社会生活中影响越来越大，人们对经济信息的关注度越来越高。财经宣传应用文的传播媒介越来越多，如图书、报刊、广播、电视、杂志、网络等。财经宣传应用文的形式越多，内容受众越多，传播的范围越广，就越有利于实现财经宣传应用文的功能。

3. 财经宣传的真实性

信息社会，信息以爆炸的形式增长着，但人们对信息真实性的需要依然是第一位的。因为真实的信息才能是有效的信息，真实的信息才能对人们的决策发挥有效的支持与帮助的作用。

真实是财经宣传应用文最基本的写作原则。虚假的财经应用文信息可能会带来混乱，甚至违反国家法律。

4．财经宣传的有效性

财经宣传应用文的使用有明确的经济目标与管理功能，要实现这种有效性，一是要快速反应，商场即战场，商机即战机，转瞬即逝。要以最快的速度反映这种变化，反馈给组织的决策系统做出快速应对决策。以最快、最有效的方式宣传产品，才能迅速占领市场，取得预期的良好经济效益。二是提高质量，文种使用正确、语言简洁、格式规范，富有感染性，能很快被传播和接受。

4.1.3 财经宣传应用文的分类

市场经济的快速发展，对财经宣传提出越来越多的要求，也推动财经宣传应用文的发展。由于市场宣传的专业化和市场细分，财经宣传应用文也出现很多种类，根据内容及特点，主要分为以下几类。

1．业务宣传类应用文

业务宣传类应用文是各级各类组织或个人为做好一定时期内的财经工作而开展专项财经业务工作或活动时所使用的一类宣传应用文，有简章类、介绍类、招贴类三种类型。

（1）简章类。组织或个人编写的简明章程类宣传应用文。它在财经管理工作中应用较为广泛，具有宣传鼓励和解释说明的功能，如招生简章、招工简章等。

（2）介绍类。组织或个人编写的简单介绍类宣传应用文。它可在财经活动及财经专门业务或专项工作等不同范围中使用，具有宣传与介绍功能，如业务知识问答、业务介绍、机关介绍、活动介绍、工作介绍、书刊介绍、设计说明等。

（3）招贴类。组织或个人编写的为某一专门业务或专门事项、工作而制作，具有解说、规劝、鼓励等功能的张贴于公众场合的一类宣传事务应用文，如海报、启事、标语等。

2．商品宣传类应用文

商品宣传类应用文是市场经济中应用最广泛的一种经济宣传应用文，也是最常见的一种经济宣传应用文。它既为经营者服务，宣传新商品的优势与特点，扩大市场影响；同时也为消费者服务，帮助消费者了解消费发展趋势和新产品的特点，进而做出购买的新决策。其一般分类如下。

（1）商业广告。商业广告是传播商品与服务信息的重要手段，其目的是通过“广而告之”以唤起公众注意某商品或服务项目。它是以盈利为目的，以传递有关企业、商品、劳务或服务信息为主要内容，通过各种载体面向大众进行的信息传播活动。

（2）商品说明书。向消费者全面介绍商品（产品）的名称、商标、用途、特征、性能、使用方法及有关维修知识的应用文。它一方面介绍商品、指导消费，另一方面也可以在一定程度上起到扩大销售的作用。

3．新闻宣传类应用文

新闻宣传类应用文，就是对组织或个人相关的财经领域有价值的事实或社会所关注的事实所做的客观宣传与报道，一般包括消息、通讯、述评、新闻特写等。

4.2 商业广告

4.2.1 商业广告的概念

商业广告是商业经营过程中商品或服务提供者投入一定成本，由专业广告部门通过一定的媒介和形式直接或间接地介绍所推销的商品或提供的服务的广告。

商业广告是商业管理活动领域一项重要的经营性活动，其目的就是放大产品或服务信息的影响度和知名度，对大量潜在顾客或现实顾客在同一时间送达"销售讯息"。而商业机构之所以使用广告而不用面对面推销的原因，就是以时间及成本而论，商业广告宣传效率远超过人员直接推销的效率。

商业广告要想获得成功，要注意科学使用 5W1H 工作分析法，即对选定的要宣传的商品或服务项目，必须从原因（Why）、对象（What）、地点（Where）、时间（When）、人员（Who）、方法（How）六个方面提出问题进行系统思考后，设计和撰写商业广告。

正确使用商业广告，要符合国家的法律法规，特别要符合《中华人民共和国广告法》的规定。有些商业广告必须接受广告审查，违法者将承担相应的法律责任。

4.2.2 商业广告的特点

商业广告作为一种财经宣传应用文，有以下特点。

1．对象针对性

商业广告传递特定的商品或服务信息，是以广播、电视、报刊、杂志等作为载体来传播的。任何商品与服务都有特定的功能，面向特定的群体和服务对象，每种媒体都有固定的受众。因此，商业广告的制作使用都要有明确的针对性，针对有效的对象，选择有效的载体，才能实现商业广告很强的商业目的性。

2．内容真实性

商业广告是联系生产与消费的信息纽带，某种意义上是一种商业承诺，代表一种商业信誉，广告宣传的内容必须真实。这既是市场经济诚信原则的体现，也是《中华人民共和国广告法》规定的。绝不允许夸张失实，更不允许弄虚作假。只有这样，才能取信于社会，维护企业良好的社会信誉，实现商业广告使用的目标。

3．形式丰富性

在激烈的市场竞争中，同类商品的商品广告大战愈演愈烈。要想在激烈竞争中取胜，很多企业增加商业广告的投入，增加商业广告的频率。在这一背景下，专业的商业广告公司越来越受重视，商业广告的市场也越来越大。广告载体越来越丰富，除传统的报刊、杂志、广播、电视、网络外，车身、公交拉手、地铁电子屏、电梯电子屏等，以及很多景区的门票都被用作广告的载体，数不胜数。广告的写作与制作手段越来越丰富，声光电技术的结合、美术摄影、版面编排、音乐舞蹈，乃至戏剧表演等多种文艺表现手法不断推陈出新，不仅有效地扩大了产品和服务的宣传效果，也极大地丰富了人们的文化生活。

4．持续创新性

商品广告作为对新产品、新服务的宣传手段，本身就具有创新的因素。同时面对激烈竞争的市场，必须总是以一种差异化的形式、差异化的载体、差异化的文化展示出来，这需要创新的思维、创新的技术、创新的组织文化才能实现。持续创新已经成为商业广告领域的制胜法宝和普遍规律。

4.2.3　商业广告的分类

按照商业广告的内容划分，可分为以下三种。

1．商品广告

商品广告又称产品广告。它以实现销售为目标，宣传特定商品的质量、功能、价格、品牌、生产厂家、销售地点及该商品的独到之处，以及能给人以某种特殊的物质利益和服务等有关商品本身的一切信息。

2．劳务广告

劳务广告又称服务广告，如介绍金融、保险、旅游、餐饮、酒店、车辆出租、家电维修、房屋搬迁等内容的广告。这一类广告提供服务项目的名称、内容、优点与特色、便利性、预期收益、安全性等方面的全面信息。

3．声誉广告

声誉广告又称公关广告、形象广告，是指商业组织通过一定的媒介，把商业组织有关的信息有效地、有计划地传播给公众的广告。这类广告的功能是引起公众对企业的关注、好感和合作，从而提高知名度和美誉度，树立良好的社会形象。声誉广告内容广泛，主要介绍商业组织的一些整体性特点，如发展历史、企业理念、经营方针、服务宗旨、人员素质、技术设备、社会地位、业务情况及发展前景等，也有企业理念、视觉标志、行为标志等 CI 内容。

还可以根据刊载媒介分类商业广告。例如，传统的报纸广告、杂志广告、广播广告、电视广告等，习惯称四大媒体广告；还有网络广告、橱窗广告、包装广告、霓虹灯广告等。许多新载体数不胜数。

4.2.4　商业广告的写作格式

商业广告的语言文字的组织与应用是商业广告成败的核心。以语言文字为主要表达方式的商业广告的写作格式，一般包括标题、正文、随文、标语四个部分。

1．标题

商业广告的标题是创作的重点，被称为广告的“眼睛”。优秀的标题能帮助消费者迅速了解广告的主要对象及独特个性，还能在短时间内激发消费者的强烈兴趣。

商业广告的标题主要有以下三种形式。

（1）直接标题。这类标题开门见山，用简明的文字把广告中最重要的信息直接告诉公众，使公众一目了然。例如，“京东，多快好省”、“ 大理三月好风光，风花雪月的侠骨柔情”、“ 时光对手艺的礼赞，威尼斯的神秘玻璃岛”等。

（2）间接标题。这类标题不直接介绍商品及相关情况，而是用类比或联想的手法，以及富有情趣的、耐人寻味的语言，激起公众的好奇心，使人非弄明白不可，直至读到广告的正文才悟出真正对象。例如，“理解就是沟通”（爱立信）、“成功之路，从头开始”（飘柔）、“给电脑一颗奔腾的‘芯’”（英特尔奔腾）。

（3）复合标题。可以将直接标题和间接标题组合在一起，形成复合标题；也可以是三行标题、双行标题两种标题形式。

三行标题，即由引题、正题、副题三个部分组合而成，引题说明信息的意义和背景，正题点明广告的主旨，副题则补充说明正题的内容。

双行标题，即由引题和正题组成，或由正题与副题两部分组成。

实例1

南方日报，在这里读懂中国（直接标题）

“贴身保镖”雇用方案（间接标题）

实例2

以特色创优势 以创新求发展（引题）

对接国家发展战略 打造一流高职院校（正题）

——上海电子信息职业技术学院国家骨干高职院校建设巡礼（副题）

2．正文

正文是广告的核心主体部分，包括广告的全部主要信息。一般由以下部分组成。

（1）引言。位于正文的开头，对标题提出的商品或其他方面加以说明或解释，起解题的作用。有的广告标题已起到开头的作用，就不必再有引言。

（2）主体。广告主体部分是介绍商品详细信息细节的部分，具体说明、宣传商品的优点和特征，用可信赖的事实和数据提出购买的理由。这是正文的中心，一定要突出较强的说服力，激发广告受众产生购买欲望。

不同类型的商业广告，主体部分内容也不同。例如，保健食品的宣传广告，要具体介绍其成分、功效、制作工艺，以显示其独特的优点；机械电子类产品宣传广告，就需要对产品的规格、型号、性能、特点、质量等内容进行客观介绍。所以，针对商品特点及销售情况的不同，广告主体内容的安排有很大的灵活性。

商业广告正文写作可以有以下多种方式。

一是陈述式广告。用陈述的表达方式，对商品的名称、特点、规格、用途、价格等加以介绍和说明，使受众对介绍的对象有清晰的了解。

二是新闻式广告。以新闻报道的表达方式对商品进行宣传，这种方式容易给受众以真实可信赖的感觉，增强对商品的信任度。

三是证书式广告。客观展示宣传产品获奖的荣誉称号或权威机关、权威人士对商品的鉴定结论，将这一内容作为广告的重要部分放在广告前面，构成对商品品质的间接证明，以满足人们追求高品质的需求。

（3）结尾。用热情诚恳的语言吸引消费者购买广告商品或接受服务，对品质做出承诺。

3．随文

广告随文部分指的就是落款，这是广告正文部分的补充说明，也称附文。起购买指南作用，具体包括销售产品或服务的单位名称、地址、邮编、电话、银行账号、销售时间与地点、购买方式与手续、联系人、经销部门等。根据广告篇幅和宣传需要，这些内容可进行增减。

广告的随文实际就是购买指南，所以要高度重视，如果没有随文或随文的某些项目，如广告单位名称、地址、电话等没有标明或出错，则丧失广告作用。

4．标语

长篇大论的商业广告，很难有读者认真去看，更难以留下深刻印象。因此，为了加深受众印象，很多企业为自己的商品或服务凝练出一句给人以深刻印象的话，逐渐地，这句话就成为某个特定的“商标”。这句在广告中长期、反复使用的简明扼要的口号性语句就是广告标语，又称“广告语”、“广告口号”。一般相对稳定、长期不变。它可以出现在正文的任何部位，一般情况下，独立于正文之外，作为广告相对独立的一部分。

广告标语要契合广告的主题，要结合商品的特性，语言概括凝练、生动有趣，具有鼓动性、想象力。例如，“车到山前必有路，有路必有丰田车”（丰田汽车）。“仲景六味地黄丸——药材好，药才好”，用中文特有的谐音语言韵味，宣传产品优点，又揭示了普遍真理。

在实际写作中，不是每则广告都必须具备这四个部分，要根据对象、商品特点、载体特点有所不同。

4.2.5　商业广告的写作要求

1．目标清晰，定位准确

以盈利为目的，是商业广告的根本属性，也是商业广告的根本目的性。商业广告要突出这一主题，明确宣传的目标与对象，并真正做出有效的宣传。商业广告要准确定位商品的销售对象、销售策略，要正确使用 5W1H 分析法，在广告宣传中，突出产品的新价值，强调不同产品的不同之处，才能实现广告宣传目标。

2．真实可信，语言精准

真实是商业广告的生命，企业要提供真实的广告素材，广告商要审核广告内容的真实性，工商行政管理部门代表政府对商业广告的真实性进行监督。因此，商业广告从内容到发布都要保证真实性。这是市场经济诚信经营原则的要求，也是《中华人民共和国广告法》的规定。因此，商业广告语言使用也要力求朴实、直白，精准地描写商品的品质、特性、优点，不能夸大其词，这是广告的写作原则。

3．创新形式，深刻有效

在商业广告激烈的市场竞争中，创新也成为重要的竞争领域，如创意的创新、载体的创新、表达方式的创新等。这些创新都要建立在可行的成本控制、可行的技术条件、可接受的社会文化基础上，必须注意研究顾客的心理，遵循人们的认识规律，根据不同的商品确定风格。广告是一种艺术性的社会文化产品，可以通过文字、美术摄影、图像处理、音乐舞蹈等多种表现手法，扩大产品影响，提高市场占有率。

4．健康积极，公平竞争

商业广告宣传商品信息，也创造一种社会新文化。商品广告要实现直接商品宣传的经济利益，还要注重建设积极向上的新文化的社会效益。《中华人民共和国广告法》规定，“广告内容应当有利于人民的身心健康”，“遵守社会公德和职业道德，维护国家的尊严和权利”，“不得含有违反国家政策、法令的内容，以及淫秽、迷信、恐怖、暴力、丑恶的内容；不得贬低别的经营者的产品或服务”。同时，作为一种竞争手段，必须遵循公平竞争原则，不允许诋毁竞争对手的商品和竞争对手自身，坚持公平竞争。

4.2.6 例文分析

例文

商业地产招商广告

上海××国际购物中心总建筑面积28万m^2，总投资15亿元，整体规划有五星级酒店、甲级写字楼、酒店式公寓、服装城、百货主力店、综合卖场、零售专卖店、步行街。是集酒店、办公、购物、旅游、休闲、美食、娱乐于一体的一站式多功能新型都市商业中心，引领国际商业发展的最新潮流，缔造上海奉贤乃至长三角商业发展的传奇。

商圈龙头 大财富原动力

上海××国际购物中心是政府鼎力打造的都市商圈龙头，代表奉贤城市发展的最高、最新形象，以本案为龙头的商圈已集聚了易初莲花、正阳世纪星城、金海马家具城、金星美德隆家具馆、杭州湾灯具建材市场、新饰家窗帘地毯等专业市场，商业氛围浓厚，商圈成长迅速，与南京路商圈、徐家汇商圈、淮海路商圈、不夜城商圈互相呼应，成为大上海又一个财富策源地。

百万人气 带来滚滚商机

奉贤区至2010年年底有常住人口108万，南上海几个区域人口已超600万。本案紧邻南桥汽车站，每天运送旅客五六万人次，免费接送班车开通后将更多汇聚客流。百万人气支撑，成就无限商机。

百联集团 特别青睐本案

中国零售业巨头——上海百联集团，是由上海一百公司、华联（集团）公司、上海友谊（集团）公司、上海物资（集团）总公司归并成立的中国最大的零售业集团公司之一，旗下拥有七家上市公司，拥有第一百货商店、华联商厦、东方商厦、华联超市、联华超市、妇女用品商店、第一医药、蔡同德药房等一批享誉海内外的知名企业，是中国特大型商贸流通产业集团。百联集团对本项目极为青睐，正在努力争取这一商业制高点。

立体交通 路通人通财通

闵奉轻轨、浦东铁路、沪杭磁悬浮列车、A4（莘奉金高速）、杭浦高速公路、A30（郊环）、南奉公路、浦星公路、沪杭公路、杭州湾跨海大桥共同构成四通八达的立体交通网，从本案出发迅速到达上海任意一点，高速连通杭州、宁波、绍兴、台州、温州等浙江要地，汇聚八方人气财气。

服装霸王　填补市场空缺

上海××国际购物中心东南版块的服装城，建筑面积 6 万 m^2，为超大型精装修商铺，批发零售各类服装，弥补了南上海没有大型专业服装市场的空白，充分解决南上海 600 万人群穿的需求，实现经济效益和社会效益双丰收。

以小赚大　低总价高回报

服装城以 20 m^2 左右的小商铺为主，总价低，返租 3 年，统一经营，回报率依次为 6%、8%、10%，3 年后随着市场的进一步繁荣，租金更会水涨船高，升值空间广阔。

实力体现　高信誉高保障

开发商保留 80% 的商铺自营，与投资客户共同进退，保障客户获取高回报的稳定性和可靠性。

上海××国际购物中心联系地址：××路××号
咨询电话：021—××××××××
联系人：张××

例文简析

这则商品广告由标题、引言、主体、随文几个部分组成。

标题为单行标题，交代了商品内容和宣传项目。

正文引言（第 1 段）：详细地介绍了商业地产项目的有关情况，通过具体统计数字说明，以增强可信度。

主体部分：运用陈述体，从七个方面介绍该项目的巨大优势，既有具体数字说明，又有翔实可信的说明。语言工整简洁，富有说服力。

随文为联系必需的相关信息，地址、咨询电话，联系人等，可发挥指南作用。

这则广告针对不固定的受众群体而做，强调商品的七大优势，抓住了消费者心理，市场定位准确。语言表述简洁明确，层次清晰。权威数字统计及其他具体数字的说明增强了可信度与说服力，能够很有效地激发购买欲望。

关键概念

广告　　商业广告

课堂讨论题

1. 怎样理解商业广告的真实性？
2. 你日常生活中经常接触到的是哪些类型的商业广告？
3. 商业广告常用的写作格式有哪些？
4. 谈谈证书式广告主体的写作特点。
5. 分小组收集 3~5 条有特色的广告标语，进行讨论交流。

实训题

为你所喜欢的商品写一则商品广告，字数及格式不限。

4.3 商品说明书

4.3.1 商品说明书的概念

商品说明书是一种以说明为主要表达方式，概括介绍商品用途、性能、特征、使用和保管方法及售后服务等方面信息的宣传类应用文。

商品说明书是指导人们了解和正确使用新产品的指南，对于维护商品的良好市场形象具有重要意义。一般开头部分常常用概说的方法简要地阐明其性质特点，有的甚至全文都用概说的方法。由于各种新商品的功能、用法不同，写作方法自然也大有区别，但不管使用哪一种方法，其目的都是使读者明白。因此，商品说明书的写作语言要力求通俗、准确，结构必须有条理、有序。

4.3.2 商品说明书的特点

1．客观性

客观性是商品说明书最突出的特点。商品说明书的写作主要以说明为主要表达方式，对商品做真实、客观的全面介绍，要努力使用户了解商品的有关情况后，对照说明书会使用、会操作、会保养、会维修等，从而充分发挥产品应有功能，实现其使用价值。商品说明书必须对商品的相关知识予以真实、客观、准确的介绍，不能弄虚作假，夸大商品的作用。

2．实用性

商品说明书是帮助购买者尽快掌握商品使用方法的指导性工具，要在购买后发挥真实有效的实际指导作用。这种实用性的要求体现在内容上，就要求语言平实质朴，陈述清晰简单，程序步骤明确。有关原理、设计依据、相关标准等部分可以少写甚至不必写。

3．条理性

购买者在使用商品前将认真研读商品说明书，并按照说明书的说明去操作使用商品。撰写商品说明书要按照商品的适用范围和条件、性能、物理和化学特性、正确使用方法及售后服务等，分条目予以说明，做到条理清晰、层次分明、好懂好记。复杂一些的商品可以编写一本使用说明书。

4．通俗性

商品说明书是为购买者服务的，购买者大多是非专业人士，因此，商品说明书要尽可能使用非专业性语言，做到通俗易懂；也可通过配图表等具体形象地说明，帮助用户尽快准确掌握正确使用方法。

4.3.3 商品说明书的分类

商品说明书形式多样、种类繁多，根据不同的标准可划分为不同的种类，主要分为以下几种。

（1）以商品说明书内容为标准划分。可以分为解说阐述性说明书和介绍简述性说明书。

（2）以商品说明书篇幅的长短为标准划分。可以分为完整性说明书和简约性说明书。

（3）以商品说明书的表达方式为标准划分。可以分为文字式说明书、图表式说明书和音像式说明书。

4.3.4　商品说明书的写作格式

商品说明书的写作格式，一般由标题、正文、落款三个部分组成。

1. 标题

商品说明书的标题灵活多样，但应体现产品的特色。常见的有以下三种形式。

（1）直接以文种作为标题。例如，《商品说明书》、《产品说明书》、《使用说明书》、《使用指南》等。

（2）以商品名称作为标题。例如，《三九胃泰》、《紫光扫描仪》等。

（3）以商品名称加文种作为标题。例如，《盖中盖口服液产品说明书》、《步步高 DVD 使用说明书》等。

2. 正文

正文是商品说明书的主体部分，对商品的名称、商标、型号、用途、规格、成分、特征、性能、使用方法及有关维修知识、有效期等做全面介绍。各种商品不同，需要说明的内容重点也不同，有的强调说明商品的使用方法，有的强调说明商品的特殊功能，有的强调说明商品的独特构造，有的说明商品的专有成分等。例如，食品说明书重在说明其原材料及成分、使用方法及保质期限；药物说明书突出在说明其构成成分、基本效用及用量、毒副作用或注意事项；电器说明书重在说明其使用方法和保养方法等。

正文一般主要包括以下方面的内容。

（1）产品的概况（如名称、产地、规格、发展史、制作方法、原材料等）。

（2）产品的性能、规格、用途。

（3）安装和使用方法。

（4）保养、售后服务与维修方法。

（5）附件、备件及其他需要说明的内容。

以上这些内容，不同商品不完全相同，不能面面俱到。必须根据商品的实际特点确定内容和内容顺序。

正文的表达方式丰富多样，常用写法如说明文式、条文式、对话式、表格式、故事式、解释式等，比较常见的有概述式、短文式、条款式、图文结合式。

（1）概述式。非常简短，一般用于对简单商品的介绍，通常只有一两段文字，简明扼要地对商品做概括介绍。

（2）短文式。用短文章的方式，对商品的性质、性能、特征、用途和使用方法做出简要介绍，多用于介绍性的说明。许多常用商品多采用这种介绍方法。

（3）条款式。这是详细介绍商品的说明书的写法。它分成若干个部分，将有关商品的规格、构造、主要性能和指标参数、保养方法、维修保修方式分条列项介绍给消费者。对商品分条逐项地进行介绍和说明，每一条款说明一项内容，使说明条理清楚、要点明确。常用的家用电器说明书多采用这种方式。

（4）综合式。商品结构功能复杂或需做较多介绍的说明书，往往把条款式、概述式、短文式结合起来，利用多种形式对商品进行介绍和说明。这类说明书对商品的介绍比较全面、形象、具体。某些商品必须要通过图示才能介绍明白，如电器的电路图等。这类商品说明书写作时，要采用图表或照片和文字说明相结合的形式，对商品形象地进行介绍和说明。既有详尽的文字说明，又有照片和图示解说，辅以电路图、构造图、分子式（医药）等。这种商品的说明书常被印成小册子作为商品附件。

3．落款

落款是提供给消费者用来联络的基本信息，因此要写得准确，写明生产商（或经销商）法定名称、地址、电话、联系人、邮编、电子邮箱等。企业要注意，这些信息变更要马上修改说明书。

4.3.5 商品说明书的写作要求

1．客观真实，科学指导

商品说明书要与商品实际状况符合，客观、真实地介绍商品的有关原理、材料和使用方法、注意事项，甚至产品的不足等，指导消费者科学使用。切忌介绍使用方法太简单，或不得要领；或者把功效写得很笼统，欠具体分明。

2．突出重点，详略得当

商品说明书以说明为主要表达方式，要突出本商品与其他同类商品的不同之处，突出重点，凸显商品的独有实用价值，将其说准确、说清楚。切忌商品介绍泛泛而谈，未能在关键、重点问题上表达清楚。

3．语言准确，通俗凝练

商品说明书以语言为主要工具，语言必须准确恰当、简洁明了、通俗易懂，能满足不同文化水平的消费者阅读需要。多用清楚明白的短句，把不易懂得的专业内容用直白的语言表达，把抽象的东西具体化表达。不能因语义含混而影响表达效果，甚至造成混乱，这样会带来严重的经济损失。

4.3.6 例文分析

例文

云南普洱茶

云南普洱茶是云南的名茶，古今中外负有盛名，它以西双版纳地区仅有的滇青毛茶为原料，经再加工而制成。普洱茶的历史十分悠久，早在唐代就有普洱茶的贸易了。

云南普洱茶采用的是优良品质的云南大叶种茶树之鲜叶，分为春、夏、秋三个规格。春茶又分为“春尖”、“春中”、“春尾”三个等级；夏茶又称“二水”；秋茶又称“谷花”。普洱茶中以春尖和谷花的品质最佳。

在古代，普洱茶是作为药用的。其品质特点是：香气高锐持久，带有云南大叶茶种特性的独特香型，滋味浓强，富于刺激性；耐泡，经五六次冲泡仍持有香味，汤橙黄浓厚，芽壮叶厚，叶色黄绿间有红斑红茎叶，条形粗壮结实，白毫密布。

普洱茶的产区，气候温暖、雨量充足、湿度较大、土层深厚、有机质含量丰富。茶树分为乔木或乔木形态的高大茶树，芽叶极其肥壮而茸毫茂密，具有良好的持嫩性，芽叶品质优异。采摘期从 3 月开始，可以连续采至 11 月。在生产习惯上，划分为春、夏、秋茶三期。采茶的标准为二三叶。其制作方法为亚发酵青茶制法，经杀青、初揉、初堆发酵、复揉、再堆发酵、初干、再揉、烘干八道工序。

现在，普洱茶的种植面积很广，已经扩大到云南省的大部分地区，以及贵州省、广西壮族自治区、广东省及四川省的部分地区。原属普洱县管辖的云南澜沧江流域的西双版纳傣族自治州、思茅等地是普洱茶的最主要产区，其中又以勐海县勐海茶厂的产量最大 。

云南普洱茶有散茶与型茶两种。运销港、澳地区及日本、马来西亚、新加坡、美国、法国等十几个国家。

（资料来源：http://ayhp.net/cjbk/0120776.html，云南普洱茶）

例文简析

这是一份短文式说明书。

这份说明书用六个自然段对普洱茶做了概括介绍与说明。读者从中可以了解到普洱茶在我国茶品中的地位、分类上品、生长环境、采制方法、色、香、味、形及外销情况等多项内容。语言简明易懂，而且也富有诗情画意，使读者在了解普洱茶的相关知识的同时，也欣赏了文章的文采。

关键概念

商品说明书　条款式说明书　综合式说明书

课堂讨论题

1．商品说明书按照内容可划分为哪几类？
2．商品说明书正文一般怎样写？
3．商品说明书是否可进行艺术加工？为什么？
4．商品说明书的写作要求有哪些？
5．分小组，每组收集三种不同类型的商品说明书，对照分析其写作内容。

实训题

针对专业学习使用的常见用具，选择一个对象写一份使用说明书。

4.4 财经新闻

4.4.1 财经新闻的概念

财经新闻，就是迅速、及时地对财经领域里新近发生或发现的有价值、有意义的或为社会关注的事实所做的客观报道。财经新闻有广义与狭义之分。广义的财经新闻或称泛经济新闻，覆盖全部社会经济生活和与经济有关的领域，包括从生产到消费、从城市到农村、从宏观到微观、从安全生产到服务质量，从经济工作到政治、社会生活中的相关领域。而狭义的新闻专指消息。这里所介绍的财经新闻则是指狭义的财经新闻，即财经消息，它是用简洁的文字迅速、及时地报道财经领域新近发生、正在发生或即将发生的重要的、有意义的或为社会广泛关注的事实的一种应用文。

财经新闻要将财经事实报道清楚、明白，必然要报道具体的时间、地点、人物、事件、原因与结果，也就是说，财经事实是由何事、何人、何时、何地、何因、何结果六个要素构成，这就是所谓的新闻六要素。一篇财经新闻要具体、完整地将财经新闻事实表达出来，就必须全面地对这些要素做出必要的说明和交代。

4.4.2 财经新闻的特点

作为一种新闻性文种，财经新闻具备一般新闻的共同特点，同时又有作为财经类新闻的独有特点。

1．共同特点

（1）真实性。真实性是新闻的生命。首先，新闻所报道的经济事实必须完全符合客观实际，不能有虚构、想象或夸张。其次，作者对事物的分析和概括，必须准确恰当，符合事实。

（2）时效性。市场经济瞬息万变，人们的决策依据各种信息。信息的实效性是新闻的第二生命。所以，新闻的写作与发表要迅速、及时，这也是财经新闻竞争的核心。

（3）公开性。财经新闻报道的内容要向大众公开发布，最大限度地满足全体社会公众了解和掌握财经新闻的要求。

（4）新闻性。财经新闻的内容一要反应新事实，即新事物、新情况、新问题等；二要意义新，即体现财经新趋势，或事实本身含有新的影响，能给人新的决策参考。

2．独有特点

（1）专业性。财经新闻是专门针对财经领域的，直接反映财经领域出现的新情况、新问题和新信息。要懂得财经专业知识才能做好专业性报道，帮助人们重新判断财经形势，重新做出相关专门决策。

（2）综合性。经济影响深远，财经新闻涉及财政与经济两个领域，经济与社会有时很难分割，分析和认识财经问题离不开关系到社会、政治、体育、文化、科技等多方面的综合判断。

（3）政策性。财经本身既有市场性，又具有很强的政策性。财经新闻往往是为了配合党和国家在一定时期内的有关政策进行宣传与报道的，必须遵循国家的法律法规和政策。

4.4.3　财经新闻的分类

财经新闻内容丰富，种类很多，依据不同的划分标准，可分出很多种类。

按照财经新闻报道内容划分，一般可分为以下四种。

1．人物财经新闻

人物财经新闻，即以人物为中心的财经新闻，报道财经领域新闻人物的事迹、成就或遭遇。既可写正面人物树立榜样，也可写反面人物警示他人。

2．动态财经新闻

动态财经新闻，是对当前国内外财经领域最新情况、最新动态做出迅速、及时报道的新闻。可以是对某个独立事件的报道，也可以是对某一连续性事件的持续跟踪报道。这是使用频率较高的一种新闻形式。

3．综合财经新闻

综合财经新闻是围绕某一特定主题，把不同地区、不同部门的相关情况综合起来进行宣传报道的一种新闻。这种新闻报道涉及范围广、影响大，是对许多动态新闻分析后的综合。

综合财经新闻常见以下三种类型。

（1）时间综合型。以时间为主线，主要报道同一时间段内，财经领域多个单位、部门或地区与特定主题相关的系列新闻事实。

（2）空间综合型。以空间为主线，主要报道某一个空间范围、多个时间段与特定主题相关的系列新闻事实。

（3）时空综合型。围绕特定的主题采用时空交错，综合反映与特定主题相关的新闻事实，往往反映的是对社会影响较大、涉及面广、参与人员众多的重大财经事件或活动。

4．典型财经新闻

典型财经新闻主要介绍某一财经典型案例经验或实际做法，将其作为示范性经验，给予推广介绍。

按财经新闻报道空间范围划分，可分为国际财经新闻、国内财经新闻、地方财经新闻等。

按财经新闻篇幅划分，可分为长新闻、短新闻、简讯、一句话新闻、标题新闻等。

4.4.4　财经新闻的写作格式

财经新闻一般由标题、导语、主体、背景和结尾五个部分组成。

1．标题

财经新闻标题也称“文眼”，既要准确、专业地高度概括财经事实，又要新颖醒目，能够激发阅读兴趣。

财经新闻的标题具有灵活性，常见下面三种标题形式。

（1）三行标题。多用于信息量大、内容重要的财经事实的报道。这种标题同时具有引题、正题、副题。

引题在正题之上，也称肩题或眉题，用以交代背景、烘托气氛、引出正题。

正题也叫主题或母题，用以点明主要事实或揭示主旨，是标题的核心部分。

副题在正题之下，也称辅题或子题，用以补充交代或解释说明主题。新闻的副题文字可以较多些，可以不加破折号。

实例

改变资金使用分散现象　　　　　　　　　　　（引题）

以县为主整合支农资金　　　　　　　　　　（正题）

各地可积极发挥多级次多形式的整合途径　　　（副题）

（2）单行标题。也称主题式标题，多用于简短、内容单一的财经事实的报道。这种标题形式只用一行文字精练准确地概括新闻的内容精华。有的可直接概括新闻最精彩的事实，有的则可以揭示新闻的主旨。

实例

三峡被指沦为利益集团牟利机器：国人为其缴税5千亿

2. 导语

导语是财经新闻的先导语，一般将一句话或一个自然段作为导语。特殊情况也可以是由两三个自然段组成的复合导语。

导语在财经新闻中具有非常重要的作用：揭示主要事实，展示新闻重大意义，是财经新闻的关键部分。导语一般用最精练的语言，写出财经新闻中最重要、最新鲜、最吸引眼球的事实，或者反映出新闻事实中最主要的思想及意义。

导语的作用在于：一目了然，使读者阅读完导语之后，就能对新闻事实的核心内容有初步了解，从而帮助读者做出继续阅读的决策；引导新闻的主体部分很自然地展开，重点还是引起读者的持续关注及阅读兴趣。

导语的常用写法有以下几种。

（1）叙述式。叙述式的导语写作时，一般用简练的文字把新闻中最主要的事实概括地叙述出来，这是一种最常见的导语写法。

实例

建立地方政府信用评级制度，一直被视为控制地方债务风险、加强政府债务融资的透明度与规范性的重要一环。

（资料来源：《财政部调研摸底地方信用 地方自主发债引猜想》.《华夏时报》，2014-03-29）

（2）描写式。描写式的导语采用描写的手法，对新闻中的主要事实或内容、环境进行直观的描绘，用以增强新闻的感染力，往往给读者带来很强烈的现场感。

实例

“双限令”3年冰封之下，若干城市已有暗潮涌动

（资料来源：《温州房价连跌31月有意松绑限购方案已上报省政府》. 中国资本证券网，2014-03-29）

（3）提问式。提问式的导语写作时，通常先用提问的方式引出新闻所要报道的主要内容或

提出新闻中所解决的问题，以此吸引读者思考，引导下文。

实 例

还记得 10 年前那本风靡全球的《数字化生存》吗？书中所描绘的数字化生活如今在广州已经梦想成真。

（资料来源：《数字家园进社区》.《经济参考报》，2006-06-18）

（4）对比式。对比式的导语写作时，主要通过对比的方式来突出新消息的重点内容。

实 例

4 月 18 日，国家统计局公布的数据显示，3 月平均房价环比上涨 1.0%，同比上涨 3.07%，这也是全国房价连续 10 个月的上涨。同时，70 个大中城市当中，房价上涨的城市达到了 68 个。

（资料来源：《3 月一线城市房价领涨全国 地价推涨调控成难题》.《21 世纪经济报道》，2013-04-19）

（5）引语式。引语式导语的写作，一般引用重要财经文件或财经新闻人物的谈话等，以准确地突出主题。

实 例

中国网 4 月 18 日讯 中国商务部今日召开例行发布会，新闻发言人沈丹阳表示，虽然出口出现了企稳回升的势头，但我国外贸出口发展的外部环境依然错综复杂。他亦表示，一季度有 12 个国家对我国发起 22 起贸易救济措施调查。

（资料来源：《商务部：外贸环境复杂 一季度贸易救济调查 22 起》.《中国网》，2013-04-18）

3. 主体

主体部分是财经新闻的主要内容部分，对标题和导语中提出的新闻事实或问题进行详细的介绍，运用翔实的数字材料，典型的案例或实证材料，有说服力和感染力的实例，来展开财经新闻的内容，深化新闻的主题。

财经新闻的主体与导语在结构上是有机的统一体，结构方式包括导语和主体两部分内容。

（1）倒金字塔式结构。这种方式是按照材料的主次关系，将最重要的、最有意义的事实放在最前面，或者把新闻的高潮、结果或结论放在最前面，再按照以事实重要性递减的顺序安排其他材料。这种结构形式便于控制，符合新闻求新、求快的特点，在新闻写作中运用比较多。

（2）金字塔式结构。完全按照财经事件发展的时间顺序，按照事件发展的不同阶段，抓住主要环节介绍事实。这种结构形式比较适合报道情节性较强的新闻题材。

（3）倒金字塔和金字塔结合式结构。主要用于报道内容复杂的财经新闻。特点是在导语部分开门见山，叙述新闻事件的最重要部分，然后再按时间顺序陈述。

（4）总分式结构。适用于报道综合财经新闻及经验新闻。具体写作方式是在新闻的导语部分概括介绍新闻事实，然后把多个主要新闻事实并列地加以叙述。

4．背景

背景是指对与新闻事件有关的历史情况、现实情况、环境条件等的介绍与说明。背景不属于新闻事实，但它可以帮助读者深入了解新闻内容，加深对新闻事实的理解及对新闻事实的准确判断。新闻背景可分为以下三类。

第一类是对比性背景。就是对所报道的新闻内容进行今与昔、是与非、正与误等方面的对比，突出新闻事实的积极意义。

第二类是说明性背景。就是对与所报道的财经新闻事实有关的政治背景、地理环境、历史因素、物质条件进行说明，可以帮助读者全面、完整地掌握新闻事实，便于理解新闻事实的客观必然性。

第三类是注释性背景。就是对新闻中出现的一些不容易理解的内容进行适当的解释说明，如专业性术语、技术性知识等，使新闻内容变得明白易懂。

背景的位置并不固定，根据需要可以出现在导语、主体、结尾的任一部分之中，或集中表达，或分散穿插，也可将背景独立成段。背景是起辅助阅读作用的，切忌喧宾夺主。背景材料与新闻事实要衔接自然。

并不是每篇新闻都有背景。

5．结尾

财经新闻的结尾方式灵活，没有固定的模式。可以对新闻事实进行概括性小结；可以以启发激励式的语言做结尾，强化读者的感受；可以针对报道内容提出需要进一步思考的问题，引发读者的思考；也可以自然结束全文，不再单写结尾。

以上介绍的五个部分是财经新闻完整的结构形式，但不是说每篇财经新闻都必须具备这五个组成部分，应根据报道需要来确定结构形式。例如，一句话财经新闻、标题财经新闻、简明财经新闻等，其结构形式就非常单一。

4.4.5 财经新闻的写作要求

1．要遵循财经活动的专业规则

财经活动是专业性活动，报道财经活动的新闻必须遵循这种专业规则，实事求是，尊重财经事实，真正地发挥财经新闻应有的新闻职能。

2．标题要准确、简洁、醒目

财经新闻标题是“文眼”，必须要准确、醒目，题文相统一，又要简洁、凝练表达，用以揭示或概括新闻的基本内容或主要事实。标题生动活泼、形象鲜明会增强感染力与吸引力，激发读者的持续阅读。

3．导语要精练，过渡要自然

精练、引人入胜的导语，能反映财经新闻中最重要、最新鲜、最有吸引力的事实。导语要精炼，要有画龙点睛的功效，使读者马上产生全面阅读的迫切意愿。同时，要使导语自然过渡到主体内容。

4．主体要突出中心、材料翔实

主体部分从比重上是财经新闻文笔最多的地方，主体要紧紧围绕新闻中心，紧扣新闻主题来展开对新闻事实的叙述与阐发，必须突出重点、突出新闻主题。还要层次分明、条理清晰。主体的材料不要与导语重复，导语中提过的，主体就不必再写，必须再补充的，也要注意变换叙述角度。

5. 报道要迅速、及时

时效性是财经新闻的生命。财经新闻需要用最快的速度将最新的事实报道出来。财经新闻公开发表距离事实发生的时间越近，拥有的新闻价值就越大，所产生的社会效益和经济效益也就会越高。

4.4.6 例文分析

例文

万科 2013 年营收 1354 亿元 销售蝉联全球冠军

中国经济新闻网讯：（记者王松才） 万科 3 月 6 日晚间公布了 2013 年年度报告。2013 年，万科实现营业收入 1 354.2 亿元，同比增长 31.3%；实现净利润 151.2 亿元，同比增长 20.5%；全面摊薄净资产收益率为 19.66%，与 2012 年持平，为 1993 年以来的历史性高位。

在经营上，年底净负债率仅 30.7%，处于行业低位；有息负债中，短期负债占比较上年下降 7.2 个百分点；持有货币资金 443.6 亿元，高于一年内到期的借款 326.2 亿元。

万科同日公布了 2013 年年度分红派息预案，将提交股东大会审议。该预案显示，万科大幅提高了分红派息力度，现金分红占合并报表净利润的比例较上年提高约一倍，因每股收益增长，每股可实际分得的现金红利同比增长 127.78%。

2013 年，万科的整体税金支出达 258.1 亿元。

销售蝉联全球冠军

2013 年，万科以 1 709.4 亿元再次刷新中国及全球企业房地产业务年销售额历史记录，销售金额同比增长 21.0%。

2013 年，万科实现营业收入 1 54.2 亿元，净利润 151.2 亿元，同比分别增长 31.3%和 20.5%。截至 2013 年年底，万科合并报表范围内尚有 1 623.3 亿元已售资源未竣工结算。这一规模巨大的已售未结资源，也为万科未来的业绩体现奠定了良好基础。

相比 2012 年，万科的结算净利率下降了 1.07 个百分点，为 12.01%。谭华杰指出，利润率降低的背后，既有 2011 年下半年市场低谷时所销售的房屋进入结算期，以及装修房比例继续上升等短期因素，也有行业长期因素的影响。他表示，长远来看，随着房地产行业进入下半场，竞争日益激烈，地价占比越来越高，行业整体利润率下降预计还将持续一段时间。

事实上，自 2010 年之后，万科的结算利润率已经呈现出下降趋势，但通过提升经营效率，万科净资产收益率反而逐年上升，并在 2012 年达到 1993 年以来的最高位。2013 年，尽管利润率进一步降低，万科全面摊薄的净资产收益率依然达到 19.66%，与 2012 年历史高位持平。

分红派息力度大幅提高

万科年报中表示，未来将探索“小股操盘”的轻资产运营模式。

“小股操盘”是万科合作开发模式的进一步深化，即万科在合作项目中不控股，但项目仍然由万科团队操盘，使用万科品牌和产品体系，共享万科的信用资源和采购资源。

通过输出管理和品牌，轻资产模式有利于提升万科净资产收益率，意味着在同等的资产规模下可以支持更大的经营规模，获得更大的市场份额，意味着可以摆脱增长对股权融资的依赖，提高为股东创造回报的能力。

万科 2013 年年度分红派息预案已经大幅提高了分红派息力度。根据与年报同日披露的分红派息预案，2013 年万科拟以分红派息股权登记日股份数为基数，每 10 股派送人民币 4.1 元（含税）现金股息。

这意味着，2013 年万科现金股利占全年合并报表净利润的比例将由 2012 年的 15.79%大幅提升至 29.87%，增幅近一倍。相比 2012 年每 10 股派送人民币 1.8 元，2013 年万科每股红利将增长 127.78%。以 2013 年末万科的总股份数计算，万科 2013 年度拟分派的现金股利将达到 45.16 亿元。

万科年报表示，未来公司将在今年 29.87%的基础上，稳步提升派发现金红利占合并报表净利润的比例。

根据相关程序，上述分红派息预案将在提交股东大会审议通过后实施。

手持现金 443.6 亿元

2013 年万科开、竣工面积均有较大增长，其中开工面积 2 131 万平方米，同比增 48.7%；竣工面积 1 303 万平方米，同比增 33.1%。为满足业务发展需要，万科也相应补充了项目资源。

谭华杰表示，过去一年，全国土地市场冷热不均。为数众多的内地三四线城市土地成交平淡，而部分热点城市土地竞拍则日趋激烈，土地成交溢价率不断创出新高。在这样的背景下，万科在投资上也更加谨慎，公司根据“人口、基建、就业”的 PIE 模型对市场风险进行严格评估，理性选择投资区域；对于竞争过于激烈的地块，公司始终贯彻“宁可错过，绝不拿错”的原则，避免把投资决策建立在过于乐观的预期上。

报告显示，2013 年万科新增项目规划建筑面积约 2 148 万平方米。万科表示，其中没有一块“地王”。年末时万科权益内的待开工项目资源合计建筑面积 4 495 万平方米，保持在满足未来两到三年开发需要的水平上。

由于始终坚持积极销售、谨慎投资，截至 2013 年年底，万科财务、资金状况均表现良好。截至 2013 年年底，万科净负债率为 30.7%，在行业中处于低位，较 2013 年中期时的 41.5%下降约 10.8 个百分点。负债结构得到进一步优化，有息负债中，短期负债合计占比 42.5%，较 2012 年的 49.7%下降 7.2 个百分点。持有货币资金 443.6 亿元，较 2013 年中期时增加 67.6 亿元。

稳步推进国际化战略

2013 年是万科第三个十年发展阶段的收官之年，也是万科的国际化元年。

自 2013 年 1 月和新世界合作开发香港荃湾项目以来，万科接连落子海外。2013 年 2 月，万科携手铁狮门，开发美国旧金山 Lumina 项目；4 月，万科联合吉宝置业，开发新加坡林曦阁项目。在刚刚过去的今年 2 月，万科在海外的第四个项目，列克星敦大道 610 号项目也在纽约曼哈顿举行了动工典礼。

郁亮表示，参与海外业务最大的意义在于拓宽视野，使公司近距离了解到国外优秀同行的运营模式，为自身专业能力提升及业务模式创新提供了参照。谭华杰透露，万科拟推广的“小股操盘”轻资产运营模式，正是受到了美国合作伙伴铁狮门的启发。

除了参与海外项目开发，良好的资本市场信用评级，也使得万科成为广受境外资金欢迎的合作对象。

2013 年 3 月，万科完成了首次境外美元债券发行，金额为 8 亿美元的 5 年期债券，年票息率仅 2.625%。7 月，万科境外子公司再次设立规模为 20 亿美元的中期票据计划。中期票据计划最大的特点在于多币种、多期限、融资灵活快捷，这使得万科可以根据资金需求及市场情况，灵活决定实际的发行金额和时间。

3 月 3 日晚，万科公告称，B 转 H 方案已获得证监会批复核准。B 转 H 一旦完成，无疑将进一步提高万科在国际资本市场的知名度和影响力，为未来拓展境外资源开辟更为广阔的空间。

（资料来源：中国经济新闻网）

例文简析

房地产被视为当今社会经济发展的重要领域，它的发展状况直接影响着国计民生。万科房地产是中国房地产的龙头企业，具有重要的示范地位和深远的影响。这篇综合财经新闻对万科地产集团 2013 年经营及效益情况全面予以披露，显示了作者敏锐的新闻嗅觉和高水平的财经专业能力。

这篇新闻由标题、导语、主体、背景、结尾五个部分组成。

标题为单行标题，简洁明了。

这篇新闻采用倒金字塔式的结构形式。

导语部分紧承正题，采用叙述式，用一句话将正题的信息进一步明晰，进一步简明清晰地将新闻报道的核心内容全盘托出，揭示“2013 年年度报告”、“为 1993 年以来的历史性高位”的新闻热点。

主体部分对新闻事实进行具体报道。围绕导语揭示的核心内容，选择了几方面的典型材料展开叙述报道，包括销售蝉联全球冠军、分红派息力度大幅提高、手持现金 443.6 亿元、稳步推进国际化战略的总体思路，通过具体数字说明万科房地产事业的持续发展。

在“销售蝉联全球冠军”插入相关背景部分，穿插于主体中，对万科经营的历史、特点及现状做一简要说明，使读者对万科事业发展的过程性有了充分认识。

结尾部分“B 转 H 方案已获得证监会批复核准”，“无疑将进一步提高万科在国际资本市场的知名度和影响力，为未来拓展境外资源开辟更为广阔的空间”实际也进一步证明万科企业更好的国际化发展前景。

这篇新闻真实地报道了万科企业发展过程中正在发生和将要发生的事实，格式规范、结构完整、内容清晰。

关键概念

新闻　　财经新闻　　动态财经新闻　　综合财经新闻　　导语

课堂讨论题

1．怎样理解财经新闻具有综合性？

2．财经新闻背景材料的作用是什么？

3．完整的财经新闻标题是怎样构成的？什么时候运用这种标题合适？

4．财经新闻是由哪几部分组成的？具体写作财经新闻时要如何应用？

5．收集一篇有关财经的新闻报道，分小组进行分析，形成分析结论后，以小组为单位互相交流。

实训题

结合当前的经济热点问题，选择你熟悉的财经事件、财经现象、财经问题，写一则财经新闻。

4.5 财经述评

4.5.1 财经述评的概念

财经述评是在同一文章中既要报道财经新闻事实，又要对所报道的财经新闻事实进行分析评论，以夹叙夹议的方式来反映财经事件、传播财经信息的一种新闻类财经应用文。

可以说财经述评是介于财经新闻和财经评论之间，以事实为基础的评论，又是以评论为核心的新闻。

随着我国市场经济快速发展，人们对经济信息的需求日益旺盛，但是对于经济信息的专业分析不是什么人都能做得到的。财经述评帮助一般读者深入地探求财经事件的本质，发掘隐藏在事件背后的潜在的专业价值，满足读者这种对财经专业性的进一步探求的需求。在具体的财经报道中，作者可对财经领域里的新闻事实，包括事件、事物、人物、现象、思想等进行分析和评论，发表自己的意见和看法，为读者提供观点上的参考，同时引导读者和自己一起进行积极的深入思考，有利于读者根据财经述评做出自己的正确判断并做出有关决策。

4.5.2 财经述评的特点

1．材料真实性

财经述评首先要有对财经事实的客观陈述，这些财经事实必须是真实、准确的，才能保证建立在对这些材料分析基础上的观点正确。特别是对一些数据的介绍，要力求全面。

2．观点鲜明性

财经述评不停留于对财经事实或问题的陈述，而是要针对事实或问题做出分析，旗帜鲜明地发表自己的观点。“述评”的重点在于“评”，评就要有新意及个性，不能人云亦云。

3．说理深刻性

财经述评的写作往往从对具体材料的分析入手，逻辑地概括自己的论点，然后再通过对具体材料层层剖析，有效论述自己的观点，使得财经述评说理深刻，令人信服。

4．述评结合性

财经述评，首先是“述”，将财经新闻事实叙述清楚。在“述”的基础上 “评”，只有“评”好，才能揭示隐藏于现象下的本质，显示出财经述评文种的特有功能。

4.5.3　财经述评的分类

财经述评根据内容不同，可分为以下四种类型。

（1）财经形势述评。主要针对国内、国际财经形势、发展趋势财经新闻进行述评。

（2）财经事件述评。主要针对近期发生的重要财经事件的财经新闻进行述评。

（3）财经思想述评。主要对财经界有影响的、有指导性的思想和经济观点方面的财经新闻进行述评。

（4）财经工作述评。主要对财经领域的某一行业或某一部门的重点工作的财经新闻进行述评。

4.5.4　财经述评的写作格式

财经述评的写作格式与财经新闻相近，一般由标题、导语、主体、结尾四个部分组成。

1．标题

财经述评的标题要醒目。所谓“醒目”，即令人“眼前一亮”；还要简明，真正做到言简而意赅。

财经述评的标题一般有以下两种形式。

（1）单行标题。只有正题，是对财经述评中最主要的事实或意义的概括与说明。

（2）双行标题。有两种形式：① 由正题和副题组成，副题在正题下方，作为补充，进一步说明财经述评的重要意义。② 由引题和正题组成，引题作为前奏，用以交代形势、背景，以引出正题，揭示意义。

实例

1）**将国有商业银行股份制改革推向深入**　（正题）

——国有商业银行股份制改革述评　（副题）

2）煤炭行业结构调整　（引题）

产业转型在加快　（正题）

2．导语

财经述评的导语，也是财经述评的引论，一般用一段文字将最新发生的有影响的财经事件，或最重要财经问题的事实材料讲述出来，吸引读者的注意力。

导语是财经述评重要的组成部分，是述评分析问题、解决问题的重要基础。

财经述评导语的写法通常有以下几种形式。

（1）叙述式。将财经生活中最新鲜、最重要的新闻报道出来，要写得简明扼要，有足够的新闻性。然后，下文针对事实进行分析与评论。

实例

"两个相邻的城市，你建一个机场，我也建一个机场，结果机场落成之时，也就是亏损开始之时；我建条马路，修到边界，邻市却不接通，成了一条断头路；一个前景看好的产业，不管比较优势如何，全国各地纷纷上马，结果产能远远大于市场需求，企业亏损不说，还浪费大量资源……"

（资料来源：《重复建设何时休》.《经济日报》网络版，2005-11-03）

（2）结论式。将财经事件的发展结果写出来，以引起下面的议论，分析出现结果的原因。

实例

"中国普洱茶网讯：4月12日，为期3天的第六届勐海茶王节在西双版纳茶马古道景区闭幕。勐海县福元昌茶厂选送的两款茶品分获生茶、熟茶银奖。"

（资料来源：福元昌记勐海茶王节两款茶品夺得银奖. http://www.puercn.com/puerchanews/ppxw/58234.html）

（3）提问式。开头就提出财经问题，使用发人深省的提问来引出矛盾，引起读者的强烈关注和思考。

实例

"据悉，由于气候因素、物价上涨加上社会游资炒作，今年高端普洱茶价格上涨已成定局，涨幅高达30%。涨价对象主要瞄准普洱茶中的高端产品，尤其是古树茶。那么高端茶品的"直线式"涨价是否只是一个警号，还是会不断扩大化？许多投资客、收藏者、商家及茶客等都在猜测。这里，我们对普洱茶进行一个简单的分析。"

（资料来源：高端普洱茶价格现"水涨船高"涨幅高达30%.http://www.puercool.cn/ 2014/0307/10805.html）

（4）描述式。对财经新闻的主要事实或主要意义，做精彩而有特色的描述，让读者犹如置身其中，给读者留下深刻印象。

实例

"中国普洱茶网讯：一支由50余峰骆驼组成的'重走茶叶之路'驼队经过5 000余公里的长途跋涉，13日，来到了河北正定的北方茶城，举行了义卖普洱捐建希望小学活动。"

（资料来源："重走茶叶之路"驼队河北义卖普洱捐建希望小学. http://www.puercn.com/ puerchanews /hyxw/58211.html）

3．主体

财经述评的主体部分也可称为本论，主要针对导语（引论）引出的财经事实展开论述，逻辑地、专业地深入发掘、深化财经主题。

财经述评的主体不同于财经新闻的主体，不按事实重要的次序安排结构，也不讲究用现场描写或设计悬念来吸引读者，主要按照严格的逻辑推理，专业化地分析问题、解决问题，要求论点突出、论据有力、论证严密。

财经述评主体部分一般采用下面两种方式。

（1）先述后评。先叙述财经新闻，然后再对此去评论。

（2）边述边评。以报道的财经新闻为基础，边叙述边议论。“述”要把概括的叙述和具体事例结合起来；“评”要精专有力。

4．结尾

财经述评的结尾没有严格要求，视具体情况而定。有的述评，主体部分已将问题解决，无须再来一段结尾。有的述评，主体部分言犹未尽，结尾部分或做展望，或做强调，要尽量写得深刻有力，引人思考。

4.5.5 财经述评的写作要求

财经述评写作与财经新闻不同，要依“述”而发，因事立论。具体有以下要求。

1．要符合法律法规

财经述评的写作，要依据国家相关法律法规和国家有关财经政策，还要有相关的专业理论支持，要有政策高度和理论高度，才能引领读者正确认识问题本质。

2．针对典型事实述评

财经述评一定针对典型的财经事实进行深入分析，研究其典型意义，挖掘典型事件背后的规律性作用因素，从而帮助读者认识与把握财经领域的问题本质与发展规律。

3．要讲求述评时效

财经述评准确地叫“财经新闻述评”，述评的有效性某种意义上建立在前面财经新闻的时效性基础上。因此，做财经述评要选择新材料、新事实、新理论进行述评，才能更好地发挥财经述评的宣传功能、引领功能。

4．述评结合，述评并重

财经述评要做到述评结合，述评并重。“述”是“评”的基础，所以对新闻事实“述”得要清楚、明了；“评”是“述”的升华，通过“评”才能揭示现象背后的本质。所以述评结合、述评并重，是写作财经述评的要求。

4.5.6 例文分析

例文

金融时报述评：2013年中国经济增长了一个土耳其

2013年，中国国内生产总值（GDP）增长7.7%。媒体评论大多着重于论述这一数字与中国以往表现的差距。加上GDP增速同为7.7%的2012年，过去两年中国创下了1999年以来的最低增速。

不过，我们不妨换个角度来看。查一下国际货币基金组织（IMF）发布的各国GDP数字，你会发现，中国去年GDP增量略小于印度尼西亚经济总量，但大于土耳其经济总量。

以人民币计算，2013年中国GDP增长49 523亿元，达到568 845亿元。按1美元兑6.05

元人民币的现行汇率计算，中国 2013 年 GDP 增量折合为 8 185 亿美元，而据 IMF 估算，土耳其 2012 年 GDP 总量为 7 882 亿美元。2012 年土耳其 GDP 总量排在世界第 17 位，落后印度尼西亚一位，后者 2012 年 GDP 为 8 785 亿美元。

如果中国 2014 年经济增量与 2013 年相当——这大体上将与经济学家目前的预测一致——那么中国这两年的经济增量之和将大致等同于澳大利亚经济总量，其 2012 年 GDP 为 1.54 万亿美元，排名世界第十。

中国政府尚未公布 2014 年经济增长目标，但多数中国经济学家预测 2014 年增速会略微放缓。中国国务院发展研究中心（Development Research Centre of the State Council）研究员张立群预计的数字是 7.5%，而兴业银行（Industrial Bank）的卢正伟和中信证券（CITIC Securities）的诸建芳的预计为 7.6%。

与这个成为头条的数字相比，更重要的是，中国在推动经济再平衡、减轻对投资的过度依赖的同时，能否保持——用里昂证券（CLSA）中国宏观策略师罗福万（Andy Rothman）的话说——“全球最佳消费题材”。

无疑，这种再平衡已经在进行中了。去年，中国第三产业（包括零售、房地产和其他服务业）不管是增速还是绝对规模都首次超过第二产业（包括工业和建筑业）。第三产业的增长率为 8.3%，占 GDP 比重达到 46.1%。相比之下，第二产业的增长率为 7.8%，占 GDP 比重达 44%。

固定资产投资——这是中国对国际大宗商品定价需求的根源——表现则略逊一筹，增长率从 2011 年的 23.8%和 2012 年的 20.6%降至 2013 年的 19.6%。固定资产投资增速放缓的主要原因在于制造业投资：由于各类成本上升侵蚀了中国制造业的竞争力，制造业投资的增长率从 2012 年的 22%降至 2013 年的 18.5%。去年基础设施领域的固定资产投资增长 19.5%，高于 2012 年的 15%；住宅投资增长 19.4%，高于 2012 年的 11.4%。

对于把宝押在中国消费者身上的企业来说，值得担心的是，2013 年城镇居民可支配收入增长 7%，低于 2012 年的 9.6%，而这恐怕不只是短暂的下滑。与此相反，有清晰迹象表明，低收入群体的消费能力有所增强。

2013 年农村居民纯收入增长 9.3%，约 2.2 亿名农民工成了中国蓝领劳动力结构性短缺的最大受益者。农民工月均收入水平 2 609 元，比上年增长 14%，而 2012 年的增幅为 12%。

（资料来源：环球网评论）

例文简析

这是一篇财经事件述评。

近两年，由于全球经济持续走低，中国受国际经济发展形势影响，增速下降，产生很大影响。本文正是抓住这一焦点问题进行述评。

标题醒目引人，直指述评主旨。

导语部分（第 1 段）：简要指出“过去两年中国创下了 1999 年以来的最低增速”，媒体评论大多着重于与中国以往表现的差距。

主体部分（第 2~8 段）：首先在世界一部分人唱衰中国经济发展的时候，以土耳其和澳大利亚经济总量数据做比较，客观分析中国经济增长总量依然很大，依然处于发展进程中。

其次以叙议结合的方式介绍了中国推动经济再平衡、拉动消费增长的战略。通过对中国第三产业增长率的提高和固定资产投资比例的下降，叙议结合地证明中国的新经济战略已取得成效。

结尾部分（第 9、10 段）：通过居民收入水平的增长下降阐述消费与收入的结构变化问题。

这篇述评对中国经济发展的宏观情况、一些重点领域问题进行了分析与研究，提出了有战略价值的意见。

关键概念

财经述评　　财经形势述评　　财经事件述评　　财经思想述评
财经工作述评

课堂讨论题

1. 什么情况下适合使用财经述评这种文体写作?
2. 财经述评这种文体有什么特点?
3. 如何才能写好财经述评的主体?
4. 财经述评的写作要符合哪些要求?

实训题

请收集近期热点经济新闻，仔细研读，写一篇财经述评。标题自拟。运用材料时，不能照抄。不少于 800 字。

第 5 章　财经业务应用写作

本章学习目标

- 掌握市场调查报告，经济活动分析报告，可行性研究报告，广告策划书，预算、决算报告的概念、特点、写作格式、写作要求。
- 能够熟练撰写市场调查报告，经济活动分析报告，可行性研究报告，广告策划书，预算、决算报告。

5.1　财经业务应用文概述

5.1.1　财经业务应用文的概念

财经业务应用文是各级各类组织和个人管理财经事务时撰写的，用来沟通信息、总结经验、探索问题、指导工作的业务性应用文。

财经业务应用文在财经管理工作实践中应用范围广、种类多、使用频率高，市场调查报告、经济活动分析报告、可行性研究报告等，都属于这个范畴。它的制作不像公务文书有严格的法定格式要求，行文也相对灵活，所以是财经业务工作实践中必不可少的管理工具。

5.1.2　财经业务应用文的特点

财经业务应用文是各级各类组织或个人在管理财经事务时使用的应用文，这类应用文一般具有以下特点。

1．内容的专业性

财经业务应用文应用于管理和处理财经事务这样的专业领域，这就意味着使用这一类应用文为了解决财经专业问题，解决专业问题必然应用专业知识。要正确使用、有效使用财经业务应用文这一管理工具，必须以掌握财经专业知识为基础，这是正确有效使用这一管理工具的前提条件。

2．格式的规范性

财经业务应用文的文种，在长期的使用与发展中，也大都形成了比较固定的惯用格式。在写作中遵循这些格式的规范要求，才能正常发挥财经业务应用文的有效管理作用。

3．重视用数据说话

各类财经业务应用文都是为解决财经业务实际问题、处理财经实际事务而撰写的，因为财经工作的特殊对象和特殊领域，在研究、分析、解决实际问题时都围绕数据进行，重视使用数据，重视用数据说话来实现决策、管理、分析和沟通信息，因此数据是财经业务应用文中观点确立、材料运用的重点。数据的运用也体现了财经业务应用文的实效性。

4．使用的时效性

财经业务应用文也非常讲究时效性。市场经济瞬息万变，竞争无处无时无刻不在进行，把握商业机遇是财经业务工作成功的重要前提和有效途径。为管理财经业务而使用财经业务应用文，只有在特定时间内使用才具有实际效力，时机一旦过去，就失去意义。

5.1.3　财经业务应用文的分类

财经业务应用文常见的有以下几类。

1．市场调查类

市场调查类应用文是组织或个人为实现财经业务管理目标，对一定时限内、一定项目或市场深入调查后撰写的用于提供决策依据的财经业务应用文。这类应用文包括市场调查报告等。

2．经济分析类

经济分析类应用文是组织或个人为实现财经业务管理目标，对一定时限内、一定项目或市场深入调查后进行经济视角的专业分析而撰写的财经业务应用文。这类应用文包括经济活动分析报告、可行性研究报告等。

3．财务报告类

财务报告类应用文是组织或个人为实现财经业务管理目标，对组织财务状况或项目财务做专门化研究所撰写的财经业务应用文。这类应用文包括预算、决算报告及广告策划书等。

5.2　市场调查报告

5.2.1　市场调查报告的概念

市场调查报告是经济组织为实现一定的经济活动目标，派出市场调查人员调查市场现状、分析预测未来走势、提出调查结论和建议的财经管理类应用文。市场调查报告是市场调查研究成果的集中体现，将直接影响经济组织的决策。

市场调查报告是经济调查报告的一个重要种类，它是以科学的方法对市场的供求关系、购销状况及消费情况等进行深入、细致的调查研究后所写成的书面报告。其作用在于帮助企业了解掌握市场的现状和趋势，增强企业在市场经济大潮中的应变能力和竞争能力，从而有效地促进经营管理水平的提高。

5.2.2　市场调查报告的特点

与普通调查报告相比，市场调查报告无论从材料的形成还是结构布局方面都存在明显的共性特征，但它比普通调查报告在内容上更为集中，也更具专门性。其特点如下。

1．真实性

市场调查报告必须从实际出发，通过对真实材料的客观分析，才能得出正确的结论。市场调查报告在占有大量真实市场资料的基础上，用叙述性的语言实事求是地反映市场需求。真实性是市场调查报告能发挥管理作用的前提和基础。

2. 针对性

市场调查报告要有比较明确的调查方向和服务目标，相关的调查研究都是针对和围绕某个市场或市场发展的专题性问题展开进行的。市场调查报告是服务于经济组织决策的管理应用文，必须围绕决策目标调查研究。

3. 逻辑性

市场调查报告对准确无误的数据和市场趋势进行调查，建立起市场现象与经济活动内在规律的逻辑联系，找出反映市场变化的内在规律。市场调查报告的研究和研究结论还要符合逻辑，准确可靠。

4. 时效性

市场调查报告要及时、准确地反映、回答现实经济生活中出现的新情况、新问题，突出“快”、“新”二字。

5.2.3 市场调查报告的分类

市场调查报告可分为综合市场调查报告、专题市场调查报告和典型市场调查报告三种形式。

1. 综合市场调查报告

综合市场调查报告是围绕产品市场营销的诸多侧面进行调查的市场调查报告，它能够全面系统地收集、整理和分析有关商品流通、销售及服务等方面的信息，涉及面较广，花费时间较长，得出的结论相对比较全面。

2. 专题市场调查报告

专题市场调查报告是围绕一个专门问题或情况进行专项调查的市场调查报告，其调查涉及面相对于综合市场调查报告来说要窄一些，重在研究某一类具体问题，具有较强的针对性，能使调查深入细致，研究透彻深刻。

3. 典型市场调查报告

典型市场调查报告多用于营销活动的起步阶段，它主要是针对典型对象进行研究，在小范围内进行试验，从中找出带有普遍性或趋势性的问题，总结成功的经验，发现不完善之处，把营销活动的局面逐步打开。

5.2.4 市场调查报告的写作格式

市场调查报告一般包括标题、前言、正文、结尾四个部分。

1. 标题

标题即报告的题目。市场调查报告的标题，应根据市场调查报告的目的、内容、范围等项目来拟定。第一种是直接在标题中写明调查的内容和范围，如《关于哈尔滨市家电市场的调查报告》；第二种是标题直接揭示调查结论，如《为什么大学毕业生择业倾向沿海和京津地区》；第三种是标题除正题之外，再加副题，如《消费者眼中的〈海峡都市报〉——〈海峡都市报〉读者群研究报告》。标题的拟定，要揭示市场调查报告的信息内容，做到用词准确、醒目简练。作为公文，最好使用第一种和第三种标题格式。

2．前言

前言又称引言、导语或开头，它是对市场调查的简单说明。前言是否得体，对整个市场调查报告起着重要的作用。前言部分要用简明扼要的文字写出调查报告撰写的依据，报告的研究目的或主旨，调查的范围、时间、地点及所采用的调查方式、方法等。除此之外，有的调查报告为了使读者迅速、明确地了解调查报告的全貌，还会在前言里极简要地列出一个报告的内容摘要。

3．正文

正文是市场调查报告的核心部分，反映市场调查的基本情况，表明调查者的观点和建议，其结构要根据调查的目的、内容、范围及事情的繁简来决定。它主要包括以下三部分内容。

（1）情况部分。该部分是对调查结果的描述与解释说明，可以用文字、图表、数字加以说明。对情况的介绍要详尽而准确，为结论和对策提供依据。

（2）结论或预测部分。该部分通过对资料的分析研究，得出针对调查目的的结论，或者预测市场未来的发展、变化趋势。为了条理清楚，该部分往往分为若干条叙述，或列出小标题。

（3）建议和决策部分。经过对调查资料的分析研究，发现了市场的问题和预测市场未来的变化趋势后，应为准备采取的市场对策提出建议或看法。

4．结尾

市场调查报告一般都要用简要说明来结束全文。没有在正文中提到的，但对市场调查报告有一定影响的重要情况、典型事例或统计数据及附件等，都可在结尾中一并交代。结尾的写法比较多，可以总结全文的主要观点，进一步深化主题；可以提出问题，引发人们的进一步思考；还可以展望前景，发出鼓舞和号召。结尾之后需要签注上作者的单位、姓名及写作时间。

5.2.5　市场调查报告的写作要求

1．要反映真实情况

调查报告的有效性建立在客观实际的基础上，引用的材料、数据必须是真实可靠的，绝不能弄虚作假，或迎合上级的意图，挑他们喜欢的材料撰写。要用事实来说话，要重视使用数据反映市场变化的状态和趋势，内容要具体准确、真实可靠。

2．要服务调查目标

撰写市场调查报告是为了解决某一问题，或者为了说明某一问题，有明确的意图和目标。必须围绕调查意图和目标，选取最能说明问题的典型事例和相关度高的数据，既要注意一般情况，更要突出调查目标问题。

3．要做到调查资料和观点相统一

市场调查报告以资料为依据，观点、结论都有大量的调查资料为根据。撰写过程中，要善于用资料说明观点，用观点概括资料，二者相互统一。切忌调查资料与观点不统一。

4．要讲求实效

市场调查报告具有很强的实效性。适时的市场调查报告可以带来良好的经济效益，反之则一文不值。

5．语言要简明准确

调查报告是支持决策者正确决策的依据，决策讲究质量和效率，不允许冗长、乏味、呆板的语言，要体现专业水平。因此，撰写调查报告语言要力求简单、准确、通俗，还要有必需的专业性。

市场调查报告写作的一般程序是：确定标题，拟定写作提纲，进行市场调查，选择调查资料，撰写调查报告初稿，最后修改定稿。

5.2.6 例文分析

例 文

我国空调市场调查报告

第二季度调查的时间为5～7月，共收到问卷11 350份，调查网络基本覆盖全国，包括各地报纸、网络、电话回馈问卷和大型卖场随机问卷四大类，其中有效问卷9 260份，共计17 460台空调接受了调查。

一、服务投诉数量激增

……（略）

二、质量问题层出不穷

……（略）

三、虚假宣传屡禁不止

……（略）

四、购买因素发生转变

……（略）

五、十佳建议凸显未来消费需求

……（略）

例文简析

本文是一份专题市场调查报告。

写作格式，由标题、前言、正文、结尾四部分组成。

在标题中直接写明了调查的内容和调查范围。

关键概念

市场调查报告　综合市场调查报告　专题市场调查报告　典型市场调查报告

课堂讨论题

1．怎样理解市场调查报告的真实性？

2．市场调查报告如何分类？

3．市场调查报告的写作结构包括哪些？

实训题

分小组调查大型商场营业人员的着装颜色，每个小组至少调查三个商场，以小组为单位写出调查报告，依据美学、色彩心理学、营销学理论分析调查结果，得出结论，并提出针对性改进建议。字数 3 000 字以上。

5.3　经济活动分析报告

5.3.1　经济活动分析报告的概念

经济活动分析报告是经济及经济相关组织对某一经济组织或经济领域的经济活动进行调查、分析研究调查结果并预测发展趋势的一种财经业务应用文。

经济活动分析报告是在经济发展理论与经济政策法规的指导下，根据发展的规划指标、会计核算的相关数据、财务统计报表和调查研究所取得的情况与材料，对某一部门或单位一定时期内的经济活动状况进行分析研究，探讨原因，寻求改进方法而写成的书面报告。

经济活动分析报告的目的在于通过经济发展数据现象，研究经济发展过程，分析经济发展的内在规律，分析有利与不利的发展因素，推动经济持续健康发展，帮助决策机构做出正确管理决策。

市场经济中，竞争日益激烈，商机稍纵即逝，要求经济发展决策要高效率、高质量，这种决策要求必须重视、做好经济活动分析报告。

5.3.2　经济活动分析报告的特点

经济活动分析报告是以数据为基本依据，以对经济活动进行整体性、系统性、全局性分析研究为主要内容的书面报告，关键内容在于分析，即对过去、现在的经济情况加以分析研究。其特点如下。

1. 分析性

经济活动分析报告与市场信息、市场调查、经济预测报告一样，都需要占有大量反映经济发展的关键数据，数据资料和调查所取的各种材料，是写好经济活动分析报告的基础。但经济活动分析报告绝不是数据的堆砌，数据资料只是经济分析的对象和依据，经济活动分析报告必须运用科学的方法和观点对这些数据资料进行专业性的分析，从本质上揭示经济发展的规律，反映经济活动中的成绩和问题，预见发展趋势，有效服务经济决策。

2. 时效性

对经济活动进行分析是经济及经济相关组织的一项重要工作。除了月末、季度末、半年、年终的定期分析报告外，现代经济管理更注重作为经济活动“晴雨表”的不定期的及时分析、专题分析。因为经济活动发展变化迅速，有极强的专业性，经济活动分析报告有助于决策层及时了解经济活动的各种变化，不失时机地采取相应的对策。经济活动分析报告提供情况、信息、预测的早晚，对企业的生存发展有重要的作用。

3．对策性

经济活动分析报告对过去和当前经济活动现象进行梳理，上升为理论化结论，对成绩、问题、经验、教训做出系统分析，具有归纳总结特点。但是总结不是目的，目的是解决发展中的问题，找到解决问题的最有效办法，这就是对策建议。只有提出这些有效的对策建议或意见，才能改善管理、挖掘潜力、提高经济效益。

5.3.3　经济活动分析报告的分类

按照分析的功能、使用目的和分析对象范围的不同，经济活动分析报告可分为以下三种。

1．全面经济活动分析报告

全面经济活动分析报告简称全面分析报告，又称系统分析报告、综合分析报告，是把某一部门或某一单位一定时期一定范围内的经济活动作为一个研究整体，根据各项主要经济指标进行综合研究、全面分析，在此基础上做出的全面分析报告。全面分析报告一般侧重于整体分析经济活动过程，探讨影响整体经济活动的关键性、普遍性、趋势性的问题，从中考核经济活动的内部条件与外部环境，分析现实效益与可挖掘潜在效益。全面分析报告的作用在于通过系统、综合、全面的考察，全面地显示出经济活动中的基本规律，以便找到改进经济管理过程、提高经济效益的有效途径，帮助经济组织正确决策。

2．专题经济活动分析报告

专题经济活动分析报告简称专题分析报告，又称单项分析报告、专项分析报告，是对经济活动中某个专项问题进行专门研究分析后形成的专题研究报告。这种分析报告一般有两种情况：一种是结合当前的中心工作，对某些重大经济措施，或工作中的薄弱环节，或工作中的关键性问题，或业务上的某些重大变化等，进行独立的专题性分析。另一种是企业内部各职能部门对其自身的某一经济活动进行的专题分析，也有的是对经济组织的部门进行的专门分析，如销售分析、生产分析、资源利用分析、利润分析、成本分析、资金分析等。相对于整个企业的全面分析，这也是一种专题分析。这种报告可以是定期的，也可以是不定期的。

专题分析报告内容专一、一事一议、针对性强、重点突出、分析透彻、说服力强。专题分析报告的内容涉及的范围虽然小，但应用的范围却很广。对经济活动中各种具体问题的考察、分析，都少不了专题分析报告。它对全面分析报告同样很重要，常常成为全面分析报告的基础和材料来源。

3．简要经济活动分析报告

简要经济活动分析报告简称简要分析报告，多用于基层经济组织，通常围绕具体的财务指标或数据、计划指标或数据，或围绕核心的、高影响度的重点问题进行分析，以预测经济活动趋势和未来变化。这种分析报告通常结合年度、季度、月度报表进行，作为常规性的工作，它与全面分析报告统称为定期分析报告。

上述三种类别，在内容繁简、写作重点、篇幅长短、写作时间上均有所不同，但相互之间又有着密切的联系，应根据工作需要和领导要求灵活使用。

5.3.4　经济活动分析报告的写作格式

经济活动分析报告的结构大体上包括标题、前言、主体、结尾、落款及日期五部分。

1．标题

经济活动分析报告的标题主要有以下两种形式。

（1）公文式标题。公文式标题主要用于全面分析报告和简要分析报告中，一般由单位名称、事由和文种三部分组成。事由一般又由分析时限和分析的具体内容（成本、利润、财务、库存等）组成，如《××市工商银行关于××公司贷款使用情况的分析》。有一些公文式标题也可省略其中的一两项。

（2）文章式标题。文章式标题常用于专题分析报告中，往往是一个观点鲜明的判断句，用以表明分析报告的建议或倾向性意见，如《结算资金大量增加的问题必须尽快解决》。

2．前言

前言一般交代所要分析对象的基本情况，揭示分析的意图。交代分析对象的基本情况时，可概括叙述分析时限内经济活动的社会背景和客观条件，也可概括叙述一定客观条件下企业经济活动所做的主要工作、采取的主要措施或存在的主要问题，或列举所要分析的主要经济指标的完成数字，或两项、三项兼而有之。

前言的撰写既要全面概括，又要重点突出，特别应对主要成绩或主要问题做突出交代，以引起人们的注意，也便于决策机构发现问题。前言的表述可用叙述式或列表式，或两者兼用。

3．主体

主体是分析报告的核心，是针对前言中提出的问题或经济指标完成情况运用资料和数据所做的具体分析。如果把前言内容看作交代“是什么”的问题，那么主体内容要解决的则是“为什么”的问题。解决“为什么”的过程，实质就是查找产生问题的原因的过程，原因查明，才能制定相应措施，解决问题。

这是经济活动分析报告的核心部分，要运用辩证唯物主义观点和“对比分析法”、“因素分析法”、“动态分析法”等分析方法，解剖各个指标的构成因素。既要分析成绩取得的原因，总结经验，又要揭露矛盾，分析问题产生的症结；既要检查计划的执行情况，又要分析企业内部的潜在能力；既要重视客观因素的分析，也要重视主观因素的分析；既要抓住主要矛盾，也要抓住具有发展趋势的次要矛盾，防止一种倾向掩盖另一种倾向。

4．结尾

结尾应根据分析中所发现的问题，有针对性地提出能够改善经营管理、提高经济效益的意见、建议或措施。这部分内容要实际，意见要中肯，建议和措施要切实可行。

5．落款及日期

在正文的右下方应写明报告单位的名称作为落款。落款下面注明撰文日期，要写明年、月、日，以备查考。如果标题中注明了单位名称，或在标题下的居中处写出了单位名称，也可不署落款，只写明撰文日期。

5.3.5 经济活动分析报告的写作要求

经济活动分析报告的核心是“分析”，一篇经济活动分析报告是否成功，关键在于分析的有效性和质量。因此，对经济活动分析报告的写作要求主要体现在对“分析”的要求上。

1. 分析要有针对性

针对性是确保经济活动分析信息价值的前提条件。必须明确针对一个分析对象，确定要分析什么，怎样进行分析，然后紧紧围绕分析主题，有的放矢地从错综复杂的经济现象中抓住主要问题进行分析，不能偏离分析主题，否则就失去了写作意义。

2. 分析要有时效性

时效性确保经济活动分析报告具有使用价值。经济活动分析是经济管理实施过程中的一个重要环节，目的是实时总结经验、发现问题、改进工作，实效性是实现经济活动分析报告使用价值的前提条件。在一个管理阶段结束或某一个分析管理对象活动结束后，就应及时进行分析，以便对下一个管理周期或具体管理对象进行及时、有效的改进和控制。否则，这些管理信息就成为信息垃圾。

3. 分析要有准确性

准确性是确保经济活动分析使用价值的决定性因素。经济活动分析不是做官样文章，不是管理过程中的形式要求，而是管理经济活动过程的重要手段和有效工具。分析时要运用相关的理论和科学工具，从经济活动发展变化中分析问题，通过经济活动现象发现问题背后的原因，系统、准确、全面、深刻地认识经济活动过程，使直观经验上升到有效改进措施，实现经济活动分析的目标。

4. 分析要有逻辑性

逻辑性是确保经济活动分析准确有效的重要方法。经济活动分析是一种从现象到本质的认识过程，即概念、判断、推理的逻辑思维过程，逻辑性是这一过程的本质特点。在掌握大量数据和变化情况的基础上，坚持实事求是的原则，应用判断、推理的逻辑方法，进行严密的逻辑分析，才能根据经济发展的普遍规律和特殊对象的具体条件，正确反映经济现象的变化规律。

5.3.6 例文分析

例 文

××电力集团公司上半年经济活动分析报告

同志们：

现在，我向大会报告集团公司上半年经济活动情况。

一、真抓实干，实现“时间过半、任务过半”的目标

在集团公司党组的正确领导下，全公司克服困难，真抓实干，经济运行呈现以下特征。

（一）电力生产和基建安全形势总体良好

……（略）

（二）发电量和售电量保持稳步增长

……（略）

（三）供电煤耗和综合厂用电率均有下降，节能降耗工作取得成效

……（略）

（四）销售收入增长幅度高于电量增长

……（略）

（五）固定成本得到有效控制

……（略）

（六）保持了利润的基本稳定

……（略）

二、机遇挑战并存，准确分析当前存在的问题

经营形势严峻，机遇与挑战并存，内部管理仍有薄弱环节，完成全年任务还很艰巨，要把握主要矛盾，趋利避害，巩固和发展上半年良好势头。当前还存在以下一些问题。

（一）外部市场环境存在诸多不利因素

……（略）

（二）企业管理仍存在薄弱环节

……（略）

（三）核心竞争力有待加快培育和壮大

……（略）

三、改革创新推动重点工作开展，确保全年任务完成

振奋精神，迎难而上，完善措施，狠抓落实，继续坚持以增收节支、业绩评估、改革创新推动重点工作开展，确保全年任务完成。

1. 加强安全生产管理，保证发电设备安全、稳定、经济运行。
2. 进一步加强经营管理，巩固和扩大经营成果。
3. 加快前期工作，确保开工投产，尽快形成生产能力。
4. 推进资产重组和资本运作，扩张经济规模和提高盈利能力。
5. 落实改革的各项配套措施，促进深化内部改革。
6. 加大监督力度，促进企业依法经营和健康发展。

同志们，今年是集团公司深化改革、加快发展的重要一年。全年各项任务目标不变。让我们在集团公司党组的正确领导下，求真务实，艰苦奋斗，全面完成全年各项工作任务，为国民经济发展和社会进步做出不懈努力！

2013 年 7 月 10 日

例文简析

这是一篇作为讲话稿的全面经济活动分析报告，充分体现了经济活动分析报告的时效性（半年）、分析性（运用大量数据说明情况）及对策性（报告第三部分提出的建议），合理地分析了半年来电力公司的经济活动情况，并提出了有针对性的建议，是一份成功的经济活动分

析报告。

关键概念

经济活动分析报告　全面分析报告　专题分析报告　简要分析报告

课堂讨论题

1．怎样理解经济活动分析报告的时效性？

2．经济活动分析报告如何分类？

实训题

做一次家庭收入支出的调查，以1个月经济活动为范围，模仿例文，写一份经济活动分析报告，题目自拟。

5.4 可行性研究报告

5.4.1 可行性研究报告的概念

可行性研究报告是指从事一项经济活动（投资）之前，投资方要从经济活动的政策、经济、技术及社会环境等各种因素进行具体调查、研究、分析，确定有利因素、项目可行程度，预测成功概率、经济效益和社会效果程度，为决策者提供依据的经济管理专业应用文。

可行性研究报告的内容是经济项目呈现的经济活动的基础和条件及其对预定目标的支持度，功能是为项目决策提供可靠依据和针对性建议。

可行性研究的方法通常融合工程、技术、经济、管理、财务和法律等专业知识和分析方法，加以综合运用，不会只使用某一种单一方法。主要数据资料通过查询往年资料、发放问卷、集体商讨、数据共享、比较研究、专业人士把关等渠道获得。

5.4.2 可行性研究报告的特点

1．预测性

可行性研究报告是在项目方案实施之前形成的，它采取分析、论证的手段对即将实施的项目进行预测，通过对已发生相关项目的回顾、目前项目的研究及对未来项目的探究，为决策方案的确定提供依据。

2．科学性

可行性研究报告是项目方案决策的重要依据，它是在可行性研究基础之上形成的，因此，报告的内容必须是客观的、科学的，报告的结论是经过科学分析而得出的，是可靠的。

3．综合性

可行性研究本身就涉及多学科、多行业、多层次、多领域，无论是哪个方面的可行性研究报告，都必须在广泛调查研究和充分占有说明资料的基础上，对研究对象进行综合分析和论证，这充分体现了可行性研究报告的综合性。

4．最佳性

在可行性研究报告形成过程中，需经过大量的调研、论证分析等重要过程和环节，甚至要有几套方案和措施产生，在反复比较和精确计算、严密分析推断中，最后选择出最佳方案，成为项目的最佳实施方案。可行性研究报告的最佳性反映了报告本身的准确性和可行性。

5.4.3　可行性研究报告的分类

根据经济项目类别和经济项目内容，可行性研究报告的种类可以划分如下。

1．用于企业融资、对外合作项目的可行性研究报告

此类研究报告通常要求市场分析准确、投资方案合理，并提供竞争分析、营销计划、管理方案、技术研发等实际运作方案。

2．用于需批准立项经济项目的可行性研究报告

此类研究报告是一些重要项目立项的基础性文件，一般报上级主管部门审批，如政府的发改委等部门，上级主管部门可根据可行性研究报告进行核准、备案或批复，决定项目是否实施。另外，如医药企业在申请相关证书时也需要编写可行性研究报告。

3．用于银行项目贷款的可行性研究报告

商业银行在放贷前必须进行风险评估，需要项目贷款方出具详细的可行性研究报告。对于国家开发银行等国内银行，该报告由甲级资格单位出具，通常不需要再组织专家评审；部分银行的贷款可行性研究报告不需要资格，但要求融资方案合理、分析正确、信息全面。在申请国家相关政策支持资金、工商注册时往往也需要编写可行性研究报告，此类相当于银行贷款的可行性研究报告。

4．用于申请进口设备免税项目的可行性研究报告

主要用于进口设备免税用的可行性研究报告，申请办理外资企业或合资企业、内资企业项目确认书的项目要提供项目可行性研究报告。

5．用于境外投资项目核准的可行性研究报告

中国企业对国外矿产资源和其他产业投资时，需要编写可行性研究报告报给国家发改委或省发改委，需要申请中国进出口银行境外投资重点项目信贷支持时，也需要可行性研究报告。

有一些项目可行性研究报告的编写单位需要具有工程咨询资格。

5.4.4　可行性研究报告的写作格式

可行性研究报告一般由标题、正文、结尾和附件四部分组成。

1．标题

通常情况下，从可行性研究报告的标题上可看出报告的主题及内容，因此，确定文章的标题十分重要。可行性研究报告的标题应包括三部分，即报告涉及的项目实施单位、项目名称和文种。项目实施单位有时也可以省略；项目名称直接反映报告所指的主要内容；文种规定了报告的性质。例如，《光达集团公司关于变电输出流水生产线开发的可行性研究报告》，其中“光达集团公司”为项目实施单位，“变电输出流水生产线开发”为项目名称，“可行性研究报告”为文种。

除此之外，为突出项目名称，标题可省略项目单位，即标题只包括项目名称和文种，如《实施调整居民用电价格的可行性研究报告》。

还有一种将报告的结论作为标题，将文种作为副标题处理，如《动迁 17 个村屯开发沈阳棋盘山风景区旅游业——关于扩建棋盘山风景区的可行性研究报告》。

2．正文

可行性研究报告的正文是报告的核心部分，是主体、结论和建议赖以产生的基础。正文一般包括以下三个内容。

（1）简要概述。简要概述可行性研究报告涉及项目提出的背景、理由、主要理论依据和实践项目所包括的主要工程。

（2）工程实施方案的设想和论证。工程方案的可行性应在调研基础上确立实施方案，从项目的市场需求、物资准备、工艺技术、组织管理、所需资金等多方面论证其可行性。在写作中依据项目需求，各方面要有所侧重，要以全面系统的分析为主要方法，以经济效益为核心，围绕影响项目的各种因素，运用大量的数据资料论证拟建项目是否可行。

（3）结论。经过对项目的设想及论证，得出论证结果，即明确的可行性意见。在写作中本部分可将作者的建议及其他设想一并完成。

3．结尾

可行性研究报告的结尾主要对本报告拟定的单位和作者进行交代，同时标明写作时间。附件的名称一般也在结尾部分说明。

4．附件

为使可行性研究报告更具有说服力和可操作性，一般在上报可行性研究报告的同时，需递交部分相关资料作为附件。例如，附件：《关于×××的调查情况》、《几组数据的说明》等。

5.4.5 可行性研究报告的写作要求

1．报告内容要真实、准确

可行性研究报告中依据的数据与事实必须是真实准确的，否则会导致错误决策。真实、准确是指使用的数据准确有效、符合实际，分析结论明确清晰，不能模棱两可。内容要真实、准确是可行性研究报告发挥作用的重要基础，也是基本前提。如果起码的基础不存在，做出的可行性研究报告毫无意义，甚至导致严重后果。

2．报告要全面、系统地分析

可行性研究报告要在对原始资料掌握准确无误的基础上，运用科学方法进行全面、系统的研究和分析。使用的材料必须全面，必须全面反映经济活动的目标与工程。分析要系统，要从全方位考察研究，全面分析确定因素与不确定因素，归纳整理后得出明确结论。

3．报告要结构完整、逻辑严密

可行性研究报告要在对相关经济活动过程数据和情况的完整了解和掌握的基础上进行，不仅了解可能结果，而且预见整个可能过程，将过去、现在和可能出现的未来情况连续地、整体性地分析，构成一个完整的结构。同时，分析要符合严密的逻辑推理，过程和结果都符合逻辑，整个可行性研究报告才能发挥有效管理作用。

5.4.6　例文分析

例文

××麦芽有限公司扩建立仓可行性研究报告

××麦芽有限公司从 1998 年投产以来，业务蒸蒸日上，销售量稳步上升，但由于增加产量和提高质量的迫切要求，原有立仓的储量已不适应这一发展的需求，急需进行扩建。

一、外部原因

……（略）

二、内部原因

……（略）

三、扩建立仓的个数

……（略）

四、扩建立仓的投资建设条件

……（略）

五、立仓扩建费用

……（略）

六、效益分析

（一）主要财务数据预测

……（略）

（二）企业财务评估

……（略）

七、风险分析

……（略）

八、注意问题和建议

……（略）

通过以上的研究分析可看出，本项目在原有立仓的基础上进行扩建，技术上不成问题，建设条件有利，财务效益可观，扩建立仓后满足年产量××万吨麦芽的满负荷生产能力，满足生产出来的麦芽的品种搭配，保证麦芽后熟期的存储，稳定并提高麦芽的质量，提高××麦芽有限公司在麦芽市场的信誉，因此可以认为扩建立仓这一建设项目是可行的。

附件：

1. 动态分析判断表（略）
2. 盈亏平衡分析表（略）
3. 其他因素影响表（略）

××××年××月××日

例文简析

本文是一份可行性研究报告。

全文由标题、正文、结尾、附件四部分组成。标题包括三部分，即报告涉及的项目实施单位、项目名称和文体。正文，简要概述可行性研究报告涉及项目提出的背景、理由、主要理论依据和实践项目所包括的主要工程。从内部原因、外部原因入手，通过效益、风险分析来陈述事实、做出专业分析。结尾提出风险较大但基本可行，并提出建议。附件为分析中使用的分析表格，证明分析的专业性与可信性。文章结构严谨。

关键概念

可行性研究报告

课堂讨论题

1．怎样理解可行性研究报告的预测性、科学性、综合性、最佳性？

2．可行性研究报告的写作要求有哪些？

3．可行性研究报告的写作格式包括哪些？

实训题

请结合专业学习，策划一个与专业有关的创业项目，分小组制定创业方案后，模仿例文起草一份创业项目可行性研究报告，题目自拟。要求符合可行性研究报告的规范要求。

5.5 广告策划书

5.5.1 广告策划书的概念

广告策划就是对广告项目的整体战略与策略的运筹规划，是对于提出广告决策、实施广告决策、检验广告决策全过程做出预先的规划与设计。广告策划是广告业务工作过程的第一个环节——计划环节。

广告策划书是广告公司或独立策划人对广告主委托的广告标的进行广告创意，并以文字、图形、图片等书面形式或以影片、电视片、幻灯片等多媒体形式进行表达，为广告活动提供具体实施方案的一种应用文体。

广告策划书有两种形式：表格式和方案式。表格式广告策划书一般列有广告项目现在的销售量或销售金额、广告目标、广告诉求重点、广告时限、广告诉求对象、广告地区、广告内容、广告表现战略、广告媒体战略、其他促销策略等栏目。这种广告策划书比较简单。方案式广告策划书是以书面语言叙述的广告策划书。这种方案式广告策划书又称广告计划书。广告计划书和广告策划书基本一样。

5.5.2 广告策划书的特点

广告策划是实现广告宣传目标的重要环节，广告策划书直接决定广告项目的可行性和提案的成功率。广告策划书应具备以下特点。

1. 预见性

广告策划书的本质，就是在准确把握经济活动变化趋势的基础上，通过对广告项目活动的设计与安排，实现提升企业市场营销能力的目标。市场经济发展变化很快，要求广告制定策略能预见未来市场的变化与发展趋势。广告策划书的内容要能实现企业应对未来市场的策略。广告策划书必须具有对发展变化预见性的前瞻。

2. 规划性

广告策划书对拟进行的广告项目进行全程性规划，既包括技术、组织、方法、载体等方面，还要市场分析、经费的可行性等。因此，策划书中对广告整体活动的策划意见相当于广告活动的蓝图，对广告活动的全过程具有规划意义。

3. 整体性

广告策划书完整、全面地对广告项目全过程进行整体性研究、设计，策划涉及广告项目的全部内容，追求项目整体目标，因此具有整体性。广告策划的目的在于解决企业营销中的问题，围绕“提出问题—分析问题—解决问题”的整体逻辑进行。在严谨的逻辑思维中，以可信的数据与分析为依据，使整个策划方案令人信服。

4. 可行性

广告策划书是在调查研究、深入分析的基础上编制的，依赖于广告策划；广告策划书设计的方案与措施必须是可行的，具有明显的可行性。其中包括决策目标的可行性、实现目标内外条件的可行性、广告运作中各个环节实施方案的可行性、广告所需经费及财务分析的可行性等。

5.5.3 广告策划书的分类

按照广告策划书的内容，可以分为品牌推广策划书、整合营销策划书、活动策划书、产品营销策划书、营销渠道设计策划书等，具体如下。

1. 品牌推广策划书

品牌推广策划书是指人们为了使企业品牌或产品品牌在消费者脑海中形成一种个性化的区隔，并使消费者与企业品牌或产品品牌之间形成统一的价值观，从而建立起自己的品牌声望，借助一定的科学方法和艺术，为决策、计划而构思、设计、制作的策划方案。

2. 整合营销策划书

整合营销又称“整合营销传播”，以通过企业与消费者的沟通满足消费者需要的价值为取向，确定企业统一的促销策略，协调使用各种不同的传播手段，发挥不同传播工具的优势，从而使企业的促销宣传实现低成本策略化与高强冲击力的要求，形成促销高潮。整合营销思想，是欧美 20 世纪 90 年代以消费者为导向的营销思想在传播宣传领域的具体体现。整合营销策划书就是以整合营销策划方式进行的策划方案。

3．活动策划书

活动策划是企业为提高市场占有率、知名度及品牌美誉度而举行的商业活动编写的策划方案。活动策划书应服从广告策划书的整体思路，才能够使企业保持一定的市场销售额。

4．产品营销策划书

产品营销策划是谋划某种产品通畅的销售渠道、持续的销售态势和维持产品设计的理想化售价，更好地将产品卖掉，并在销售过程中塑造新的品牌形象的活动。产品营销策划的方案就是产品营销策划书。

5．营销渠道设计策划书

营销渠道设计是指为实现分销目标，对各种备选渠道结构进行评估和选择，从而开发出新型的营销渠道或改进现有营销渠道的过程，包括在公司创立之时设计全新的渠道及改变或再设计已存在的渠道。后者现在也称营销渠道再造，是市场营销者经常要做的工作。营销渠道设计策划方案就是营销渠道设计策划书。

5.5.4 广告策划书的写作格式

一份完整的广告策划书应包括前言、正文、结尾三个部分。

1．前言

在前言中应简明扼要地说明广告活动的时限、任务和目标，必要时还应说明广告主的营销战略。这部分是全部计划的摘要和梗概，其目的是把广告计划的要点提出来，使广告客户最高层次的决策者或执行人员快速阅读和了解，并在对策划的某一部分有疑问时，能通过翻阅该部分迅速了解细节。这部分内容不宜太长，以数百字为佳，所以，有的广告策划书称这部分为执行摘要。

2．正文

（1）市场分析。一般包括四方面内容：广告客户经营情况分析；产品分析；市场分析；消费者研究。

撰写时应根据产品分析的结果，说明广告产品自身所具备的特点和优点；再根据市场分析的情况，把广告产品与市场中各种同类商品进行比较，并指出消费者的爱好和偏向。也可提出广告产品的改进或开发建议。有的广告策划书称这部分为情况分析，简要叙述广告主及广告产品的历史，对产品、消费者和竞争者进行评估。

（2）广告战略或广告重点。一般应根据产品定位和市场研究结果，阐明广告策略的重点，说明用什么方法使广告产品在消费者心目中建立深刻的印象；用什么方法刺激消费者产生购买兴趣；用什么方法改变消费者的使用习惯，使消费者选购和使用广告产品；用什么方法扩大广告产品的销售对象范围；用什么方法使消费者形成新的购买习惯。有的广告策划书在这部分内容中增设促销活动计划，写明促销活动的目的、策略和设想，也有把促销活动计划作为单独文件分别处理的。

（3）广告对象或广告诉求。主要根据产品定位和市场研究来测算出广告对象有多少人、多少户。根据人口研究结果，列出有关人口的分析数据，概述潜在消费者的需求特征和心理特征、生活方式与消费方式等。

（4）广告地区或诉求地区。应确定目标市场，并说明选择此特定分布地区的理由。

（5）广告策略。要详细说明广告实施的具体细节。撰文者应把所涉及的媒体计划清晰、完整而又简要地设计出来，详细程度可根据媒体计划的复杂性而定，也可另行制定媒体策划书。应清楚地叙述所使用的媒体、使用该媒体的目的、媒体策略、媒体计划。如果选用多种媒体，则需对各类媒体的刊播及如何交叉配合加以说明。

（6）广告预算及分配。要根据广告策略的内容，详细列出媒体选用情况及所需费用、每次刊播的价格，最好能制成表格，列出调研、设计、制作等费用。也有人将这部分内容列入广告预算书中专门介绍。

（7）广告效果预测。广告效果预测主要是根据广告主的意愿，按照广告计划实施广告活动预计可达到的目标。这一目标应该和前言部分规定的目标任务相呼应。

在实际撰写广告策划书时，上述七个部分可有增减或合并排列，如可增加公关计划、广告建议等部分，也可将最后部分改为结语或结论，根据具体情况而定。

3．结尾

根据正文中广告活动内容的分析和论证，广告策划书的结尾应简明扼要，结语主题突出。

5.5.5　广告策划书的写作要求

1．逻辑严密

广告策划要对产品的特点和市场的发展进行调查，对调查结果进行科学有效的研究和分析，在此基础上确定广告策略，规划广告项目过程。这是一个严密的逻辑推理和逻辑分析过程，这一过程的逻辑性是确保广告策划方案成功的根本原则，也是首要的要求。

2．调查翔实

广告策划书的广告策划建立在对现实市场的调查与准确分析基础上，策划能否成功、方案是否可行，所使用的支持性资料非常关键。调查翔实是保证广告策划书切实可行并能取得预期效益的重要基础。

3．策划科学

广告策划书的广告策划是一项专业性很强的活动，这种专业性是专业工作科学性的体现。策划能否成功、是否可行，策划者的专业水平与专业能力非常关键，专业方法的使用也将增强广告主对策划方案可行性的认同。

4．结构完整

广告策划书的广告策划是一项系统性、整体性项目策划活动，这一活动过程中，要包括广告目的、广告期间、广告区域、广告对象、策划构思、广告策略、广告主题表现及媒体运用、广告经费等项内容，每部分都不可或缺。只有结构完整的广告策划书才有可能被接受，进而被实施，实现预期的经济效益。

5.5.6 例文分析

例文

2014年洒洒洗发水生产销售广告策划书

一、前言

本公司代理洒洒洗发水产品的全盘广告作业，至今已将近两年。两年来，本公司无时不以兢兢业业的态度为该系列产品的市场行销及广告策略等做积极的策划，在广告上除了力求表现外，更时时配合蒸蒸日上的业务，促进产品销售。

本公司代理洗发水广告，第一年（2012年）的广告重点放在洒洒香皂上，对于商品知名度的扩大及印象的加深有不可轻估的贡献，该篇广告荣获《经济日报》主办的广告金桥奖“最佳创意奖”第二名。第二年（2013年）为配合贵公司的经营方针，前半年以洒洒洗发水为广告的主力商品，强调头皮屑不可忽视，应立即采取行动。我们选用的标题是“对付头皮屑要选择好的洗发水”，教育消费者正确选择洗发水观念及方法，也收到了良好的效果，同时亦荣获《生活日报》主办的广告最佳创意“优胜奖”。

然而，根据分析，洗发水的市场虽然较大，但因竞争品牌众多，广告投资量大，欲争取较高的市场占有率实非易事。本公司建议明年销售及广告要诉求重点，应放在指名购买及衔接2012年与2013年广告投资重点上，并以洒洒洗发水为主。以下是本公司根据市场及消费者心理各项因素所研拟的2014年洒洒洗发水广告策划案。

二、广告商品

广东洒洒洗发水公司——洒洒洗发水

三、广告目的

1. 促进指名购买。

2. 强化商品特性。

3. 衔接2012年、2013年广告。

4. 传播影响程度：不知名—知名—了解—信服—行动。

四、广告期间

2013年6月至2014年6月。

五、广告区域

全国各地区（以城市为主）。

六、广告对象

所有居民用户。

七、策划构思

（一）市场大小的变化情况

1. 量的变化——随着人口的自然增减而变化。

2. 质的变化——随着社会形态（如农业区进入工业区）、价值观念、文化水准等而变化。

在这两种变化中，同类型商品都会蒙受同样的影响，即利害均沾，而且变化多是渐进的，也非单独某一品牌的力量所能左右的。

（二）旧市场占有率的提升（袭夺其他品牌的市场）（略）

（三）使用及购买频率的增加

就洒洒洗发水而言，因属于日常生活用品，并不是个性商品，与一些会导致冲动购买的商品不同，所以“新市场开发”甚为不易，只得利用旧有市场的互相告知，以增加新市场，而市场本身质与量的变化所扩增的部分也不可能独占。

在“使用及购买频率的增加”方面，也因洗发水为日常生活用品，购买率很高，但是各种品牌太多，而无法对整个业绩的增加有所裨益。故真正能让我们加以努力的只有“旧市场占有率的提升”，以及如何袭夺其他品牌的市场，使其消费者转换品牌，指名购买我品牌，此为我们今后在广告推广方面致力的目标。此目标又可区分为：

1. 促使消费者指名购买洒洒。

2. 促使美发店老板主动推荐洒洒。

八、广告策略

1. 针对各阶层消费者，运用不同媒体做有效的诉求。

2. 制作 Sticker 张贴在出租车上、公共椅背上及公共电话或公司行号的电话机上，以随时随地地提醒消费者注意，弥补大众传播媒体的不足，并具有公益作用。

3. 制作小型月历卡片，于元旦前散发赠送给各界人士，如置于美发店、商业区（服务台）供人随意索取，也可夹于杂志页内赠送读者。

4. 除正式大篇幅的广告外，在报纸、杂志上另可采用游击式的策略，运用《经济日报》的插排（孤岛广告）和分类广告版，不定期刊登小广告，一则省钱，二则可弥补大广告出现频率不够多的缺失。只要设计得简明、醒目，依旧有很大的效果，美商海陆公司即运用过此策略。

九、广告主题表现及媒体运用

（一）卡片及广告牌的广告内容

好的头发，选择洒洒。

在广告牌上画一个美女，重点体现在她的头发上，还有洒洒品牌。在卡片上同样如此，不过可以附送试用品。让用户感受一下效果，让他们买得更放心。

（二）电视广告策划

在电视台的黄金时间播出。

画面：一个美丽的女孩，边走边甩动着一头飘逸的长发，街上的人都回头看她，然后她说了一句，想要好的头发吗？学我啊！爱生活，爱洒洒。

（三）广播台

广播内容就是介绍洒洒，如请嘉宾，做一个洒洒专访。

十、广告预算（略）

例文简析

本文是一份广告策划书。

写作格式，由前言、正文、结尾三部分组成。

标题包括三部分，即报告涉及的项目实施时间、项目名称和文体。前言简明扼要地说明广告活动的背景、时限、任务和目标。正文部分全面分析广告商品、广告目的、广告期间、广告区域、广告对象、策划构思、广告策略、广告主题表现及媒体运用，突出构思、广告策略、广告主题表现及媒体运用三个部分，也是广告业主最关心的部分。结尾部分为广告预算，证明广告策划书的专业性与可信性。全文逻辑严密，结构完整。

关键概念

广告策划　　广告策划书

课堂讨论题

1．广告策划书如何分类？
2．广告策划书的写作要求有哪些？
3．广告策划书的写作格式包括哪些？

实训题

欣欣公司新开发一种饮料，使用一种野生植物的果实作为原料。这种野生植物的果实酸甜可口，饮料口感好，同时具有清凉、消暑、提神的功效，拟重点投放北方市场。请根据这些材料，以小组为单位，为欣欣公司这种饮料写一份广告策划书，要求符合广告策划书写作要求。

5.6 预算、决算报告

5.6.1 预算、决算报告的概念

预算、决算报告是指经济独立核算组织定期向财政主管部门或组织代表大会所做出的财政和财务方面的预算计划、决算总结的经济管理应用文。

具体地说，预算报告是反映经济独立核算组织预算年度内组织资本运营、经营效益、现金流量及重要财务事项等预测情况的文件。

决算报告是经济独立核算组织某一年度或某一建设项目预算执行结果的书面总结。它的作用主要是总结一年来的收支情况、年度预算完成情况，或者某一建设项目的进展情况、预算执行情况，以便进行项目评估，是评估决策质量和管理质量的重要依据。

5.6.2 预算、决算报告的特点

1．使用的法规性或约束性

为有利于实现国家经济和社会发展战略目标，强化公共财政预算的分配和监督职能，提高财政管理质量和财政经费使用效益，也为了提高企业管理质量和经营效益，国家制定了《中华人民共和国预算法》及《中华人民共和国预算法实施条例》，对预算编制内容、编制程序、预算管理和审批、预算执行与调整、决算等都做出了明确规定。预算、决算报告是依法编制、依法执行的，也是经济组织管理的重要手段。

2．写作的程式性和编制的程序化

预算报告和决算报告都经过严格的程序编制而成，从编制到审批到执行都须遵守各项法规。例如，财政预算的依据，各级预算编制的内容、项目等，都由《中华人民共和国预算法》和《中华人民共和国预算法实施条例》明确规定；每年预算和决算的原则、要求、方法、报送期限、报表格式都由各级财政部门按照上级统一部署做出规定和制发。因此预算、决算报告，表现出明显的程式性和程序化特征。企业的预决算也要报企业的决策机构审批。

3．分析的专业性和管理的科学性

国家预算既是国家进行财政分配和财政宏观调控的重要手段，又是国家年度财政收支计划。它的指标确定是在匡算和具体测算后完成的。这里的匡算和具体测算都依据科学方法，对预算执行情况的分析也受有关法规的约束，且在时间、分析方法、分析内容、执行法规和上级的规定上，都表现出专业性与科学性的特征。预算管理也是经济管理的有效手段之一，有利于控制经费科学、合理、高效使用，有利于保证重要目标实现。

5.6.3　预算、决算报告的分类

1．按构成形式分类

预算、决算报告按构成形式可分为独立的预算、决算报告和合为一体的预算、决算报告。

2．按内容分类

预算、决算报告按内容可分为财政预算、决算报告和财务预算、决算报告。

3．按单位分类

财政预算、决算报告（审批前称为草案）可分为中央预算、决算报告，地方各级政府预算、决算报告，政府各部门预算、决算报告。中央预算、决算草案由财政部编制，地方各级政府预算、决算草案由地方各级政府的财政部门编制，政府各部门预算、决算草案由该部门的有关部门（一般是财务部门）编制。预算、决算草案编制完成后，交同级人民代表大会或上级业务主管部门审核批准。

财务核算、决算报告（审批前称为草案）一般由单位的财务部门编制。预算、决算草案编制完成后，由单位领导审定，报上级业务主管部门审核批准或由单位通过一定程序（如董事会、职代会或教代会）批准实施。

4．按写作格式分类

预算、决算报告可分为报告式、公文式和文章式。报告式预算、决算报告一般提交同级人民代表大会审议，所以格式上有称谓、前言和结语。公文式预算、决算报告一般上报业务主管机关，所以格式上还有主送机关。文章式预算、决算报告一般是企业的财务计划和总结，没有特殊的格式要求。

5.6.4　预算、决算报告的写作格式

以下介绍三种典型的写作格式。

1．财政预算报告

（1）标题。报告式财政预算报告和报刊上发表的财政预算报告的标题形式固定，一般由“关

于+单位+期限+内容+文种”组成，如“关于××省××××年财政预算草案的报告”。文章式财政预算报告直接称为“××单位××××年度预算编制说明”或“××单位××××年度预算报告”。

（2）称谓或主送机关。提请大会审议的财政预算报告一般称谓为“各位代表”、“各位委员”。上报主管单位的财政预算报告一般有主送机关。

（3）正文。

1）正文的写作顺序。正文一般采用分条列项的写作方法或条款式写作方法，它的写作顺序如下。

① 编制预算报告的指导思想和原则。一般表达为，“根据党和国家的方针、政策和上级的有关指示、部署”，或者“依据国民经济和社会发展计划、财政中长期计划及有关财政经济政策（或本部门、本单位的职责、任务和事业发展计划）”，说明国家和上级分配的任务指标；概述上期预算的执行情况；“结合本单位、本部门的实际”，具体说明指导思想和原则。这里，“指导思想”是要展开和重点说明的部分。

② 收支总额。要列明预算年度收入总数、支出总数、平衡预算数及与上年相比的增减情况。

③ 收入和支出的构成及安排情况。其中包括收入款项、增减情况和平衡情况；支出款项、增减情况和平衡情况；收支安排。

④ 预算安排的政策、缘由，即指标增减原因和政策依据。

⑤ 完成预算工作的措施、重点、要求等。

2）正文的内容。正文部分的内容在安排上没有统一要求。分条列项的写作形式一般将全文分成几部分，将以上内容合并或独立组织。其中比较常见的形式如下。

一是分预算安排概况、收支项目具体安排和有关说明及完成预算的措施三部分。预算安排概况，包括编制预算的指导思想、原则、目的、依据及收支总额在内的情况概述。收支项目具体安排和有关说明包括收入、支出的构成及安排情况与预算安排的政策、缘由。完成预算的措施，即完成预算的工作措施、工作重点、有关工作部署。

二是分预算的指导思想和原则、预算安排及完成预算的措施三部分。这里的“预算安排”包含收支总额、收入和支出的构成及安排情况、预算安排的政策、缘由等项内容。这一部分可以按上一段的顺序组织，也可以按“收入总额—收入细目—增减情况—平衡情况—收入安排”、“支出总额—支出细目—增减情况—平衡情况—支出安排”和“预算安排的政策、缘由”的顺序来组织。

三是分预算内容、预算说明和工作安排三部分。“预算内容”包括预算编制的指导思想和原则、收支总额、收入和支出的构成及安排情况。“预算说明”即预算安排的政策、缘由。“工作安排”即完成预算的工作措施或工作重点、要求等。

（4）签署。报告式预算报告的署名和报告日期在标题之下，签署部分可以省略。上报的预算报告需在正文的右下方写明报告时间，有的还需要单位财务负责人和主管财务的领导签名盖章。

还须指出，提请大会审议的报告式财政预算在格式上要有开场白和结语。

“开场白”一般由报告人交代接受机构或组织的委托，代表机构或组织向大会做关于××地区××××年度的××的报告，同时表示请予以审查、提出意见等。

“结语”一般先承接前面的称谓“各位代表”等，然后表决心、发号召、提要求。同时，用鼓舞性的语言展望未来，增强与会人员的信心，振奋与会人员的精神。

2．财务预算报告

（1）标题。标题一般采用公文式标题，由“报告单位+报告期+报告内容+文种”构成，如《××企业集团××××年财务预算报告》。

（2）称谓或主送机关。大会上宣读的预算报告一般有主送机关，如“××市××局”等。

（3）正文。正文一般分为三部分，即前言、主体和结尾。

1）前言。前言主要写编制预算的指导思想和原则，也可写编制预算的依据和目的。“依据”包括上期预算执行情况概述。

2）主体。主体主要有两种结构形式。一是第一部分分两期展开，即上期预算执行结果和本期预算安排；第二部分可以谈措施和步骤。二是第一部分谈本期预算安排，第二部分可以谈编制预算的措施、步骤和要求。其中，第一种结构形式在单位的财务预算报告中较为常见。

3）结尾。财务预算报告的结尾同“计划”的结尾一样，可有可无。一般预算报告主体的内容写完即可结束全文，但有些预算报告从结构上考虑，另有结尾。这样的结尾可以提要求、发号召、谈希望。

（4）签署。财务预算报告签署的要求与财政预算报告相同。

3．财政决算报告

（1）标题。标题采用公文式标题形式。在大会上宣读的决算报告标题是“关于+××单位（包括地区范围）+××××年+内容+文种”。例如，《关于××省××××年财政决算草案的报告》。

经审议通过，并反映最终结果的决算报告的标题是：“××单位（包括地区范围）+××××年+文种”，如《××市××××年财政决算报告》。

单位决算报告标题可以是“××单位××××年度财务决算说明（书）”。

（2）称谓或主送机关。其写法同财政预算报告。

（3）正文。正文一般分为三部分，即前言、主体和结尾。

1）前言。前言一般是对经济发展和事业发展情况的概述，相当于总结开头的工作概况。有时，财政总收支决算情况概述也放入这部分。

2）主体。主体一般先总述财政、财务总收支的决算结果及平衡情况，然后分述各项预算收入和支出的完成情况，最后分析预算完成情况。通过分析，总结成绩和经验，指出预算执行中的问题和产生问题的原因（包括一些不可预见因素的说明）。

主体可以采用分条列项的写作方法。常见的结构形式有：决算情况总述—决算项目及数额分述（各主要收入项目的完成情况、各主要支出项目的完成情况、其他单独列项的收支完成情况分述）—情况分析。

还有一种结构形式也比较常见，它将“决算收支总述”调整到前言部分，“今后的努力方向和工作改进意见”由结尾调整到主体。具体结构形式如下。第一，收入情况：收入总额—主要收入项目的完成情况—其他单列收入项目的完成情况—收入完成情况的评价和分析。第二，支出情况。支出总额—主要支出项目的完成情况—支出项目完成情况的评价和分析。第三，经验和问题及今后的努力方向、工作改进措施。

3）结尾。一般会提出今后努力方向和工作改进措施，上述第二种结构形式一般无结尾。

（4）签署。其写法同财政预算报告。

报告型的决算报告也有“开场白”和“结语”，内容也同财政预算报告。另外，除在报刊上发表的、大会上宣读的预算、决算报告以外，它们都带预算、决算报表或会计报表，而且报表做主件，文字说明做附件。

5.6.5 预算、决算报告的写作要求

1. 结构严谨，条理清晰

预算、决算报告是有特殊管理功能的管理应用文，这种特殊管理功能是通过严谨科学的经济测算和管理设计实现的。预算、决算报告都必须包括应有的结构性内容，并要要求结构严谨、条理清晰、层次分明。

2. 符合法定程序和规范格式

《中华人民共和国预算法》及《中华人民共和国预算法实施条例》，对预算编制内容、编制程序、预算管理和审批、预算执行与调整、决算等都做出了明确规定。预算、决算报告是依法编制、依法执行的，因此必须遵循法定相关的编制和审批程序。同时，也要遵守预算、决算报告的格式要求，符合格式规范。

3. 语言准确、简明、庄重、朴实

预算、决算报告是专业性经济管理应用文，这种专业性在表达方面的要求就是使用的语言准确、简明、庄重、朴实，特别重视准确使用大量数据。不允许出现错误，更不能弄虚作假。

5.6.6 例文分析

例文

关于××市2011年财政预算草案的报告

——2011年××月××日在××市第三届

人民代表大会第四次会议上

××市财政局局长×××

各位代表：

受市人民政府委托，向大会报告我市2011年财政预算草案，请予以审议，并请各位政协委员和其他列席人员提出意见。

2011年是实施“十二五”规划的开局之年，也是我市实现“三步走”战略的起步之年，做好2011年财政各项工作，意义十分重大。按照市委三届二次全体会议通过的“十二五”规划的建议，“十二五”期间全市财政总收入平均递增23.8%，到2015年达到25亿元，预算收入平均增长25.7%，达到9亿元；财政保障水平进一步提高，财政困难得到进一步缓解；建立并完善“以人为本”的公共财政支出体系，进一步改善人民群众的生产生活条件；完善社会保险和最低生活保障制度。

根据上述目标，2011 年全市预算安排和财政工作的指导思想是：以邓小平理论和“三个代表”重要思想为指导，全面贯彻落实党的十六届五中全会和市委经济工作会议精神，用科学发展观统领财政改革发展全局，继续实施稳健的财政政策，充分发挥财政职能作用，壮大财政实力，保障支出重点，深化财政改革，积极推动经济结构调整和增长方式的转变，为实现“全面振兴县域经济，奋力追赶全国百强”的目标提供财力保障，促进经济持续快速发展和社会全面进步。

贯彻上述指导思想，2011 年全市财政总收入安排 102 194 万元（计划目标），比 2005 年实际完成数 86 188 万元增长 18.57%，增加 16 006 万元。根据现行财政体制，一般预算收入安排 33 327 万元，比上年 28 772 万元增长 15.83%，增加 4 555 万元，加上税收返还 3 328 万元，所得税体制返还 2 700 万元，其他各项转移支付和结算补助 5 036 万元，减去上缴上一级财政 2 156 万元，全市当年预算财力为 42 235 万元，比上年 38 934 万元增长 8.48%，增加 3 301 万元。

全市一般预算支出安排 45 800 万元，比上年 39 830 万元增长 15%，增加 5 970 万元。当年财力与一般预算支出相比，财力缺口 3 565 万元。

2011 年一般预算支出安排 45 800 万元，具体构成为：一是个人部分 24 200 万元，二是一般公用经费 3 000 万元，三是农村税费改革转移支付 1 700 万元，四是列收列支和社会发展投入 15 750 万元，五是总预备费 1 150 万元。

以上具体支出项目，按照财政部统一规定的政府支出预算科目分类汇总，情况如下。

……（略）

在安排今年预算草案时，我们主要坚持了以下原则。

一是不断扩大财政收入规模。

二是大力推进经济增长方式转变。完善财税政策，加大科技创新和技术改造投入，积极推进“科教兴市”和“人才强市”战略，鼓励支持企业增强自主创新能力，推进产业结构优化升级，努力构建集约型、节约型和生态型发展模式。

三是促进社会事业协调发展。调整优化财政支出结构，加大公共事业投入，保证教育、科学、文化、卫生、生态、环保等重点支出需要，加快公共安全和应急体系建设，不断提高社会公共服务水平。

四是积极推进和谐社会建设。完善再就业和社会保障体系，扩大医疗保险覆盖范围，增加再就业、城乡低保和优抚救济补助资金，逐步解决关闭破产企业和“空壳”企业职工安置分流问题。大力发展职业教育，加强技能培训，围绕我市经济结构调整培养实用型、应用型人才。

五是确保政权建设需要。严格执行部门预算支出标准，满足各级政权正常运转需求。加大对社会治安的投入力度，提高公、检、法、司的经费保障水平，维护社会长治久安。

各位代表，2011 年是承前启后的一年，开好局、起好步，对于“十二五”时期经济社会又快又好发展，加快推进全面建设小康社会至关重要。为此，我们要紧紧围绕“加快县域经济发展，奋力追赶全国百强”的目标，着力抓好以下几项工作。

一、积极落实稳健财政政策，做大做强财政“蛋糕”

一是要继续贯彻落实中央宏观调控各项政策措施，切实加强我市经济社会发展中的薄弱环节，促进经济平稳较快发展。继续完善政策激励机制，大力开展招商引资，抓好重点企业技术改造，扶持民营企业上档升级，培育新兴税源、财源。二是要进一步完善税源动态监控机制，加强税收精细化管理。三是完善税收征管责任制，开展重点行业财税稽查，严厉打击各种偷税漏税行为。

二、进一步优化财政支出结构，全力构建和谐社会

按照公共财政和“五个统筹”的要求，不断优化财政支出结构，集中财力办大事，促进物质文明、政治文明、精神文明协调发展。大力压缩会议费、招待费、差旅费、购车费、出国考察费等一般性支出，保障重点支出需要。加大对各项公共财政支出的投入，财政支出将着力点向统筹城乡发展倾斜，不断加大对“三农”的投入，增加农村教育、卫生、基础设施和社会事业建设，扎实推进社会主义新农村建设。向统筹经济社会发展倾斜，支持教育、卫生、科技、文化等社会事业发展，进一步落实“科教兴市”和“人才强市”战略，加大对基础教育及科技的投入力度；进一步加大社会保障力度，支持就业服务体系、社会保障体系和社会救助体系建设，增加对新型农村合作医疗、农村社区卫生服务站建设等投入；进一步加大环境保护投入，支持循环经济发展，推进城镇污水、城乡垃圾集中治理；支持文化城市建设，丰富广大群众的精神文化生活。

三、扎实推进财政改革，不断提高依法理财水平

按照健全公共财政体系的要求，进一步深化财政改革。一是深化部门预算改革，逐步细化和完善部门预算编制，进一步提高预算编制的科学性，规范预算指标管理，增强部门预算的刚性，进一步提高预算日常管理水平。二是稳步推进国库集中支付改革。三是加快政府采购信息化建设，扩大政府采购范围，提高政府采购质量和效益。四是加强对新一轮税制改革的政策研究，争取在改革中赢得主动，努力为全市经济发展创造一个比较宽松的财税环境。五是支持乡镇机构改革，推进乡镇职能转变，适时推行“乡财县管乡用”试点，增强乡镇财政的自我保障能力。

四、强化财税监管，确保资金安全和使用效益的提高

建立完善的财政监督制约机制和内控制度，强化财政预算资金安排、审批、拨付、核算等环节的监督检查，确保财政资金安全、高效。加大税收稽查力度，财政税务稽查联手继续重点打击利用假账等手段偷税的违法行为，增强稽查执法的刚性和严肃性。

五、改进工作作风，提高综合素质，建设一流财税干部队伍

科学发展观的深入贯彻和和谐社会的全面建设，对财税干部队伍建设提出了更高要求。为此，我们要站在提高执政能力和提高财政宏观调控能力的高度，切实加强财税干部队伍建设。一是要以民为根本的理念来支配自己的一言一行，深入基层，调查研究，倾听群众呼声，关心群众冷暖，想群众之所想，急群众之所急，坚决制止官僚主义和衙门作风；二是要加强继续教育，牢固树立终身学习的理念，树立正确的荣辱观，全面提高财税干部的政治理论水平和业务技能，适应不断发展的财政改革与发展需要；三是要全面加强廉洁自律教育，进一步完善制度建设。

各位代表，2011年预算和财政工作任务繁重，使命光荣。我们坚决以邓小平理论和“三个代表”重要思想为指导，在市委的坚强领导下，在市人大、市政协的监督与支持下，以科学发展观统领各项工作，抢抓机遇，加快发展，开拓创新，扎实工作，圆满完成今年财政工作的各项任务，为促进我市经济社会的平稳快速发展，实现追赶全国百强的目标，做出我们新的更大的贡献！

例文简析

本文是一份财政预算草案。

写作格式，由标题、称谓、正文部分组成。标题采用公文式标题形式“关于+××单位（包括地区范围）+××××年+内容+文种”。正文分为三部分：前言、主体和结尾。前言简单介绍了经济发展和事业发展情况概述；主体先总述财政、财务总收支的决算结果及平衡情况，然后分述各项预算收入和支出的完成情况，最后分析预算完成情况及在安排预算草案时，主要坚持的原则和着力抓好的几项工作。文章结构严谨，符合财政预算报告的基本要求。

关键概念

预算、决算报告

课堂讨论题

1．怎样理解预算、决算报告使用的法规性？
2．预算、决算报告有哪几种？
3．预算、决算报告写作格式包括哪些？

实训题

根据本节内容，结合家庭收入情况和本年度家里的经济支出总体打算，编制一份家庭年度经费预算报告，题目自拟，要求符合预算报告的相关要求。

第 6 章　财经法律应用写作

本章学习目标

- 掌握财经法律合同、授权委托书、借款申请书、公司章程、经济纠纷起诉状、经济纠纷上诉状、经济纠纷答辩状的概念、特点、写作格式、写作要求。
- 能够独立撰写财经合同、授权委托书、借款申请书、公司章程、经济纠纷起诉状、经济纠纷上诉状、经济纠纷答辩状。

6.1　财经法律应用文概述

6.1.1　财经法律应用文的概念与种类

1．财经法律应用文的概念

财经法律应用文是指在经济活动中，组织或个人在管理各种涉及法律或与法律相关的财经事务时，为实现法律赋予组织或个人的权利和履行法定义务而依法制作、符合法律规定和法律应用文规范、具有法律效力和作用的应用文。

财经法律应用文的概念，可以从以下方面来理解。

第一，财经法律应用文是指在经济活动中，组织或个人在管理各种涉及法律或与法律相关的财经事务时使用的应用文，这规定了财经法律应用文的适用范围。

第二，财经法律应用文是指在经济活动中，组织或个人为实现法律赋予组织或个人的权利和履行法定义务而依法制作和使用的应用文，这决定了财经法律应用文的使用必须遵守国家相关法律法规的规定。

第三，财经法律应用文必须遵守法律应用文的相关规范。不同的财经法律应用文要依据不同的法律法规，并要选择适用、有效的法律法规作为依据。

第四，财经法律应用文是法律专业类应用文中的一类。

2．财经法律应用文的种类

财经法律应用文可以分为财经法律公文类应用文、财经法律事务类应用文和财经法律专业类应用文。

第一类，财经法律公文类应用文，是党政机关实施领导、履行职能、处理经济法律公务，或公安部门、人民法院、人民检察院在处理经济事务时所使用的、有效的法律类公文，包括国家在经济方面制定或认为的法律规范，以及实施经济类法律所制作的具有法律效力和法律意义的应用文。

第二类，财经法律事务类应用文，是党政机关、群众团体、企事业单位及个人在处理具体财经法律事务中经常使用的应用文，形式比较灵活多样；又不具有很强的专业性要求，是处理日常财经法律事务的常用文种。

第三类，财经法律专业类应用文，是只在财经法律专业领域开展专业性或与专业工作相关的管理工作时使用的应用文。

本章所讲的财经法律应用文包括三类：第一类属于契约性财经法律专业类应用文，如财经法律合同。这种文件一般只对特定的人和特定的事有效，同要求人们普遍遵守的法规文件是不同的。财经法律合同及具有经济合同性质的协议书是具有法律效力的。第二类是具有财经诉讼意义的文件，如当事人（包括单位）自己书写的各种经济纠纷起诉状、上诉状、答辩状等。它们不具有法律效力，却是依法确认某种诉讼行为的有效条件，同时又是法院对案件进行审理的依据和基础。第三类是财经事务类的法律类应用文，是处理具体财经事务时组织或个人使用的有固定或惯用格式的财经法律事务类应用文，如授权委托书、借款申请书、公司章程等。

6.1.2　财经法律应用文的特点

1．以国家法律法规为准绳

财经法律应用文不同于一般应用文，它是组织或公民在各种经济纠纷中用于维权的法律工具，又是法院做出公正裁定的重要凭证。它有专门的使用对象、写作规律和写作方法及要求，因此，写作财经法律应用文时必须遵照特定的法律法规要求的原则和程序，具有完备的法律意义上的要素，符合法律规定的实施主体条件及时间、空间及权利义务的特殊规定，否则不具有法律效力，无法有效使用。所以，使用财经法律应用文最重要的是不仅要坚持以国家法律法规为准绳的正确态度，更要做到法律适用正确。

2．以特定的法律事实为依据

财经法律应用文是组织或个人在管理各种经济事务中，为维护当事人合法权益，明确或规范经济关系及相关权益，或解决经济纠纷而使用的应用文。因此，财经法律应用文使用要求对事实的叙述必须准确无误，以客观事实为依据，坚持实事求是，事件发生的时间、地点、当事人、原因、结果等都要表述准确。另外，双方共同使用的财经法律应用文必须是双方真实意愿的体现，必须符合双方当事主体完全知情、完全自愿的基本原则，不能有任何强迫行为发生，否则财经法律应用文的法律效力就会丧失。

3．符合特定法律法规的规定与规范

财经法律应用文在长期的法律实践过程中，逐步形成了相对固定的体例格式，包含与文种相适应的若干必备要素。不同的法律规范又有特定的要求。例如，在起草各种经济合同时，必须遵守《中华人民共和国合同法》的相关规定与规范；在起草劳动关系合同时，必须遵守《中华人民共和国劳动合同法》的相关规定与规范。同样是合同，在法律规范上有许多差异，符合这些具体的规定和规范，是这一类财经法律应用文具有法律效力的必要条件。

4．语言准确、规范、朴实

财经法律应用文的语言有一般应用文准确、规范、朴实的要求，同时，由于使用领域的特殊性，对准确、规范、朴实有更高的要求。准确，即必须与法律的精神相一致。准确涉及法律事实的每个基本要素，而且这里的准确还包括对当事人真实意愿的准确表达。规范，既有应用文实用意义上的格式规范、语言规范，还包括法律术语使用的专业规范、适用法律及相关条款

的适用规范。朴实，是应用文的普遍要求，这里还有忠于法律精神、忠于事实的特殊内涵。写作上要求简洁、明确、质朴，不得使用可能产生歧义的词语，造句多用肯定、陈述、判断句式，不用或少用各种修辞手法。对于已经固定下来的司法用语，如人称称谓、法律概念、刑法名词等方面要与法律、法规的提法严格一致，甚至在动词、修饰限制词的使用上，都有严格的规范，不可随意改动，要突出财经法律应用文的文种特色。

6.2 财经法律合同

6.2.1 财经法律合同的概念

合同是平等主体的自然人、法人及其他组织之间设立、变更、终止民事权利义务关系的协议，因此有时也叫协议。

财经法律合同是合同的一类，按使用领域可以分为经济合同和劳动合同。与财经法律合同相关的两部法律是《中华人民共和国合同法》、《中华人民共和国劳动合同法》。

经济合同是自然人、法人、其他组织之间，为实现一定的经济目的，明确相互权利和义务而签订的协议。

劳动合同是国家机关、事业单位、社会团体及企业、个体经济组织、民办非企业单位等组织与劳动者建立劳动关系签订的合同或协议。

财经法律合同的当事人一般是法人。所谓法人，就是依法成立拥有独立财产，并能以自己的名义行使民事权利和承担民事责任的组织，如工厂、商店、社团等。随着市场经济的不断完善和发展，经济合同适用的范围越来越广，个人在经济活动中也常需使用经济合同，所以经济合同的当事人也包括这些“个人”。

中国的合同法是伴随市场经济体制建设逐步完善的。1981 年 12 月颁布《中华人民共和国经济合同法》，1985 年 3 月颁布《中华人民共和国涉外经济合同法》，1987 年 6 月颁布《中华人民共和国技术合同法》。1999 年 3 月 15 日通过《中华人民共和国合同法》，自 1999 年 10 月 1 日起施行。同时废止《中华人民共和国经济合同法》、《中华人民共和国涉外经济合同法》、《中华人民共和国技术合同法》。

为了完善劳动合同制度，明确劳动合同双方当事人的权利和义务，保护劳动者的合法权益，构建和发展和谐稳定的劳动关系，2007 年 6 月制定《中华人民共和国劳动合同法》。为了贯彻实施《中华人民共和国劳动合同法》，2008 年 9 月颁布《中华人民共和国劳动合同法实施条例》。

6.2.2 财经法律合同的特点

《中华人民共和国合同法》第三条至第八条规定了经济活动中的五项基本原则，具体如下：

第三条 合同当事人的法律地位平等，一方不得将自己的意志强加给另一方。

第四条 当事人依法享有自愿订立合同的权利，任何单位和个人不得非法干预。

第五条 当事人应当遵循公平原则确定各方的权利和义务。

第六条 当事人行使权利、履行义务应当遵循诚实信用原则。

第七条 当事人订立、履行合同，应当遵守法律、行政法规，尊重社会公德，不得扰乱社会经济秩序，损害社会公共利益。

第八条 依法成立的合同，对当事人具有法律约束力。当事人应当按照约定履行自己的义务，不得擅自变更或者解除合同。

依法成立的合同，受法律保护。

这五项原则概括起来就是：平等原则、自愿原则、公平原则、诚信原则、守法原则。

《中华人民共和国劳动合同法》第三条也规定："订立劳动合同，应当遵循合法、公平、平等自愿、协商一致、诚实信用的原则。依法订立的劳动合同具有约束力，用人单位与劳动者应当履行劳动合同约定的义务。"

因此，财经法律合同具有以下四个特点。

（1）财经法律合同是双方或多方当事人的法律行为。制定经济合同的目的在于当事人双方实现一定的经济利益，而这种经济利益要从对方当事人那里获取。所以经济合同的成立必须是双方或多方当事人的意思表示一致。意思表示不一致，即未取得一致，经济合同就不能成立。并且签订经济合同的双方或多方当事人必须具有合法的资格，即具有签订经济合同的权利能力和行为能力。

（2）财经法律合同双方或多方当事人的法律地位平等。财经法律合同双方或多方当事人的法律地位是平等的。无论是法人，还是自然人，均为平等的民事主体，即享有民事权利和承担民事义务的资格是平等的。任何一方都不得把自己的意志强加给对方，任何组织和个人都不得非法干预。有失公平的经济合同、乘人之危情况下签订的经济合同、以胁迫手段签订的经济合同，都属无效合同。

（3）财经法律合同是合法的民事活动。《中华人民共和国合同法》第七条规定："当事人订立、履行合同，应当遵守法律、行政法规，尊重社会公德，不得扰乱社会经济秩序，损害社会公共利益。"第八条规定："依法成立的合同，对当事人具有法律约束力。当事人应当按照约定履行自己的义务，不得擅自变更或者解除合同。依法成立的合同，受法律保护。"

财经法律合同一经依法签订，就具有法律效力，各方的权利和义务都受到国家法律的保护，任何一方违约都要承担经济和法律责任。在执行合同的过程中发生纠纷时，由当事人协商解决。协商不成时，任何一方均可向合同管理机关申请调解或仲裁，亦可向法院起诉。

（4）财经法律合同具有明确的经济目的。财经法律合同主要反映了生产和流通领域中的经济关系，这种经济关系通常是当事人由于买卖产品、完成工作或满足其自身生产经营的需要而建立的。

6.2.3 财经法律合同的分类

1. 经济合同的分类

依据《中华人民共和国合同法》根据合同业务领域，将经济合同分为以下 15 种。

（1）买卖合同。买卖合同是出卖人转移标的物的所有权于买受人，买受人支付价款的合同。买卖合同的内容除合同的一般条款外，还可以包括包装方式、检验标准和方法、结算方式、合同使用的文字及其效力等条款。

（2）供用电、水、气、热力合同。供用电合同是供电方按照规定的供电标准和电力分配计划，保质保量地向用电方输送电力，用电方按规定用电并支付电费的合同。供用电合同的内容包括供电方式、质量、时间，用电容量、地址、性质，计算方式，电价、电费的结算方式，供用电设施的维护责任条款。供用水、供用气、供用热力合同，参照供用电合同的有关规定。

网络服务、通信服务合同一般也应参照此类合同的有关规定。

（3）赠与合同。赠与合同是赠与人将自己的财产无偿给予受赠人，受赠人表示接受赠与的合同。赠与人在赠与财产的权利转移之前可以撤销赠与。赠与的财产依法需要办理登记等手续的，应当办理有关手续。

（4）借款合同。借款合同是借款人向贷款人借款，到期返还借款并支付利息的合同。借款合同采用书面形式，但自然人之间借款另有约定的除外。借款合同的内容包括借款种类、币种、用途、数额、利率、期限和还款方式等条款。

（5）租赁合同。租赁合同是出租人将租赁物交付承租人使用、收益，承租人支付租金的合同。

租赁合同的内容包括租赁物的名称、数量、用途、租赁期限、租金及其支付期限和方式、租赁物维修等条款。租赁期限不得超过 20 年。超过 20 年的，超过部分无效。

（6）融资租赁合同。融资租赁合同是出租人根据承租人对出卖人、租赁物的选择，向出卖人购买租赁物，提供给承租人使用，承租人支付租金的合同。融资租赁合同的内容包括租赁物名称、数量、规格、技术性能、检验方法、租赁期限、租金构成及其支付期限和方式、币种、租赁期间届满租赁物的归属等条款。出租人根据承租人对出卖人、租赁物的选择订立的买卖合同，未经承租人同意，出租人不得变更与承租人有关的合同内容。

（7）承揽合同。承揽合同是承揽人按照定做人的要求完成工作，交付工作成果，定做人给付报酬的合同。承揽包括加工、定做、维修、复制、测试、检验等工作。承揽合同的内容包括承揽的标的、数量、质量、报酬、承揽方式、材料提供、履行期限、验收标准和方法等条款。

（8）建设工程合同。建设工程合同是承包人进行工程建设，发包人支付价款的合同。建设工程合同包括工程勘察、设计、施工合同。建设工程合同应当采用书面形式。

（9）运输合同。运输合同是承运方将旅客或货物从起运地点运输到约定地点，旅客、托运人或者收货人支付票款或运输费用的合同。运输合同包括客运合同、货运合同、多式联运合同。

客运合同自承运人向旅客交付客票时成立，但当事人另有约定或另有交易习惯的除外。

托运人办理货物运输，应当向承运人准确表明收货人的名称或姓名，货物的名称、性质、重量、数量，收货地点等有关货物运输的必要情况。

多式联运经营人负责履行或组织履行多式联运合同，对全程运输享有承运人的权利，承担承运人的义务。

（10）技术合同。技术合同是当事人就技术开发、转让、咨询或服务订立的确立相互之间的权利和义务的合同。技术合同包括技术开发合同、技术转让合同、技术咨询合同和技术服务合同。

技术开发合同是指当事人之间就新技术、新产品、新工艺或新材料及其系统的研究开发所订立的合同。

技术转让合同包括专利权转让、专利申请权转让、技术秘密转让、专利实施许可合同，技术转让合同应当采用书面形式。技术转让合同可以约定让与人和受让人实施专利或使用技术秘密的范围，但不得限制技术竞争和技术发展。

技术咨询合同包括就特定技术项目提供可行性论证、技术预测、专题技术调查、分析评价报告等合同。

技术服务合同是指当事人一方以技术知识为另一方解决特定技术问题所订立的合同，不包括建设工程合同和承揽合同。

（11）保管合同。保管合同是保管人保管寄存人交付的保管物，并返还该物的合同。保管合同自保管物交付时成立，保管人应当妥善保管被保管物。寄存人应当按照约定向保管人支付保管费。

（12）仓储合同。仓储合同是保管人储存存货人交付的仓储物，存货人支付仓储费的合同。仓储合同自成立时生效。

（13）委托合同。委托合同是委托人和受托人约定，由受托人处理委托人事务的合同。委托人可以特别委托受托人处理一项或数项事务，也可以概括委托受托人处理一切事务。

（14）行①纪合同。行纪合同是行纪人以自己的名义为委托人从事贸易活动，委托人支付报酬的合同。行纪人，是指经营行纪业务的当事人。

（15）居间合同。居间合同是居间人向委托人报告订立合同的机会或提供订立合同的媒介服务，委托人支付报酬的合同。居间人是为委托人与第三人进行民事法律行为报告信息机会或提供媒介联系的中间人。

2．劳动合同的分类

（1）依据《中华人民共和国劳动合同法》，根据劳动合同使用领域，将劳动合同分为以下三种。

1）个人劳动合同。个人劳动合同是用人单位与劳动者建立劳动关系签订的合同或协议。

2）集体劳动合同。集体劳动活动是企业工会代表职工一方与用人单位通过平等协商，就劳动报酬、工作时间、休息休假、劳动安全卫生、保险福利等事项订立的集体合同。集体合同草案应当提交职工代表大会或全体职工讨论通过。集体合同由工会代表企业职工一方与用人单位订立；尚未建立工会的用人单位，由上级工会指导劳动者推举的代表与用人单位订立。

3）劳务派遣合同。劳务派遣合同是劳务派遣单位与被派遣劳动者订立的劳动合同，除应当载明劳动合同规定的一般事项外，还应当载明被派遣劳动者的用工单位及派遣期限、工作岗位等情况。

（2）按照劳动合同的时间，还可分为固定期限劳动合同、无固定期限劳动合同和以完成一定工作任务为期限的劳动合同。

1）固定期限劳动合同。固定期限劳动合同是指用人单位与劳动者约定合同终止时间的劳动合同。

2）无固定期限劳动合同。无固定期限劳动合同是指用人单位与劳动者约定无确定终止时间的劳动合同。

3）以完成一定工作任务为期限的劳动合同。以完成一定工作任务为期限的劳动合同是指用人单位与劳动者约定以某项工作的完成为合同期限的劳动合同。

---

① 读音为“hang”

6.2.4 财经法律合同的写作格式

财经法律合同的种类繁多，由于用于不同经济法律事项，内容各异，格式上有各自的特点。但是，从整体上看，财经法律合同仍有一些共同的要素与格式规范要求。以下对经济合同与劳动合同分别叙述。

1．经济合同内容上的必备要素

经济合同内容上共同的要素包括以下八个方面。

（1）当事人的名称或姓名和住所。

（2）标的。

（3）数量。

（4）质量。

（5）价款或报酬。

（6）履行期限、地点和方式。

（7）违约责任。

（8）解决争议的方法。

以上要素是每份经济合同都必须具备的，要素齐全是经济合同成立并正常发挥法律效力的必要条件，要素缺一不可。

2．劳动合同内容上的必备要素

劳动合同内容上共同的要素包括以下十个方面。

（1）用人单位的名称、住所和法定代表人或主要负责人。

（2）劳动者的姓名、住址和居民身份证或其他有效身份证件号码。

（3）劳动合同期限。

（4）工作内容和工作地点。

（5）工作时间和休息休假。

（6）劳动报酬。

（7）社会保险。

（8）劳动保护、劳动条件和职业危害防护。

（9）法律、法规规定应当纳入劳动合同的其他事项。

（10）用人单位与劳动者可以约定试用期、培训、保守秘密、补充保险和福利待遇等其他事项。

3．财经法律合同的结构

当事人可以参照各类合同的示例文本订立合同，每份合同都必须做到结构完整。财经法律合同结构上一般都由标题、双方名称、合同编号与签订的时间及地点、正文、落款五个部分组成。

（1）标题。标题用于明确经济合同的业务性质，即写明这是哪一类合同，常用以下两种形式。

1）合同性质+文种。例如，《借款合同》、《买卖合同》等。

2）合同标的+文种。例如，《房屋抵押借款合同》、《商品房买卖合同》等。

（2）双方名称。双方名称必须按照法定名称写正式名称，不允许写代称、代号、简称，也不能用“你方”、“我方”代替，这样容易造成歧义。一般在标题之下，空一行，空两格，分两列并列写订立合同单位全称。为叙述方便，习惯上常在双方名称后括号内注明甲方、乙方，如有第三方列为乙方，并排排列。重要的财经法律合同还要在单位名称下一行注明组织的注册地址、联系电话、法人代表等信息。

实 例

机电产品买卖合同

××公司（以下称甲方）

地址：××市××区西安街 188 号　法人代表：××　电话：145××××××××

××商城（以下称乙方）

地址：××市××区北安街 184 号　法人代表：××　电话：155××××××××

（3）合同编号与签订的时间及地点。有些重大项目合同还要有合同编号、签订地点、签订时间，一般在合同标题之下，立合同人右侧或右上方。合同编号用于组织的内部管理与使用；签约地点涉及合同执行发生争议时有效受理诉讼地点的选择；签订时间关系到合同的生效期与有效期。因此，不得涂改或空白不填写。

实 例

商品房买卖合同

合同编号：

订立地点：

订立时间：

（4）正文。正文是合同的核心部分，通常由开头、主体、结尾三部分组成。

1）开头。财经法律合同简要说明签订合同的目的或依据，明确遵循的原则，以引起下文。常用“根据式”开头或“目的式”开头。依据多指法律依据及实际情况，多数合同只要写出签订合同的目的即可。一般表述为“根据……按照自愿、公平、诚信的原则，甲方与乙方……为明确双方责任，经甲乙双方充分协商，特订立本合同”。

2）主体。财经法律合同主体写明立合同双方所签订的具体条款，也就是双方所应承担的义务和应享受的权利，它体现了签订合同的原则及签订的合同条款是否合法、有效。一般合同都应包括以下条款。

① 标的。标的是合同双方的权利和义务所共同指向的对象，即双方当事人要求实现的目的。合同种类不同，标的也不同，它可以是某种实物，也可以是某种服务或智力成果等，如借款合同的标的是货币，建筑合同的标的是建筑物。如果合同没有标的，合同也就不能成立。合同的标的必须合法，否则合同无效。

② 数量。数量是指标的计量，是衡量标的大小、多少、轻重、高低的尺度。它是确定双方权利和义务大小的标准，如贷款金额、购买货物数量等。

③ 质量。质量是指标的内在素质和外在形象的状况，是对标的质的要求。质量主要包括标的成分、含量、纯度、规格、型号、轻重、大小、精密度、性能等。它是确立双方权利义务范围和大小的标准。因此，订立合同时要尽量将标的质量详尽写明，质量条款的约定应符合国家标准化管理的规定。

④ 价款和酬金。价款和酬金是指取得对方的产品或劳务等成果时所支付的代价。以实物为标的的叫“价款”，以服务为标的的叫“酬金”或“报酬”。价款在买卖合同中是指产品的价格款，在租赁合同中是指租金，在借款合同中是指利息；酬金在承揽合同中是指加工费，在保管合同中是指保管费，在运输合同中是指运输费。价款和酬金均以货币数量单位来表示，是合同双方等价有偿交换的经济关系的标志，都属于得到标的一方向对方支付的代价。

⑤ 履行期限、履行地点和履行方式。履行的期限是享有标的的一方要求对方履行合同义务的时间规定，是衡量合同是否按时履行的标准。一切经济活动都是有期限的，一方违背了期限的要求，必然会给对方造成经济损失，因此，履行期限必须在合同中写明。履行地点是指履行合同义务和接受对方履行义务的地方，即交付、提取标的的地点。它直接关系到履行合同的费用和时间，是分清双方责任的重要条款。履行的方式指双方采取什么方式来履行合同，一般可分为时间方式和行为方式两个方面。时间方式是指是一次性履行完毕，还是分期履行；行为方式是指当事人交付标的物的方式，不同的合同有不同的规定，如买卖合同，交货方式是送货、提货还是代运，合同中都应该规定清楚。

⑥ 合同违约责任。违约责任是指合同双方因自己的过错造成不能履行或不能完全履行合同而承担的经济和法律责任。违约责任是合同不可缺少的最重要的部分，是履行合同的重要保证，是出现矛盾分歧时解决合同纠纷的可靠依据。要写明制裁措施及违约金、赔偿金的数额等。承担违约责任的主要方式是支付违约金和偿付赔偿金。法定或预先约定的违约责任，不管是否给对方造成实际损失，违约方都要支付违约金。一方违约给另一方造成损失而没有违约金或违约不足以弥补损失时要偿付赔偿金。

⑦ 合同争议的解决方法。解决争议的方法是指在履行合同的过程中当事人对合同发生争议时所采用的协调方法。合同纠纷产生争议的原因非常复杂，有客观原因，也有主观原因。客观原因主要指“不可抗力”因素。如果甲方遭受自然灾害，不能按期履行合同，甲方应及时向乙方说明不能如期履行或需延期履行合同义务的理由，乙方在取得有关证明以后，可允许其免除部分或全部违约责任。主观原因有多种，如乙方经营不善，导致合同不能如期履行，这时对方有权要求违约方承担违约责任。

为解决可能在合同履行中出现的问题，应将合同的变更、解除、争议仲裁事项在签订合同时商议清楚，并明确写入合同条款，一旦发生经济纠纷，可按条款规定的方法进行处理。

3）结尾。结尾部分应包括以下内容。

① 订立合同的补充办法。例如，“本合同未尽事宜，应由双方约定后订立合同附件。合同附件与本合同具有同等法律效力”。

② 合同的份数。例如，“本合同一式三份，甲方、乙方、担保方各执一份；合同副本一式

两份，报送××等单位各留存一份”。

③ 合同的生效期。例如，“本合同经双方签字后生效”。

（5）落款。落款包括署名和签订日期。

署名包括双方单位名称、法定代表人姓名或受委托代理人姓名等。署名应并列写在正文左下方，如有附件，应写在附件下方。单位应加盖公章，法定代表、受委托人或自然人都要签字或盖章。

签订日期，即合同具有法律效力的起始日期，应写在署名的右下角。

6.2.5 财经法律合同的写作要求

1. 内容要符合国家的法律法规

财经法律合同条款的制定必须合理、合法，切实可行，不得损害国家、集体和他人的利益。即使结构再完整，内容再具体、明确，若有违规、违法的条款，不仅不能实现合同的目的，而且还要受到法律的制裁。

2. 条款必须明确、全面

近年来，对簿公堂、两败俱伤的案例中，相当部分是财经法律合同引起的经济纠纷，这既违背了签订财经法律合同双方的初衷，也不利于社会主义经济的发展。所以条款的内容要具体明确，便于双方享有和履行自己的权利与义务。

3. 格式必须规范

撰写财经法律合同时，一定要按规定的文本格式和特定要求进行。财经法律合同的撰写，要严肃认真，不得随意涂改。合同如有错误或遇到特殊情况确需修改时，应将双方同意的意见作为附件附上，与原文一样具有同样法律效力。若在原件上修改，应加盖双方印章。

4. 语言必须准确

财经法律合同不允许出现含混不清或模棱两可的词语，以避免在合同的履行中出现不必要的争执和纠纷。财经法律合同中使用的概念，当事人应该有一致的理解，忌用模糊概念，以防歧义产生。财经法律合同表意要准确，不能使用“希望”、“尽可能”、“争取”等模糊性用语。财经法律合同的数字应准确，金额要大写。要注意正确使用标点符号，防止句号、逗号用错或点错而造成不必要的纷争或损失。

6.2.6 例文分析

例 文

GF-2012-0172　　　　　　　　　　合同编号：

商品房买卖合同示例文本

（现　售）

出卖人：____________________

买受人：____________________

中华人民共和国住房和城乡建设部
中华人民共和国国家工商行政管理总局
二〇一三年　月修订

说　明

1. 本合同文本为示例文本，由中华人民共和国住房和城乡建设部、中华人民共和国国家工商行政管理总局共同制定。各地可在有关法律法规规定的范围内，结合实际情况调整合同相应内容。

2. 商品房现售是指房地产开发企业将竣工验收合格的商品房出售给买受人，并由买受人支付房价款的行为。商品房现售应当严格按照《商品房销售管理办法》规定的条件和程序进行。

3. 签订本合同前，出卖人应当向买受人出示有关权属证书或证明文件。

4. 出卖人应当就合同重大事项对买受人尽到提示义务。买受人应当审慎签订合同，在签订本合同前，要仔细阅读合同条款，特别审阅其中具有选择性、补充性、填充性、修改性的内容，注意防范潜在的市场风险和交易风险。

5. 本合同文本【　】中选择内容、空格部位填写内容及其他需要删除或添加的内容，双方当事人应当协商确定。【　】中选择内容，以打 √ 方式选定；对于实际情况未发生或双方当事人不作约定时，应当在空格部位打 ×，以示删除。

6. 出卖人与买受人可以针对合同中未约定或约定不详的内容，根据所售项目的具体情况在相关条款后的空白行中进行补充约定，也可以另行签订补充协议。

7. 双方当事人可以根据实际情况决定本合同原件的份数，并在签订合同时认真核对，以确保各份合同内容一致；在任何情况下，出卖人和买受人都应当至少持有一份合同原件。

术　语

1. 法定代理人：依照法律规定直接取得代理权的人（《民法通则》第六十四条）。

2. 套内建筑面积：成套房屋的套内建筑面积由套内使用面积、套内墙体面积、套内阳台建筑面积三部分组成（《房产测量规范》第一单元附录B）。

3. 房屋的建筑面积：房屋外墙（柱）勒脚以上各层的外围水平投影面积，包括阳台、挑廊、地下室、室外楼梯等，且具备有上盖，结构牢固，层高2.20m以上（含2.20m）的永久性建筑（《房产测量规范》第一单元8.1.2）。

4. 不可抗力：不能预见、不能避免并不能克服的客观情况（《民法通则》第一百五十三条）。

5. 民用建筑节能：在保证民用建筑使用功能和室内热环境质量的前提下，降低其使用过程中能源消耗的活动。民用建筑是指居住建筑、国家机关办公建筑和商业、服务业、教育、卫生等其他公共建筑（《民用建筑节能条例》第二条）。

6. 房屋登记：房屋登记机构依法将房屋权利和其他应当记载的事项在房屋登记簿上予以记载的行为（《房屋登记办法》第二条）。

7. 预告登记：在本合同中是指为保障买受人将来获得商品房所有权，在买卖双方签订商品房买卖合同后，按照约定向登记机构申请办理的登记类型。

8. 转移登记：在本合同中是指为使商品房所有权从出卖人转移至买受人所办理的登记类型。

9. 房屋登记机构：直辖市、市、县人民政府建设（房地产）主管部门或其设置的负责房屋登记工作的机构（《房屋登记办法》第四条）。

10. 分割拆零销售：房地产开发企业以将成套的商品住宅分割为数部分分别出售给买受人的方式销售商品住宅的行为（《商品房销售管理办法》第四十五条）。

11. 返本销售：房地产开发企业以定期向买受人返还购房款的方式销售商品房的行为(《商品房销售管理办法》第四十五条)。

出卖人向买受人出售其开发建设的房屋，双方当事人应当在自愿、平等、公平及诚实信用的基础上，根据《中华人民共和国合同法》、《中华人民共和国城市房地产管理法》、《中华人民共和国物权法》等法律、法规的规定，就商品房买卖相关内容协商达成一致意见，签订本商品房买卖合同。

第一章　合同当事人

出卖人：

通信地址：

邮政编码：

营业执照注册号：

企业资质证书号：

法定代表人：　　　　　　　　　　　联系电话：

委托代理人：　　　　　　　　　　　联系电话：

委托销售经纪机构：

经纪机构备案证明号：

通信地址：

邮政编码：

营业执照注册号：

买受人：

【法定代表人】【负责人】：__________【国籍】【户籍所在地】：____________

证件类型：【身份证】【护照】【营业执照】【　　　　】，证号：____________

出生日期：_______年_______月_______日，性别：____________________

通信地址：____

邮政编码：______________________联系电话：________________________

【委托代理人】【法定代理人】：____________【国籍】【户籍所在地】：________

证件类型：【身份证】【护照】【营业执照】【　　　　】，证号：______________

出生日期：_______年_______月_______日，性别：________________________

通信地址：____

邮政编码：________________联系电话：____________________

（买受人为多人时，可在本章做相应增加）

第二章　商品房基本状况

第一条　项目建设依据（略）

第二条　销售依据（略）

第三条　商品房基本情况

1. 该商品房的规划用途为【住宅】【办公】【商业】【　　　】。

2. 该商品房所在楼栋的主体建筑结构为______________，建筑层数为______层，其中地上________层，地下________层。

3. 该商品房为第一条规定项目中的__________【幢】【座】【　　】______单元______层______号。该商品房的平面图见附件一。

4. 该商品房的房产测绘机构为______________，其预测建筑面积共______平方米，其中套内建筑面积________平方米，共有分摊建筑面积________平方米。该商品房共用部位见附件二。

该商品房层高为________，有_________个阳台，其中________个阳台为封闭式，________个阳台为非封闭式。

第四条　抵押情况　（略）

第五条　租赁情况（略）

第六条　房屋权利状况承诺（略）

第三章　商品房价款

第七条　计价方式与价款（略）

第八条　付款方式及期限（略）

第九条　逾期付款责任（略）

除不可抗力外，买受人未按照约定时间付款的，双方同意按照下列第___种方式处理：（略）

第四章　　商品房交付条件与交付手续

第十条　商品房交付条件（略）

第十一条　商品房相关设施设备交付条件（略）

第十二条　交付时间和手续（略）

第十三条　逾期交付责任（略）

第五章　　商品房质量及保修责任

第十四条　商品房质量（略）

第十五条　保修责任　（略）

第十六条　质量担保（略）

第六章　　房屋登记

第十七条　房屋登记（略）

第七章　　物业管理

第十八条　物业管理（略）

第八章　　其他事项

第十九条　建筑物区分所有权（略）

第二十条　税费（略）

第二十一条　销售和使用承诺（略）

第二十二条　送达（略）

第二十三条　买受人信息保护（略）

第二十四条　争议解决方式

本合同在履行过程中发生的争议，由双方当事人协商解决，也可通过消费者协会等相关部门调解；或按照下列第______种方式解决：

1. 依法向房屋所在地人民法院起诉。

2. 提交______仲裁委员会仲裁。

第二十五条　本合同自双方签字或盖章之日起生效。对本合同中未约定或约定不明的内容，双方可根据具体情况签订书面补充协议（补充协议见附件十一）。

补充协议中含有不合理的减轻或免除本合同中约定应当由出卖人承担的责任，或不合理地加重买受人责任、排除买受人主要权利内容的，仍以本合同为准。

本合同的解除应当采用书面形式。

第二十六条　本合同及附件共______页，一式______份，其中出卖人______份，买受人______份。

出卖人（签字或盖章）：	买受人（签字或盖章）：
【法定代表人】（签字或盖章）：	【法定代表人】（签字或盖章）：
【委托代理人】（签字或盖章）：	【委托代理人】（签字或盖章）：
签订时间：____年____月____日	签订时间：____年____月____日
签订地点：	签订地点：

附件一　房屋平面图（应当标明方位）（以下附件均略）

附件二　关于该商品房共用部位的具体说明（可附图说明）

附件三　抵押权人同意该商品房转让的证明及关于抵押的相关约定

附件四　出卖人提供的承租人放弃优先购买权的声明

附件五　关于该商品房价款的计价方式、总价款、付款方式及期限的具体约定

附件六　关于本项目内相关设施、设备的具体约定

附件七　关于装饰装修及相关设备标准的约定

附件八　关于保修范围、保修期限和保修责任的约定

附件九　关于质量担保的证明

附件十　关于物业管理的约定

附件十一　补充协议

例文简析

本合同是一份商品房买卖合同，从形式看是一份规范的格式条款。

结构完整，由标题、合同编号与签订的时间及地点、立合同双方名称、正文和落款五部分组成。

标题，属于合同标的+文种形式。

合同编号与签订的时间及地点、双方名称等项内容完整。

正文，由开头、主体和结尾三部分构成。开头部分，简要说明签订合同的依据和目的，并由“双方当事人应当……签订本商品房买卖合同”惯用语过渡到主体部分。主体部分共写八个条款，明确了甲乙双方权利与义务。结尾部分写了争议处理办法与合同份数。

落款，由甲乙双方签字和成文日期构成。

需要注意的是：合同中有些地方是空白的，需要手写填入，需要注意规范书写，不能涂改。要用钢笔或碳素墨水笔。

这份合同结构完整，但本合同是由甲方拟定的，有的条款对乙方略显不公。

项目训练

2014届毕业生就业协议书

毕　业　生＿＿＿＿＿＿＿＿＿＿＿＿＿＿

用人单位＿＿＿＿＿＿＿＿＿＿＿＿＿＿

学校名称＿＿＿＿＿＿＿＿＿＿＿＿＿＿

按《普通高等学校毕业生就业工作暂行规定》的要求，为维护国家就业计划的严肃性，明确毕业生、用人单位、学校三方在毕业生就业工作中的权利和义务，经协商，毕业生、用人单位、学校三方签订如下协议。

一、毕业生应按国家有关规定就业，向用人单位如实介绍自己的情况，了解单位的使用意图，表明自己的就业意见，在规定的时间内到用人单位报到。若遇到特殊情况不能按时报到，需征得用人单位的同意。

二、用人单位要如实介绍本单位的情况，明确对毕业生的要求及使用意图，做好各项接收工作。凡取得毕业资格的毕业生，用人单位不得以学习成绩为由提出违约；未取得毕业资格的结业生，本协议无效。

三、学校要如实向用人单位介绍毕业生的情况，做好推荐工作，用人单位同意录用后，经学校审核列入建议就业计划，报教育厅批准，学校负责办理派遣手续。

四、学校应在学生毕业前安排体检，不合格者不派遣。如果用人单位对毕业生身体条件有特殊要求，原则上在签订协议前进行单独体检，否则，以学校体检为准。

五、毕业生、用人单位、学校三方如有其他约定，应在备注栏注明，并视为本协议的一部分。

六、本协议经毕业生和用人单位签字或盖章后生效，经学校鉴证登记后作为签发报到证的依据。

七、本协议一式三份，毕业生、用人单位、学校各执一份，复印无效。

<table>
<tr><td rowspan="6">毕业生情况及意见</td><td>姓　　名</td><td></td><td>性　别</td><td></td><td>出生年月</td><td></td><td>民　族</td><td></td></tr>
<tr><td>政治面貌</td><td></td><td>培养方式</td><td colspan="2"></td><td>健康状况</td><td colspan="2"></td></tr>
<tr><td>专　　业</td><td colspan="3"></td><td>学　　制</td><td></td><td>学　历</td><td></td></tr>
<tr><td>联系电话</td><td colspan="3"></td><td>电子信箱</td><td colspan="3"></td></tr>
<tr><td>家庭地址</td><td colspan="7"></td></tr>
<tr><td colspan="8">应聘意见：
毕业生签名：
年　　月　　日</td></tr>
<tr><td rowspan="7">用人单位情况及意见</td><td>单位名称</td><td colspan="4"></td><td>单位隶属</td><td colspan="2"></td></tr>
<tr><td>联 系 人</td><td></td><td>联系电话</td><td colspan="2"></td><td>邮政编码</td><td colspan="2"></td></tr>
<tr><td>通信地址</td><td colspan="4"></td><td>联系部门</td><td colspan="2"></td></tr>
<tr><td>单位性质</td><td colspan="7"></td></tr>
<tr><td>档案转寄
详细地址</td><td colspan="7"></td></tr>
<tr><td>户口迁入地址</td><td colspan="7"></td></tr>
<tr><td colspan="4">用人单位意见：
签章
年　　月　　日</td><td colspan="4">用人单位上级主管部门意见：
（有用人自主权的单位此栏可略）
签章
年　　月　　日</td></tr>
<tr><td>学校意见</td><td colspan="8">学校毕业生就业主管部门意见：
签章
年　　月　　日</td></tr>
<tr><td colspan="9">学校通信地址：</td></tr>
<tr><td colspan="9">注意事项
一、就业协议书的签订程序：
1. 毕业生填写本人基本情况、签署应聘意见并签名；
2. 用人单位签署接收意见，由人事部门负责人签字并加盖单位公章；
3. 学校毕业生就业办公室签署意见后列入就业方案。
二、毕业生必须在协议书上说明是否报考研究生、专升本或公务员，并将有关情况告知用人单位，双方协商达成一致意见后，在备注栏内注明。
三、备注栏内已写明的内容，双方可以协商填写，否则无效。</td></tr>
<tr><td colspan="9">备注</td></tr>
</table>

一、以下甲方为用人单位，乙方为毕业生。

二、（乙方填写）乙方（已／没有）报考研究生或专升本或国家公务员。

三、在甲方知情的情况下，乙方若被录取为研究生或专升本或被录用为国家公务员，学校视为本协议自行取消，并由乙方负责通知甲方。

四、（甲方填写）甲方录用乙方所从事的岗位工作、落户情况、服务期限、工作条件等情况：

五、（甲方填写）甲方录用乙方后，能为乙方提供的工资待遇、住房福利、培训发展情况：

六、甲方如有以下情形，属于甲方违约，应承担违约责任：

1. 在招聘过程中，甲方向乙方提供虚假的或严重失实的招聘信息的；

2. 甲方在与乙方签订就业协议后，未经乙方同意，擅自变更乙方工作地点的；

3. 甲方在与乙方签订就业协议后，除本协议另有规定之外，甲方无正当理由不接收乙方的。

七、乙方如有以下情形，属于乙方违约，应承担违约责任：

1. 乙方在应聘过程中向甲方提供虚假的、不真实的求职材料（包括学习成绩、外语等级证书、个人基本情况等）的；

2. 乙方未经甲方同意，毕业后未在报到证规定的时间内到甲方报到的。

八、违约方须征得另一方的同意，双方签字盖章后，方可结束本协议。

九、其他约定：

甲方：用人单位　　　　乙方：毕业生

（签章）　　　　（签字）

阅读以上材料，讨论下面的问题：

1. 毕业生就业协议书是劳动合同吗？
2. 请根据劳动合同的相关要求，列出就业协议与劳动合同的差异。
3. 就协议文本看，毕业生的合同风险有哪些？是否可以通过补充协议规避风险？
4. 这份协议有不符合合同原则的地方吗？
5. 请找到一份劳动合同进行比对，说明就业协议与劳动合同的关系。

关键概念

合同　财经法律合同　劳动合同　标的　合同违约责任

课堂讨论题

1. 财经法律合同具有哪些特点？
2. 经济合同应具备哪些要素？
3. 劳动合同应具备哪些要素？
4. 什么叫违约责任？财经法律合同中为什么必须规定违约责任？
5. 财经法律合同有哪些写作要求？

实训题

请阅读下面的合同，分小组讨论，找出其写作格式及写作内容上存在的问题，分析原因，予以修改。

车辆买卖合同

买方：（以下简称甲方）

卖方：（以下简称乙方）

甲、乙双方就车辆买卖事宜达成以下协议，共同遵照执行。

第一条　甲方购买乙方所有的机动车一辆，车号：___颜色：___产地：___型号：___发动机号码：___（拓印粘贴）底盘号码：___（拓印粘贴）。

第二条　甲方向乙方支付车款人民币××万元。包括三部分：定金、第一笔车款和其余部分车款。

第三条　甲方的付款方式和期限：本合同生效当日付定金___万元，3 日内再支付第一笔车款现金___万元；其余部分车款在该车办理转户手续前全部付清。

第四条　乙方在收到甲方第一笔车款之日，应立即交付无瑕疵的车辆及随车工具。瑕疵保证期为自车辆交付之日起 1 个月，并且保证他人对该车无任何权利要求。

第五条　办理转户所需费用由甲方负担。乙方负有协助办理的义务。

第六条　乙方应交付给甲方该车的全部真实、有效的证件及缴税、费凭证。

第七条　乙方应保证交付前该车的维护正常，手续完整。

第八条　甲方违反本合同，定金不予退还。

第九条　乙方违反本合同，应向甲方支付相当于定金数额的违约金。

第十条　本合同自双方签字之日生效。本合同一式二份。

甲方（授权签字人）：	乙方（授权签字人）：
住址：	住址：
证件号码：	证件号码：
年　月　日	年　月　日

6.3 授权委托书

6.3.1 授权委托书的概念

授权委托书是当事人委托他人在某一特定时间、某一特定财经法律事务中代表自己行使自己的合法权利，受委托人在行使权利时需出具的财经法律应用文。

这一概念从以下方面理解。

首先，授权委托书是当事人委托他人处理某一特定财经法律事务时的授权凭证。

其次，授权委托书只在某一特定时间、某一特定财经法律事务中有效，不得超出使用范围使用。

最后，受委托人接受委托后，如果做出违反国家法律的有关规定，委托人有权终止委托关系。在委托人的授权委托书确定的权利内，受委托人行使的全部职责和后果都将由委托人承担，被委托人不承担任何法律责任。

6.3.2 授权委托书的特点

授权委托书是组织或个人为某个经济目的，经委托人与受委托人协商一致，由受委托人处理委托人事务订立的具有法律效力的合同。授权委托书对委托人与受委托人双方具有约束力，具有合同的一般特点，具有合同的同等法律效力。授权委托书的主要特点如下。

（1）授权有效特点。签订授权委托书的双方当事人对委托授权的范围、条件、要求等做明确、具体的约定，在授权范围内受委托人可全权行使委托人权利。

（2）授权有限特点。授权委托书一般针对特定事项，在特定处理范围内有效，超越授权范围无效。

（3）书面文件特点。授权委托书必须是书面文件，必须由委托人认定，一般要亲笔签名，要明确必须具备的合同各要素。

6.3.3 授权委托书的分类

根据财经法律事务授权委托的使用需要，授权委托书可分为以下三类。

（1）全权委托授权委托书。委托人将自己的全部权利交由受委托人执行，并承担全部后果。

（2）单项事项授权委托书。委托人只将自己的某一项事项处理权利交由受委托人执行，并承担该项事项的处理后果。

（3）多项事项授权委托书。委托人只将自己的某几项事项处理权利交由受委托人执行，并承担该几项事项的处理后果。受委托人必须明确自己的权限，不得越权。

6.3.4 授权委托书的写作格式

授权委托书的写作格式与合同相似。一般来说，由标题、签订协议双方当事人名称、正文、落款四个部分组成。

1．标题

标题有以下三种形式。

（1）只标明文种。例如，《授权委托书》。

（2）内容+文种。例如，《诉讼代理人授权委托书》。

（3）双方当事人名称+事由+文种。例如，《大明公司诉讼代理人授权委托书》。

2．双方当事人名称

在标题左下方空一行，空两格并列写上授权委托双方当事人的单位名称及法定代表姓名，或自然人姓名。

实例

委托方：×××公司　法人代表：

受委托方：×××律师事务所 ×××律师

3．正文

正文包括前言与主体两个部分。

（1）前言。前言写明授权委托的目的、依据等，如“双方于××××年××月××日在××市，经过协商，就处理公司×××案件事宜，达成如下授权委托协议”。

（2）主体。主体部分要写明授权委托的事项，一般包括授权委托内容、处理的方式、目标结果及涉及的双方权利与义务，主要针对一些问题的具体要求、违约责任、有效期限、授权委托书份数和保存及其他要说明的事项。

4．落款

包括当事人双方的单位名称及法定代表人姓名或自然人姓名，均须加盖印章；签订授权委托书的日期；若有附项，还要将附加的有关材料予以注明；最后还要写清双方的地址、电话等。

6.3.5　授权委托书的写作要求

（1）授权委托内容要符合国家法律、法规。由于授权委托是一种契约活动，一旦签订就具有法律效力，因此写作内容必须符合国家法律、法规，授权委托人要在法律规定范围内授权，受委托人要在法律规定范围内接受委托。任何单位和个人都不能以授权委托书为名进行违法活动。

（2）平等、诚信、协商一致的原则。授权委托书必须出于委托人与受委托人的真正意愿，在双方真正表达意志的基础上，经过充分有效的沟通而达成授权委托。

（3）修改、补充时须经双方同意，改动之处须由双方加盖印章。

6.3.6　例文分析

例文

授权委托书

委托人：天山公司　　法人代表：

受委托人：×××律师

天山公司为解决与×××公司关于商品销售货款的争议，特委托×××律师代表天山公司全权处理，依据《中华人民共和国合同法》，达成授权委托如下。

1．委托×××律师代表我公司全权处理与×××公司关于商品销售货款争议的案件。

2．处理与×××公司关于商品销售货款争议案件需要的相关费用由委托方全部承担，受委托人无须提前请示，凭正式票据报销。

3．受委托人必须每 2 日以书面形式向委托人通报一次该案件进展情况。

4．本授权委托有效期：2014 年 1 月 1 日—2014 年 3 月 20 日。

5. 本授权委托书一式三份，双方签字盖章、经公证部门公证后正式生效。授权委托书由双方及公证方各执一份，具有同样的法律效力。

委托人：天山公司（盖章）　　　　受委托人：×××律师（签字）
法人代表（签字）：
电 话：　　　　　　　　　　　　电 话：
　　　　年　　月　　日　　　　　　　　年　　月　　日

例文简析

这份授权委托书标题写明了文种名称，标题下方写明授权委托双方当事人单位和姓名全称。主体部分以条款形式写明授权委托事项，包括受委托方在该事项处理上的权利与义务，具体明确，便于执行。结尾处写明本授权委托书的有效、即生效条件与份数。总之，这份授权委托书行文格式规范，条款明确，操作性强。

关键概念

授权委托书

课堂讨论题

1. 授权委托书与经济合同的区别是什么？
2. 授权委托书有哪些种类？
3. 授权委托书的写作要求是什么？

实训题

试评析下面《法人代表授权委托书》，指出其写作格式及写作内容上存在的问题，并予以修正。

法人代表授权委托书

本授权书声明：____________公司的______________（法人代表姓名、职务）代表本公司授权________________（被授权人的姓名、职务）为本公司的合法代理人，就参加天马市第六自来水厂改扩建工程蝶阀采购项目（项目 HFCGZX-J20131026）报价、谈判、签约经济合同，以及合同的执行等，以本公司名义处理一切与之有关的事务。

特此声明。

法人代表签字盖章：
　　职务：
　　单位名称：
　　地址：

代理人（被授权人）签字盖章：
职务：
单位名称：
公司名称（公章）：
日期：

6.4　借款申请书

6.4.1　借款申请书的概念

借款申请书是组织或个人由于经济活动需要向另一方申请贷款或借款时使用的财经法律应用文。借款申请书属于财经法律事务性应用文。

6.4.2　借款申请书的特点

1．协商性

借款申请书是一方向另一方表达的愿望的一种书面方式，它的作用是向对方提出一种协商的意愿和对借款事项的具体请求，是协商性文种，最终作用取决于双方协商的结果。因此，它只是为后续的协商奠定基础。写借款申请书多用请求的语气，不带任何强制性。

2．灵活性

借款申请书的灵活性主要表现在以下两个方面。

（1）使用主体和对象的灵活性。借款申请书主体可以是个人，也可以是组织。借款申请书的对象可以是个人，也可以是组织（一般多数是银行）。

（2）借款还款方案选择的灵活性。在同一份借款申请书里可以提出多种方案供对方选择，或者对其中的某项某款同时提出几种意见，让对方比较和选择。在正式借款（或贷款）合同签订以前，借款还款方案可随时补充、修订。

3．临时性

借款申请书是协商过程中借款方借款意愿的表达，一旦达成正式借款协议，借款申请书的使命即得以完成。借款申请书不像协议、经济合同那样具有法律效力。

4．简略性

借款申请书仅仅表达借款方的愿望和初步意见，其内容往往只是一个基本轮廓和大致方案，因而不宜特别详细，一般写得较简略。

6.4.3　借款申请书的分类

借款申请书在企业生产和经营及各种组织间的协作中被广泛使用，具体可分为以下几种。

按借款对象分，可分为个人借款申请书和组织借款申请书。

按借款期限分，可分为长期借款申请书和短期借款申请书。

按借款条件分，可分为抵押借款申请书和信用借款申请书。

按借款用途分，可分为生产经营性借款申请书和消费性借款申请书。

6.4.4 借款申请书的写作格式

借款申请书一般由标题、被申请人或组织名称、正文、落款四个部分组成。要回答“谁申请借款及其基本情况”、“申请借款使用目的”、“申请借款额度及还款期限与方式”的问题。

1．标题

（1）只标明文种。例如，《借款申请书》。

（2）申请人+文种。例如，《个人借款申请书》、《企业借款申请书》。

（3）被申请人+文种。例如，《银行借款申请书》。

2．被申请人或组织名称

在标题空一行，左下方，顶格写上被申请人的单位或组织名称或自然人姓名。

实 例

×××农村信用联社：

3．正文

正文一般分三段，每段一个部分。

（1）第一段。谁申请借款及其基本情况。如果是企业组织，要介绍企业注册等相关信息，并提供相关证明材料，如企业营业执照等。如果是个人，应介绍个人资产情况。

（2）第二段。申请借款使用目的。如果是企业组织，要介绍企业申请借款具体使用项目，介绍项目相关情况、项目可行性、已具备的相关条件，并提供相关证明材料，如投资计划、市场调研报告等。如果是个人，应介绍个人申请借款具体使用项目，以及项目的必要性、可行性。

（3）第三段。申请借款额度及还款期限与方式。如果是企业组织，要明确提出借款额度、付款方式，借款条件、还款计划等。如果是个人，应明确提出借款额度、付款方式、借款条件、还款计划等。

如果有附件，可以在第三段下面列出，按公文的附件格式规定书写。

4．落款

在正文下方，写申请借款的组织或个人、盖章、联系电话及申请日期。

6.4.5 借款申请书的写作要求

（1）遵守国家现行的政策和法律、法规，不能在文中提出有悖国家政策和法规的请求。那种钻政策空子、牺牲国家利益、违背政策方针与有关法规精神的借款申请书，不能获得支持。

（2）要恪守诚信原则。对企业或个人的情况介绍一定实事求是，对借款事项的相关情况真实介绍，对承诺的还款能力和还款计划要经过认真分析，必须真实有效。

（3）借款申请书只需表明意愿和申请意见，并不需要确定特别具体、详尽和操作性的内容，但有些证明材料要作为申请的支持材料附在一起，以便被申请单位或个人依据材料判断是否需要进一步沟通，以便完成借款事项。

6.4.6 例文分析

例文

借款申请书

××支行：

××有限公司创建于××××年，至今已有 30 多年历史。公司拥有 12 条生产线，年产××产品××万吨。公司××××年获得中国质量认证中心认证，取得 ISO 9000：2008 质量管理体系标准认证证书。严密、完善、系统的质量管理体系，确保公司能连续、稳定地生产各系列高质量产品，并不断创新，提升企业竞争力。公司所在地紧临机场、港口和高速公路，海陆空交通便利，有利于国际国内市场拓展。

公司获得××产品生产许可证，生产的产品销售到全国 20 多个省市，应用于××行业。目前产品价格持续上涨，处于供不应求的局面，公司盈利水平明显提高。公司现有员工 535 人，各类专业技术人员 233 人，占地 600 余亩，注册资本 3 600 万元，资产总额 9 300 万元，年均销售收入可达 1 亿元，实现税金 800 万元，已经迈入新一轮快速发展的新平台。2014 年市场趋好，产品面临旺盛需求，给公司带来难得的发展机遇。

公司决定同时进行设备挖潜和新技术改造，扩大产能，以满足市场不断增长的需求。今年，主要材料价格涨幅较大，预计 2015 年下半年销量将会有一定增加，库存原材料无法满足扩大生产的需求，需要增加流动资金以扩大原材料库存，保障生产。因此，特向贵行提请流动资金贷款 1 000 万元，用于购进原料。公司用新增销量所增加的收益及折旧金作为还款来源，以公司所有的土地使用权及生产厂房、设备作为抵押，贷款使用期为两年。希望贵行给予公司贷款支持，帮助实现公司新的发展。

特此申请。

申请单位：××有限公司
法人代表：
联系电话：
2014 年 12 月 28 日

例文简析

上述实例是××有限公司的借款申请书，标题标明文种，整个申请书格式规范。正文共三段，分别是介绍企业背景及相关情况、企业当前面临经济形势、企业发展需要资金支持，申请贷款一千万元，采取抵押贷款方式，并已设计还款方式与资金来源，最后是落款。全文结构完整、格式规范、语言简练，表达深情意愿清晰明确，是一篇规范的借款申请书例文。

关键概念

借款申请书

课堂讨论题

1．借款申请书分成哪几类？
2．借款申请书有哪些特点？
3．借款申请书的写作要求是什么？

实训题

请阅读下面的借款申请书，根据借款申请书写作规范与要求，找出其存在的问题，讨论修改办法，将其改成既符合规范又不改变原文使用目的的借款申请书。

借款申请书

南昌市××食品工程有限公司创建于××年，至今已有6年历史。公司主要经营加工米制品、固体饮料、预包装食品。严密、完善、系统的管理体系，确保公司能连续、稳定地生产各系列高质量产品，并不断创新，提升企业竞争力。

公司获得食品卫生生产许可证，生产的产品销售到全国20多个省市，应用于食品行业。目前产品价格有一定上涨，处于供不应求的局面，公司盈利水平明显提高。公司现有员工120人，各类专业技术人员20人，注册资本120万元，年销售额可达1 800万元，实现年税金50万元，公司发展已经迈入新一轮快速发展的新平台。

2014年市场趋好，给公司创造了难得的发展机遇。公司决定同时进行设备挖潜和新技术改造，扩大产能，以满足市场不断增长的需求。今年主要原材料价格涨幅较大，同时公司预计2014年下半年销量都会有一定增加，库存原材料无法满足扩大产能后的生产需求，需要增加流动资金以扩大原材料库存，保障生产。因此，特向贵行借款，用于购进原燃料储藏物资。公司借款使用期为半年（6个月）。希望南浦银行给予我公司授信和借款支持，帮助我公司实现新的发展！

此致

顺祝商祺！

申请人：

6.5 公司章程

6.5.1 公司章程的概念

公司章程是指成立公司时依法制定的，规定公司名称、住所、经营范围、经营管理制度等重大事项的基本文件，也是公司必备的规定公司组织及活动基本规则的书面的财经法律事务应用文。公司章程载明了公司组织和活动的基本准则，是股东共同一致的意思表示，是公司的内部宪章。公司章程与《中华人民共和国公司法》一样，负有规范与控制公司活动的作用。作为公司组织与行为的基本准则，公司章程对公司的成立及运营具有十分重要的意义，它既是公司成立的基础，也是公司赖以生存的灵魂。

公司章程是《中华人民共和国公司法》规定公司设立的最基本条件和最重要的法律文件。各国公司立法均要求设立登记公司必须订立公司章程，公司的设立程序以订立章程开始，以设立登记结束。公司章程是公司对政府做出的书面保证，也是国家对公司进行监督管理的主要依据。

公司章程也是确定公司权利、义务关系的基本法律文件，公司依章程享有各项权利，并承担各项义务。符合公司章程的行为受法律保护，违反公司章程的行为就要受到干预和制裁。

公司章程还是公司实行内部管理和对外进行经济交往的基本法律依据。公司章程规定了公司组织和活动的原则及细则，是公司内外活动的基本准则。公司章程规定的股东权利、义务和确立的内部管理体制，是公司对内进行管理的依据。同时，公司章程也是公司向第三者表明信用和相对人了解公司组织和财产状况的重要法律文件。公司章程向外公开申明的公司宗旨、营业范围、资本数额及责任形式等内容，为投资者、债权人和第三人与公司进行经济交往提供了条件和资信依据，便于公司与第三人间的经济交往。

6.5.2　公司章程的特点

公司章程与《中华人民共和国公司法》一样，有规范与控制公司活动的作用。这就要求公司的股东和发起人在制定公司章程时，必须周全考虑，规定明确详细。公司章程主要特点如下。

1．法定性

法定性主要强调公司章程的法律地位、主要内容及修改程序、效力都由《中华人民共和国公司法》等法律强制规定，任何公司都不得违反。公司章程是公司设立的必备条件之一，无论是设立有限责任公司还是设立股份有限公司，都必须由全体股东或发起人订立公司章程，必须在公司设立登记时提交公司登记机关进行登记。

2．真实性

真实性主要强调公司章程记载的内容必须是客观存在的、与实际相符的事实。

3．自治性

自治性特点主要体现在三方面：一是公司章程作为一种行为规范，不是由国家，而是由公司依法自行制定的，是公司股东意思表示一致的结果；二是公司章程是一种法律以外的行为规范，由公司自己来执行，无须国家强制力来保证实施；三是公司章程作为公司内部规章，其效力仅限于公司和相关当事人，而不具有普遍的约束力。

4．公开性

公开性主要针对股份有限公司而言。公司章程的内容不仅对投资人公开，还要对包括债权人在内的社会公众公开。

6.5.3　公司章程的分类

国家法律对不同类型的公司有不同的法律规定，公司章程的内容要求也有所不同。公司章程主要有以下几类。

（1）有限责任公司章程。

（2）一人有限公司章程。

（3）国有独资公司章程。
（4）股份有限公司章程。
（5）中外合资企业章程。
（6）外商独资企业章程。
（7）企业集团章程。

6.5.4 公司章程的写作格式

公司章程一般由标题、正文、落款三个部分组成。

1．标题

公司章程的标题固定为：公司名称+章程。

公司名称要写全称，不得用简称，要与注册名称完全一致。

2．正文

正文一般分以下两部分。

第一部分，简要说明制定公司章程的具体法律依据，要根据公司的类型选择对应的法律作为依据。如是国内公司，一般依据《中华人民共和国公司法》；如是外资企业，要依据《中华人民共和国外资企业法》。还有交代主要出资人、投资人数、成立的公司名称，加上“特制定本章程”这一格式规范用语。

第二部分，国内公司按照《中华人民共和国公司法》第二十五条规定，逐项列出公司章程的以下八个方面。

（1）公司名称和住所。
（2）公司经营范围。
（3）公司注册资本。
（4）股东的姓名或者名称。
（5）股东的出资方式、出资额和出资时间。
（6）公司的机构及其产生办法、职权、议事规则。
（7）公司法定代表人。
（8）股东会会议认为需要规定的其他事项。

结构上可以把每部分作为一章，每项内容作为一条，一章可以有多条。不管形式如何变化，章程必须结构完整，内容必须全面，这八方面的内容必须全部包括。

3．落款

在最后，所有股东必须在公司章程上签名、盖章。

6.5.5 公司章程的写作要求

公司章程必须依据国家相关法律制定，不同类型的公司依据不同的法律制定公司章程，这些法律主要包括：《中华人民共和国公司法》、《中华人民共和国公司登记管理条例》、《企业名称登记管理实施办法》、《企业经营范围登记管理规定》、《公司注册资本登记管理规定》、《中华人民共和国证券法》、《中华人民共和国中外合资经营企业法》、《中华人民共和国中外合作经营企业法》、《中华人民共和国外资企业法》、《企业集团登记管理暂行规定》、《国家工商局关于实施〈企业集团登记管理暂行规定〉有关问题的通知》。

具体要求如下。

（1）遵守国家法律法规。章程中不能有与国家法律相冲突的内容，也不能有违背社会公德规范的内容。

（2）坚持诚信原则。投资人及投资额度、经营范围及有关情况一定真实有效，权利分配和义务承担与事实相符，否则将带来严重法律问题。

（3）公司章程内容与格式的规范性。内容的规范性体现在《中华人民共和国公司法》对公司章程的内容规定上，如第二十五条对有限责任公司章程内容规定要求载明八方面事项、股东应当在公司章程上签名盖章。

6.5.6　例文分析

例文

有限责任公司章程（样本）

依据《中华人民共和国公司法》(以下简称《公司法》),及有关法律、法规的规定，由_____等_____方（人）共同出资，设立______有限责任公司，并制定本章程。

第一章　公司名称和住所

第一条　公司名称：______有限责任公司（以下简称公司）

第二条　住所：______

第二章　公司经营范围

第三条　经公司登记机关核准，公司经营范围：（略）

第三章　公司注册资本

第四条　公司注册资本：_____万元人民币

公司增加或减少注册资本，必须召开股东会并由持有 2/3 以上表决权的股东通过并做出决议。公司减少注册资本，还应当自做出决议之日起 10 日内通知债权人，并于 30 日内在报纸上至少公告 3 次。公司变更注册资本应依法向登记机关办理变更登记手续。

第四章　股东的姓名、出资方式、出资额

第五条　股东的姓名、出资方式及出资额如下：

股东姓名、出资方式、出资额。

第六条　公司成立后，应向股东签发出资证明书。

第五章　股东的权利和义务

第七条　股东享有如下权利：

（一）参加或推选代表参加股东会并根据其出资份额享有表决权；

（二）了解公司经营状况和财务状况；

（三）选举和被选举为董事会或监事会成员；

（四）依照法律、法规和公司章程的规定获取股利并转让；

（五）优先购买其他股东转让的出资；

（六）优先购买公司新增的注册资本；

（七）公司终止后，依法分得公司的剩余财产；

（八）其他权利。

第八条 股东承担以下义务：

（一）遵守公司章程；

（二）按期缴纳所认缴的出资；

（三）依其所认缴的出资额承担公司的债务；

（四）在公司办理登记注册手续后，股东不得抽回投资；

（五）法律、行政法规规定的其他义务。

第六章 股东转让出资的条件

第九条 股东之间可以相互转让其全部或者部分出资。

第十条 股东转让出资由股东讨论通过。股东向股东以外的人转让其出资时，必须经全体股东过半数同意；不同意转让的股东应当购买该转让的出资，如果不购买该转让的出资，视为同意转让。

第十一条 股东依法转让其出资后，由公司将受让人的姓名、住所以及受让的出资额记载于股东名册。

第七章 公司的机构及其产生办法、职权、议事规则

第十二条 股东会由全体股东组成，是公司的最高权力机构，行使下列职权：

（一）决定公司的经营方针和投资计划；

（二）选举和更换董事，决定有关董事的报酬事项；

（三）选举和更换由股东代表出任的监事，决定有关监事的报酬事项；

（四）审议批准董事会（或执行董事）的报告；

（五）审议批准监事会或者监事的报告；

（六）审议批准公司的年度财务预算方案、决算方案；

（七）审议批准公司的利润分配方案和弥补亏损的方案；

（八）对公司增加或者减少注册资本做出决议；

（九）对发行公司债券做出决议；

（十）对股东向股东以外的人转让出资做出决议；

（十一）对公司合并、分立、变更公司形式、解散和清算等事项做出决议；

（十二）修改公司章程。

第十三条 股东会的首次会议由出资最多的股东召集和主持。

第十四条 股东会会议由股东按照出资比例行使表决权。

第十五条 股东会会议分为定期会议和临时会议，并应当于会议召开15日以前通知全体股东。定期会议应每年召开2次，临时会议由代表1/4以上表决权的股东，1/3的董事，或者1/3以上的监事提议方可召开。股东出席股东会议也可书面委托他人参加股东会议，但委托书中应载明被委托人的权限。

第十六条 股东会会议由董事会召集，董事长主持。董事长因特殊原因不能履行职务时，由董事长指定的副董事长或者其他董事主持。

（注：如果公司不设立董事会，股东会会议由执行董事召集并主持。）

第十七条 股东会会议应对所议事项做出决议，决议应当代表1/2以上表决权的股东表决通过，但股东会对公司增加或者减少注册资本、分立、合并、解散或者变更公司形式、修改公司章程所做出的决议，应当代表2/3以上表决权的股东表决通过。股东会应当对所议事项的决定做出会议记录，出席会议的股东应当在会议记录上签名。

第十八条 公司设董事会，成员为_____人，由股东会选举（委派）。董事任期_____年，任期届满，可连选连任，董事在任期届满前，股东会不得无故解除其职务。董事会设董事长1人，副董事长_____人。董事长、副董事长由董事会选举和罢免。

第十九条 董事会行使下列职权：

（一）负责召集股东会，并向股东会报告工作；

（二）执行股东会决议；

（三）决定公司的经营计划和投资方案；

（四）制定公司的年度财务预算方案、决算方案；

（五）制定公司的利润分配方案和弥补亏损方案；

（六）制定公司增加或者减少注册资本方案；

（七）拟定公司合并、分立、变更公司形式、解散的方案；

（八）决定公司内部管理机构的设置；

（九）聘任或者解聘公司经理（总经理）（以下简称经理），根据经理的提名，聘任或者解聘公司副经理、财务负责人，决定其报酬事项；

（十）制定公司的基本管理制度。

（注：有限责任公司不设董事会的，董事会有关条款可不要。）

第二十条 董事会由董事长召集并主持。董事长因特殊原因不能履行职务时，由董事长指定副董事长或者其他董事召集和主持，1/3以上董事可以提议召开临时董事会会议，并应于会议召开10日前通知全体董事。

第二十一条 董事会对所议事项做出的决定应由1/2以上的董事表决通过方为有效，并应做成会议记录，出席会议的董事应当在会议记录上签名。

第二十二条 公司设经理1名，由董事会聘任或者解聘，经理对董事会负责，行使下列职权：

（一）主持公司的生产经营管理工作，组织实施董事会决议；

（二）组织实施公司年度经营计划和投资方案；

（三）拟定公司内部管理机构设置方案；

（四）拟定公司的基本管理制度；

（五）制定公司的具体规章；

（六）提请聘任或者解聘公司副经理、财务负责人；

（七）聘任或者解除应当由董事会聘任或者解聘以外的负责管理人员；

（八）公司章程和董事会授予的其他职权。

经理列席董事会会议。

第二十三条 公司监事会，成员3人，并在其组成人员中推选1名召集人，监事会中股东代表监事与职工代表监事的比例为2∶1。监事会中职工代表由公司职工民主选举产生。监事任期每届3年，任期届满，可连选连任。

（注：股东人数较少、规模较小的公司可设1～2名监事。）

第二十四条 监事会（或监事）行使下列职权：

（一）检查公司财务；

（二）对董事、经理执行公司职务时违反法律、法规或者公司章程的行为进行监督；

（三）当董事和经理的行为损害公司利益时，要求董事和经理予以纠正；

（四）提议召开临时股东会；

（五）公司章程及有关法律、行政法规规定的其他职权。

监事列席董事会会议。

第八章 公司的法定代表人

第二十五条 董事长为公司的法定代表人，任期为_____年，由董事会选举和罢免，任期届满，可连选连任。

第二十六条 董事长行使下列职权：

（一）召集和主持股东会议和董事会议；

（二）检查股东会议和董事会议的落实情况，并向董事会报告；

（三）代表公司签署有关条约；

（四）在发生战争、特大自然灾害等紧急情况下，对公司事务行使特别裁决权和处置权，但这类裁决权和处置权须符合公司利益，并在事后向董事会和股东会报告；

（五）提名公司经理人选，由董事会任免；

（六）其他职权。

（注：公司设立执行董事而不设董事会的，执行董事为公司法定代表人，执行董事职权参照本条款及董事会职权。）

第九章 财务、会计、利润分配及劳动用工制度

第二十七条 公司应当依照法律、行政法规和国务院财政主管部门的规定建立本公司的财务、会计制度，并应在第一会计年度终了时制作财务会计报告，并应于该会计年度终了后60日内送交各股东。

第二十八条 公司利润分配按照下列顺序执行：提取10%的法定公积金；5%的法定公益金；弥补亏损；向股东按出资比例分配利润。

第二十九条 劳动用工制度按国家法律、法规及国务院劳动部门的有关规定执行。

第十章 公司的解散事由与清算办法

第三十条 公司为永久存续公司。

第三十一条 公司有下列情形之一的，可以解散：

（一）公司章程规定的解散事由出现时；

（二）股东会决议解散；

（三）因公司合并或者分立需要解散的；

（四）公司违反法律、行政法规被依法责令关闭的。

第三十二条 公司解散时，应依据《公司法》的规定成立清算组对公司进行清算。清算结束后，清算组应当制作清算报告，报股东会或者有关主管部门确认，并报送公司登记机关，申请注销公司登记，并公告公司终止。

第十一章 需要规定的其他事项

第三十三条 公司根据需要或涉及公司登记事项变更的，可修改公司章程，修改后的公司章程不得与法律、法规相抵触。修改公司章程由股东会代表 2/3 以上表决权的股东表决通过。修改后的公司章程应送原公司登记机关备案，涉及变更登记事项的，同时应向公司登记机关做变更登记。

第三十四条 公司章程的解释权属于董事会。

第三十五条 公司登记事项以公司登记机关核定为准。

第三十六条 本章程经各方出资人共同订立；自批准公司注册之日起生效。

第三十七条 本章程报公司登记机关备案 1 份。

全体股东亲笔签字：

年 月 日

例文简析

例文是一个公司章程标准样本，标题是“公司类别+文种”，这样就确定了公司章程依据的法律是哪一部。整个公司章程格式规范、结构完整、示范性强。主体中的第二部分除规定的内容外，增加了很多与公司实际运行密切相关的内容，这些内容虽不是《中华人民共和国公司法》规定的内容，但是实际作用更大，是一篇规范的公司章程样本。

关键概念

公司章程

课堂讨论题

1．公司章程分为哪几类？

2．公司章程有哪些特点？

3．公司章程的写作要求有哪些？

实训题

请阅读下面的例文，根据公司章程写作规范与要求，找出其存在的问题，分小组讨论修改办法，重点是补齐公司章程必须有的各项要素，思考针对这一公司特点，还可以补充哪些内容。最后将其修改成符合规范又不改变原文使用目的的公司章程。

南京××××文化传播有限公司章程

依据《中华人民共和国公司法》(以下简称《公司法》) 及其他有关法律、行政法规的规定，设立南京××××文化传播有限公司（以下简称“公司”)，并定订本章程。

第一章　公司名称

第一条　公司名称：南京××××文化传播有限公司

第二章　公司经营范围

广告的设计、制作、代理及发布，企业形象设计、市场营销策划、会展服务，市场信息咨询与调查，投资咨询、商务咨询，企业管理咨询（以工商核准为准)。

公司经营范围中属于法律、行政法规或者国务院决定规定在登记前需经批准的项目的，应当在申请登记前报经国家有关部门批准。

第三章　公司注册资本

第二条　公司注册资本：10万元。

第四章　股东的姓名或者名称、出资方式、出资额和出资时间

第三条　股东姓名（名称)：×××××

出资额：10万元。

第五章　公司的机构及其产生办法、职权、议事规则

公司不设股东会，由股东行使下列职权：

决定公司的经营方针和投资计划；

委派和更换非由职工代表担任的董事、监事，决定有关董事、监事的报酬事项；

审议批准执行董事的报告；

审议批准监事的报告；

审议批准公司的年度财务预算方案、决算方案；

审议批准公司的利润分配方案和弥补亏损方案；

对公司增加或减少注册资本做出决议；

对发行公司债券做出决议；

对公司合并、分立、解散、清算或者变更公司的形式等事项做出决议；

修改公司章程；

对公司对外投资或者为他人提供担保做出决定。

对前款所列事项，股东做出决定时，应当采用书面形式，并由股东签名后置备于公司。

第四条　公司不设董事会，设执行董事一名，任期3年，由股东任免。执行董事任期届满，可以连任。

第五条　执行董事对股东负责，行使下列职权：

向股东报告工作；

执行股东的决定；

决定公司的经营方针和投资方案；

制定公司的年度财务预算方案、决算方案；

制定公司的利润分配方案和弥补亏损方案；

制定公司增加或减少注册资本以及发行公司债券的方案；

制定公司合并、分立、解散、清算或者变更公司的形式的方案；

决定公司内部管理机构的设置；

决定聘任或者解聘公司经理及其报酬事项，并根据经理的提名决定聘任或者解聘副经理、财务负责人及其报酬事项；

制定公司的基本管理制度。

前款所列事项执行董事做出决定时，应当采用书面形式，并由执行董事签名后置备于公司。

第六条 公司设经理一名，由执行董事聘任或解聘。经理对董事执行负责，行使下列职权：

（一）主持公司的生产经营管理工作，组织实施董事会决议；

（二）组织实施公司年度经营计划和投资方案；

（三）拟定公司内部管理机构设置方案；

（四）拟定公司的基本管理制度；

（五）制定公司的具体规章；

（六）提请聘任或者解聘公司副经理、财务负责人；

（七）决定聘任或者解聘除应由执行董事聘任或者解聘以外的负责管理人员；

执行董事授予的其他职权。

第七条 公司不设监事会，设监事一人，任期3年，由股东任免。监事任期届满，可以连任。

董事、高级管理人员不得兼任监事。

监事任期届满未及时任免，或者监事在任期内辞职，在新任监事就任前，原监事仍应当按照法律、行政法规和公司章程的规定，履行监事职务。

第八条 监事行使下列职权：

检查公司财务；

对执行董事、高级管理人员执行公司职务的行为进行监督，对违反法律、行政法规、公司章程或者股东决定的执行董事、高级管理人员提出罢免的建议；

当执行董事、高级管理人员的行为损害公司的利益时，要求执行董事、高级管理人员予以纠正；

向股东提出提案；

依法对执行董事、高级管理人员提起诉讼；

公司章程规定的其他职权。

对前款所列事项监事做出决定时，应当采用书面形式，并由监事签名后置备于公司。

第九条 监事可以对执行董事决定的事项提出质询或者建议。监事发现公司经营情况异常，可以进行调查；必要时，可以聘请会计师事务所等协助其工作，费用由公司承担。

第十条 监事行使职权所必需的费用，由公司承担。

第六章 执行董事、监事、高级管理人员的义务

第十一条　高级管理人员是指本公司的经理、副经理、财务负责人。

第十二条　董事、监事、高级管理人员应当遵守法律、行政法规和公司章程，对公司负有忠实义务和勤勉义务，不得利用职权收受贿赂或者其他非法收入，不得侵占公司的财产。

第十三条　董事、监事、高级管理人员不得有下列行为：

挪用公司资金；

将公司资金以个人名义或者其他个人名义开立账户存储；

违反公司章程规定，擅自将公司资金借贷给他人或者以公司财产为他人提供担保；

违反公司章程规定或者未经股东同意，与本公司订立合同或者进行交易；

未经股东同意，利用职务便利为自己或者他人谋取属于公司的商业机会，自营或者为他人经营与所任职公司同类的业务；

将他人与公司交易的佣金归为己有；

擅自披露公司秘密；

违反对公司忠实义务的其他行为。

第十四条　董事、监事、高级管理人员执行公司职务时违反法律、行政法规或者公司章程的规定，给公司造成损失的，应当承担赔偿责任。

第七章　公司的解散事由与清算办法

第十五条　公司的营业期限为20年，从《企业法人营业执照》签发之日起计算。

第十六条　公司有下列情况之一的，可以解散：

公司营业期限届满；

股东决定解散；

因公司合并或者分立需要解散的；

依法被吊销营业执照、依法责令关闭或者被撤销；

公司营业期限届满时，可以通过修改公司章程而存续。

第八章 股东认为需要规定的其他事项

第十七条 本章程一式三份，公司留存一份，并报公司登记机关备案一份。

股东签字（法人股东盖章）：

年　月　日

6.6 经济纠纷起诉状

6.6.1 经济纠纷起诉状的概念

经济纠纷起诉状是组织或个人因经济利益受到侵害，或者与其他法人组织或个人发生经济纠纷，而向人民法院提起诉讼，请求人民法院行使国家审判权依法裁判，以保护自己的合法权益，解决纠纷的一种财经法律应用文。其写作目的在于维护公民或企事业单位的正当权益。

我国经济体制改革正在深入发展，许多新生事物、新的情况应运而生，如经济承包制、合资经营等，在这些经济活动中，常有争执和纠纷问题发生，甚至造成严重的经济损失。一些当事人的正当权益受到侵害时，当事人就可以向人民法院提起诉讼，由法院根据法律规定予以判决，以达到保护自己合法权益的目的。

6.6.2　经济纠纷起诉状的特点

1．经济纠纷起诉状的基本内容有法定要求

《中华人民共和国民事诉讼法》第 110 条规定，经济纠纷起诉状应当记明包括双方当事人的基本情况、诉讼的事实、理由、请求和证据及其来源等事项。法院在受理案件时，要以此为依据，缺一不可，否则法院无法受理或妨碍受理效率。

2．经济纠纷起诉状行文具有规范性

起诉状虽不属于司法文书，但在写作要求上仍具有相当高的规范性。首先，具有统一的行文格式，其写作格式要按照最高人民法院颁布的《法院诉讼文书样式（试行）》进行写作，应有秩序地展开，前后内容不得颠倒或相互混淆。其次，具有明确的语言特点，言简意赅、准确有力。

6.6.3　经济纠纷起诉状的分类

经济纠纷起诉状涉及面广，按照内容可分为经济合同纠纷起诉状、产权纠纷起诉状、商标和专利纠纷起诉状、环境污染引起的赔偿纠纷起诉状、涉外经济纠纷起诉状等种类。

6.6.4　经济纠纷起诉状的写作格式

经济纠纷起诉状作为一种法律类应用文，有固定的写作格式，一般由标题、首部、主部和尾部四个部分组成。

1．标题

一般由纠纷类别+文种组成，第一行居中写上“经济纠纷起诉状”。

2．首部

写明当事人基本情况。如果原告是公民，写明姓名、性别、年龄、民族、籍贯、职业、工作单位和住址。如果原告是不满 18 周岁的未成年人，则需写明法定代理人的姓名及与原告的关系。如果原告是机关、团体、企事业单位，要写明单位名称、地址。另起一行写法定代表人姓名及职务，法定代表人应为单位的主要负责人。原告不论是公民还是法人，如有委托代理人的，在原告的下一项还要写明委托代理人的姓名、职务及与原告的关系。被告栏的事项与写法和原告栏的事项和写法相同。

实例

原告：×××，男，48 岁，汉族，公司职员，住××市××区××街××号。

被告：×××贸易公司

法定代表人：×××，男，46 岁，汉族，×××贸易公司经理，住××市××区××街××号。

若有数个原告、被告，要根据他们在案件中的作用和地位，依次说明其基本情况。

3．主部

（1）诉讼请求。应写明原告向法院告状的目的和要求，即请求人民法院依法保护自己的合法权益。例如，民事诉讼请求应写明要求被告“停止侵权”、“债务清偿”、“继续履行合同”、“产权归还”等内容；刑事诉讼请求要写明被告××犯有××罪，请求人民法院依法判决，并赔偿原告××费和××费等经济损失，共计人民币××元。

（2）事实和理由。这一部分是起诉状的主要内容，是请求人民法院裁决当事人之间权益纠纷和争议的重要根据，包括事实和理由两个部分。

事实部分，主要写明被告侵权或犯罪行为的具体事实或当事人双方权益争执的具体内容，如双方争执的时间、地点、原因、情节和事实经过及被告人所应承担的责任。其中，应着重写清楚被告侵权行为或犯罪所造成的后果和应承担的责任，以及双方当事人争执的焦点和实质性分歧。事实写清楚之后，要提供充分的人证、物证、书证及其他足以证明原告起诉有理的证据。

理由部分，就是根据事实和证据，写明认定被告侵权或违法行为的性质和所造成的后果及应承担的责任；同时写明提出请求所依据的政策和法律。必须注意，援引法律应准确、适当。

（3）证据和证据来源、证人姓名、住所。它对诉讼是否成功起着重要作用，是认定事实、做出判决的客观依据。因此，证据要真实、具体、充分，不可弄虚作假，伪造证据要负法律责任。证据包括以下三种：① 书证。提交原件。② 人证。写其现住址。③ 物证。提交原物。

4．尾部

（1）另起一行空两格写“此致”，再另起一行顶格写“××区人民法院”。

实例

此致

××区人民法院

（2）在“人民法院”右下方，具状人（起诉人）签名或盖章。

实例

具状人（起诉人）：×××

若是法人和其他组织，要写明全称，并加盖公章，还要写明法定代表人的签名或盖章。

（3）签名下面注明提交起诉状的年月日。

（4）附项。在提交起诉状的年月日下一行，应依次写明本起诉状副本的份数，书证、物证的名称、件数，人证姓名及住址。

6.6.5 经济纠纷起诉状的写作要求

1．反映事实要具有客观性

“以法律为准绳，以事实为依据”，是法院进行案件审理工作的基本原则。因此，要做到准确揭示案情产生、发展的本来面貌，不要有任何虚构、猜测或想象的东西；要全面阐述案情事实的各个侧面，对事情发生的来龙去脉、人物关系、情节变化、前因后果等都要叙述清楚，但不要事无巨细、不分主次。应重点叙述案件关键部分事实，尤其要以双方争执的焦点和实质性的分歧为重点，注意揭示事实之间的内在联系和逻辑关系。

2．阐述理由言简意赅，援引法律要准确

起诉状理由充分能给法院判决提供方便，但它对起诉成功与否不能起决定性作用。法院需要看案件的事实与双方论辩的情况来定论。而且起诉状的副本是要给被告方看的，理由过于充分等于提醒对方当事人仔细研究原告方已掌握的法律依据，在庭前就暴露自己，使对方知己知彼，做好针锋相对的准备，在庭上反戈一击。所谓援引法律条款要准确，就是说引用的法律、法规的条款、条文必须符合案件的实际内容，能认定被告行为违反的是哪个法律哪一条、哪个法规哪一款，以确立自己请求的合法性，最终达到起诉目的。

3．写作格式要规范，语言要准确

起诉状在长期的法律实践过程中逐步形成了相对稳定的写作格式，依照法律的规定，按照一定的格式，把特定的内容和项目简明扼要、条理清晰地表达出来，不仅是形式上的需要，便于制作、查阅、管理和执行，而且还是法律文书管理的规范化和科学化的需要，唯有规范的法律文书，才能保证其完整、准确和有效。语言要准确，特别是专门的法律术语有固定的解释，在使用时要恰如其分；语言表述要简洁清晰、理直气和，切忌强词夺理；表达方式以叙述为主，适当议论；少用各种修辞手法。

6.6.6 例文分析

经济纠纷起诉状

原告人：××市××区××公司

登记地址：××市××区××路××号

法人代表：×××，系公司总经理

被告人：××市××区××商业公司

登记地址：××市××区××大街××号

法人代表：×××，系商业公司经理

案由：追索货款，赔偿损失

诉讼请求：

1．责令被告偿还原告货款2万元。

2．责令被告赔偿拖欠原告货款3个月的利息损失。

3．责令被告赔偿原告提起诉讼而产生的一切损失，包括诉讼费、律师费等。

诉讼事实和理由：

原告和被告2012年10月18日商定，被告从原告处购进五凤酒200箱，价值人民币2万元。原告于当年10月19日将200箱五凤酒用车送至被告处，被告立即开出2万元的转账支票交付原告，原告在收到支票的第二天去银行转账时，被告开户银行告知原告，被告账户上存款只有1.2万余元，不足以清偿货款。由于被告透支，支票被银行退回。当原告再次找被告索要货款时，被告无理拒付。后来原告多次找被告交涉，均被被告以经理不在为由拒之门外。根据《中华人民共和国民法通则》第106条第一款和第134条第一款第七项的规定，被告应当承担民事责任，原告有权要求被告偿付货款，并赔偿由于被告拖欠货款而给原告带来的一切经济损失。

证据和证据来源：（略）。

附件（以下附件均略）：

1. 起诉状副本一份
2. 法定代表人身份证明书一份
3. 授权委托书一份
4. 原告在银行贷款及其利率证明一份
5. 购销合同复印件一份
6. 原告营业执照复印件一份
7. 被告欠据一份

委托代理人：杨××（章）

2013年3月10日

例文简析

这是一份写作规范的经济纠纷起诉状，格式合乎要求，内容齐全，诉讼请求简洁明确，事实与理由既扼要说明了经济纠纷的发生、发展过程，又抓住了问题关键，阐述理由紧扣法律条文，清楚、明了、恰当地反映了诉讼案件中原告人提起的诉讼请求，叙事主次详略，使用语言准确规范。

关键概念

经济纠纷起诉状

课堂讨论题

1．设计一个案例，分组讨论经济纠纷起诉状的写作。
2．经济纠纷起诉状中当事人的基本情况包括哪几项内容？
3．经济纠纷起诉状的写作要求有哪些？

实训题

阅读下面的经济纠纷起诉状，找出其写作格式及写作内容上存在的问题，予以修改，并列出撰写经济纠纷起诉状需注意的要点。

经济纠纷起诉状

原告：李××，女，××××年×月×日出生，汉族，××省×××市××区××街××号

被告：王××，男，35岁，汉族，××省×××市××区××街××号

诉讼请求

请求法院依法判被告偿还原告欠款 3 万元。

事实和理由

原告与被告系朋友关系，被告于××××年××月××日，向原告借款 3 万元，以做买卖之用，并写下欠条为证。可到了还钱时间，被告以买卖亏损为由，不偿还欠款，经多次索要，无果。无奈，原告只好一纸诉状将被告送到法院，请求人民法院依法判令被告偿还原告欠款 3 万元。

此致

××市××区人民法院

具状人：李××

××××年××月××日

附：1. 本状副本一份

2. 被告所写借款欠条一张

6.7　经济纠纷上诉状

6.7.1　经济纠纷上诉状的概念

经济纠纷上诉状是指经济诉讼当事人或法定代理人不服人民法院的一审判决或裁定，而在法定的上诉期限内，向原审法院的上一级人民法院递交的要求撤销、变更一审判决或重新审理的诉讼类法律应用文。

经济纠纷当事人依法行使上诉权，有一定范围限制。一是对上诉人的限制，包括经济诉讼中只有一人的原告或被告、两人以上的原告或被告共同诉讼人、有独立请求权的有直接利害关系的第三人及他们的法定代理人。二是对上诉时间的限制，在经济诉讼中，当事人不服地方人民法院一审判决的，有权在判决书送达之日起 15 日内向上一级人民法院提起上诉。当事人不服地方人民法院一审裁定的，有权在裁定书送达之日起 10 日内向上一级人民法院提起上诉。一旦超过上述规定的期限，当事人就丧失了上诉权利。

6.7.2　经济纠纷上诉状的特点

1．申诉性

因当事人不服一审判决或裁定，在规定时间内向上一级人民法院提起向上申诉，其目的是引起二审判决或裁定，改变一审判决或裁定，达到诉讼的目的，从而维护自己的合法权益，维护法律的尊严。

2．针对性

因其上诉性的特点，决定了经济纠纷上诉状的写作具有很强的针对性。它针对一审的判决或裁定的不服之处有的放矢地发表自己的意见、看法和提出请求。

3．论辩性

经济纠纷上诉状是对一审判决或裁定的否定或部分否定，需要摆事实、讲道理，体现以事实为依据、以法律为准绳的原则，带有很强的论辩色彩。

经济纠纷上诉状与经济纠纷起诉状都是诉讼文书，都有明确诉讼的对象、明确的案件纠纷和大致相同的结构，但二者还是有不同之处的。一是诉讼原因不同。起诉状针对被告侵犯原告的合法权益的行为向人民法院提起诉讼，因此，必须写清事实。上诉状则针对原审人民法院尚未发生法律效力的判决或裁定，向原审人民法院的上一级人民法院提起诉讼，无须列写事实，只明确指出原判的错误，概述不服原判的理由。二是受文机关不同。起诉状一般向基层人民法院提交，是针对被告的，写法上多用叙述和说明；上诉状则向原审人民法院的上一级人民法院提交，是针对原判的，侧重于据理反驳，讲究事理剖析，写法上多用夹叙夹议，语气平和恳切。三是处理程序不同。起诉状由受理人民法院进行审理，依法做出判决或裁定；上诉状必须由上诉人民法院进行二次审理，依法做出终审判决或裁定。

6.7.3 经济纠纷上诉状的分类

经济纠纷种类很多，因此产生的诉讼也就非常多。经济纠纷上诉状，按其上诉内容的不同可分为经济合同纠纷上诉状、债务追讨上诉状、国际贸易纠纷上诉状、涉外经济纠纷上诉状、产权纠纷上诉状、商标和专利纠纷上诉状、公司与股东纠纷上诉状、证券纠纷上诉状、保险理赔纠纷上诉状及建筑工程纠纷上诉状等。

6.7.4 经济纠纷上诉状的写作格式

经济纠纷上诉状与经济纠纷起诉状写作格式基本相同，也由标题、首部、主部、尾部四个部分组成。

1．标题

一般由案件性质+文种组成，第一行居中写上“经济纠纷上诉状”。

2．首部

书写的项目与起诉状写法相同，只是要注意两点：一是把当事人在一审中所处的地位（原告、被告或第三人）用括号予以注明。二是公诉案件没有被上诉人，只写出上诉人的基本情况即可。

实 例

上诉人（一审原告）：×××

被上诉人（一审被告）：×××

3．主部

写明上诉状的基本内容，包括案由、上诉请求、上诉理由三个部分。

（1）案由。要写明一审人民法院的名称、案件的编号和案由，表示上诉人对原审人民法院对某案件的一审判决或裁定不服。

实例

上诉人因××一案，不服×××人民法院于××××年××月××日×字第×号民事(刑事)判决（裁定），现提出上诉，其请求的理由如下。

（2）上诉请求。上诉人请求上一级人民法院针对一审的判决或裁定提出撤销、部分变更或重新审理的请求。这是上诉目的所在，要写得明确、具体、详尽。若上诉请求有多个，要使用序码，分项列出。

实例

上诉请求：

1. 依法撤销原审判决，予以改判；
2. 判决被上诉人因其违约而赔偿违约金××万元；
3. 本案一审、上诉理由二审诉讼费用由被上诉人全部承担。

（3）上诉理由。上诉理由是上诉人根据事实和法律，针对一审裁判中的不当之处进行辩解，针对上诉人的请求进行论证。上诉人能否使请求成立，取决于有无理由和理由是否充分，这是上诉状的核心内容。上诉理由通常可以从以下四个方面来考虑。第一，看原审判决或裁定是否有错、有遗漏或证据不足。若有，就要用确凿的证据说明事实真相，部分或全部否定原审裁决认定的事实。第二，原审判决或裁定对事实的定性不当，若是过失犯罪，一审裁定为故意犯罪，也要用确凿的证据说明事实真相，达到改判的目的。第三，原审判决或裁定适用法律不当，要援引具体的法律依据或用法律理论证明一审判决的错误所在。第四，原审判决或裁定不合法定程序，造成案件处理不当，应根据法律规定据实指明错误。总之，要根据原审裁判的具体情况，在哪方面不服，就要针对哪方面来摆事实、讲道理，据理辩驳。

4. 尾部

另起一行空两格写“此致”，再另起一行顶格写上诉状要提交的人民法院名称；另起一行右下方，上诉人签名盖章；下面注明日期。若有附件，另起一行空两格写上附件，表明本诉状副本一式几份。

6.7.5 经济纠纷上诉状的写作要求

经济纠纷上诉状的上诉理由是关键，也是上诉请求的依据。经济纠纷上诉状的写作要求有以下几点。

1. 要有针对性

看上诉理由中提到的几种情况，在原审的裁判中是否出现，若出现，就将原裁判中的错误或不当之处引述下来，然后根据事实和法律提出自己的意见，使二审人民法院做出正确的判断。引述有两种形式，一是引用原文，要加引号，忠于原文；二是引用大意，要符合原意，不可有歧义。

2．要有理、有据、有节

上诉目的能否达到，要看上诉理由和理由是否充分。所以反驳原审判决的错误，一定要有事有证，以理服人，不牵强附会，不强词夺理，观点鲜明，论据充分。阐述理由可采用多种方法，或欲进先退，或欲抑先扬，层层铺垫、由表及里等，要有理、有据、有条不紊地支撑自己的观点，达到上诉的目的。

6.7.6 例文分析

例文

经济纠纷上诉状

上诉人（一审被告）：××市××区建材商店

法定代表人：黄××，总经理

委托代理人：肖××，男，45 岁，汉族，本店销售部经理，现住所：××市××区××街××号

被上诉人（一审原告）：××市××区机械装备厂

法定代表人：韩××，男，38 岁，汉族，厂长，现住所：××市××区××街××号

上诉人因合同纠纷一案，不服××市××区人民法院于 2013 年 11 月 9 日××字第××号民事判决书的判决，现提出上诉，上诉请求理由如下。

判决书中写道："被告已验收原告送去水暖阀门 700 个，但 5 600 元货款一直没付。"此话没有任何事实根据。被上诉人于 2013 年 4 月 25 日来我店送货，当时送货人没做任何交代，便将 700 个阀门卸在仓库门前就走了。事后，上诉人发现产品已锈迹斑斑，尺寸又不合乎合同规定的要求，根本无法使用，于是，我们多次通知被上诉人派人来我店处理有关事宜，而被上诉人一直拖延到 5 月 28 日才派人前来联系。双方经过协商一致同意："质量合格产品留下，不合格者，一律由机械装备厂收回。"6 月 15 日，对方当事人派人拉走阀门 300 个，剩下产品，双方当时都没有清点、验收，也未作任何处理。上诉人根本不知道有多少个阀门，而被上诉人在未经双方清点的情况下，擅自定为 700 个，货款为 5 600 元，向上诉人索要货款，这是没有事实根据的。上诉人要求双方共同清点实物和账目，不能任由一方决定产品的数量和货款金额。

由上所述，被上诉人不遵守合同规定的第三款，送货既不向上诉人交代，又不做抽样检查，产品又无法保证质量，因此，上诉人对不合格产品拒付货款，是符合合同规定的，不应承担违约金和赔偿金。为保护上诉人合法权益，特此上诉，请上级人民法院依法审理，予以改判。

附件（略）：

1．本上诉状副本 2 份（略）

2．书证 2 件（略）

3．双方所签订合同原件 1 份（略）

上诉人：××市××区建材商店（公章）
法定代表人：黄××
委托代理人：肖××
2013年11月22日

例文简析

这份经济纠纷上诉状，要素齐全、结构完整，符合要求。上诉理由主要从原审判决对事实认定不清入手，有理有据，针对性强，客观地说明了问题所在，观点与材料相统一，辩驳有力，很好地支持了上诉请求。

关键概念

经济纠纷上诉状

课堂讨论题

1. 写经济纠纷上诉理由通常可以从哪几个方面来考虑？
2. 经济纠纷上诉状与经济纠纷起诉状的区别是什么？
3. 如何理解经济纠纷上诉状的特点？请结合具体案例予以分析。
4. 经济纠纷当事人依法行使上诉权，提起上诉是有一定范围的。如何理解“一定范围”？

实训题

根据经济纠纷起诉状写作要求，分小组寻找案例，进行讨论，指出案例的特点或问题。

6.8 经济纠纷答辩状

6.8.1 经济纠纷答辩状的概念

经济纠纷答辩状，是指在经济纠纷诉讼活动中，被告人或被上诉人对原告或上诉人的起诉状或上诉状中的内容进行答复和辩解的诉讼文书。

经济纠纷答辩状一般在两种情况下使用。一是在原告向一审人民法院起诉后，被告人在法定期限内，根据一审人民法院提供的原告起诉状副本里面的事实、请求和理由提出答辩。二是案件经一审人民法院审理终结后，一方当事人不服一审人民法院的判决或裁定，要向上一级人民法院提起上诉，被上诉人在法定期限内，对上诉状的事实、请求和理由提出答辩。答辩状有利于双方当事人平等地使用诉讼权利，有利于人民法院全面查明案情，做到兼听则明，公正判决或裁定，防止误判或错裁，有利于维护当事人的合法权益。

“法定期限内”在《中华人民共和国民事诉讼法》第113条中是这样规定的：“人民法院应当在立案之日起五日内将起诉状的副本发送被告，被告在收到副本之日起十五日内提出答辩状。”第150条规定：“原审人民法院收到上诉状，应当在五日内将上诉状副本送达对方当事人，对方当事人在收到之日起十五日内提出答辩状，人民法院在收到答辩状之日起五日内将副本送达上诉人。原审人民法院收到上诉状、答辩状，应当在五日内连同全部案卷和证据，报送二审人民法院。”可见，不论是对起诉状的答辩，还是对上诉状的答辩，都须在收到之日起十五日内提出。在答辩状中，提出答辩的一方称为答辩人，另一方称为被答辩人。

6.8.2 经济纠纷答辩状的特点

1. 答复性

答辩状的提出是一种应诉的法律行为。诉讼程序的发生是原告或上诉人引起的。原告或上诉人在起诉状或上诉状中对被告或被上诉人进行指控，以维护自身权益，被告或被上诉人就要对这种指控进行回答，使法院了解诉讼双方的意见和要求，便于查明事实真相，全面分析案情，正确判断是非，恰当行使审判权。因此，答辩状的答复性特点是很明显的。

2. 论辩性

被告或被上诉人之所以要应辩，是因起诉状或上诉状提出的请求，与被告或被上诉人的切身利益相抵触，因此，答辩状就要用正确的事实驳斥错误的说法，或用正确的理由反驳谬误的理由，或以正确的法律条文校正不正确的法律条文的适用，使起诉状或上诉状成为一张废纸，或减轻它应有的作用，以维护自己的合法权益。

6.8.3 经济纠纷答辩状的分类

两审终审制是我国基本审级制度。根据审判程序不同，答辩状可分为两类。

（1）一审程序答辩状。是指被告针对原告的起诉状而提出的答辩。

（2）二审程序答辩状。是指被上诉人针对上诉人的上诉状而提出的答辩。

6.8.4 经济纠纷答辩状的写作格式

经济纠纷答辩状与经济纠纷起诉状写作格式基本相同，也由标题、首部、主部、尾部四个部分组成。

1. 标题

一般由案件性质+文种组成，第一行居中写上“经济纠纷答辩状”。

2. 首部

书写的项目与经济纠纷起诉状写法相同，但不同审级的答辩状所写内容的要求不同。一审答辩状只写答辩人个人基本情况，不写被答辩人。二审答辩状，除写明答辩人个人的基本情况外，还应写明被答辩人的个人基本情况，并注明他们在原审中的诉讼地位（原告、被告或第三人），用括号予以注明。

实例

答辩人（一审原告）：×××

被答辩人（一审被告）：×××

3．主部

主部包括答辩缘由、答辩理由和答辩意见三项内容。

（1）答辩缘由。写明针对什么人起诉或上诉的什么案件而提出答辩。例如，一审写为“因××一案，现提出答辩如下”或“你院××××年××月××日第×号起诉状副本通知书及起诉状副本收到。现答辩如下”。二审写为“上诉人×××因××一案，不服××××人民法院××××年××月××日第×号判决（裁定），提出上诉。现答辩如下”。

（2）答辩理由。答辩理由是答辩状的核心部分，是答辩人能否胜诉的关键所在。应对原告在起诉状中、上诉人在上诉状中所陈述的事实、理由和请求进行答辩。

一般来说，写答辩理由可从以下几个方面来考虑。

1）针对原告所叙事实不实之处进行反驳。事实是法院判案的基础、依据。起诉状、上诉状叙述的事实有三种情况：一是全部事实都是真实的；二是全部事实都是虚假的；三是部分事实真实、部分事实虚假。答辩人可寻找虚假事实，有所侧重地引用原话，据实答复，有力反驳，达到胜诉目的。

2）针对原告适用法律不当进行反驳。如果是无理的诉讼请求，一定会在说理过程中出现语言逻辑混乱、观点和材料相矛盾、违背人情常理等问题，答辩人可以细心寻找其破绽，然后用适当的法律予以驳斥，亦可达到胜诉目的。

3）针对诉讼程序的错误进行反驳。若一审人民法院无权受理此案而受理了，可依据法律规定予以反驳；若是二审，上诉人超越了法定期限而进行上诉，可指出其不合法性予以反驳，同样可达到胜诉目的。

（3）答辩意见。在充分阐明答辩理由的基础上，用简明的语言明确提出答辩意见。一方面指出对方当事人提出请求的谬误性，另一方面根据事实和法律提出自己对纠纷如何解决的主张和要求，请人民法院依法公正裁判。

实例

以“综上所述，原告诉状（上诉状）所叙内容与事实有悖，其诉讼请求不能成立，应予以驳回，请人民法院公正裁决”或“请人民法院详查事实，予以公正审理”等习惯用语作为结尾。

4．尾部

另起一行空两格写“此致”，再另起一行顶格写答辩状要提交的人民法院名称；另起一行右下方，答辩人签名盖章；下面注明日期。若有附件，另起一行空两格写上附件，表明本答辩状副本的份数及有关证据的情况。

6.8.5　经济纠纷答辩状的写作要求

1．要尊重事实，客观全面

经济纠纷案件的案情往往比较复杂，之所以要诉诸法律，也往往因双方争议大，难以调解。因此，答辩时要尊重双方纠纷的客观事实，因为它是法院审理纠纷案件的依据，无论是主要事实，还是次要事实，都要确凿无误。答辩人要让事实雄辩地证明自己的答辩理由是充分的，而不是对事实的隐瞒、掩饰和歪曲，更不是无理诡辩，也不能对原告或上诉人进行人身攻击。

2．要有所为，有所不为

经济纠纷案件，特别是一些复杂的案件，事件多、头绪繁，写答辩状时，要避免不分主次，眉毛胡子一把抓，面面俱到。俗话说“伤其十指不如断其一指”，要根据双方当事人在案件中争执的焦点，抓住关键性的问题，找出足以使对方败诉的“破绽”，集中反驳，有所为有所不为。要驳到对方的论据是虚假的、观点是错误的程度，改变自己的被动地位，变防守为进攻，从而达到胜诉的目的。

3．要有理、有节

尊重事实是写答辩状最基本、最重要的要求。在阐明事实的基础上，要正确引用法律条文和行政法规，来支持自己的观点，维护自身权益。写作时，要正确理解法律条文和行政法规的内涵，注意事实、证据和法律、法规依据之间的逻辑关系，要言之有理、持之有据，不要言过其实。只有摆事实、讲道理，有理、有节，才有巨大说服力，才能达到答辩获胜的目的。

6.8.6 例文分析

例文

经济纠纷答辩状

答辩人：××市贸易公司，现住址：××区××路××街××号

法定代表人：李××，男，45 岁，贸易公司经理

答辩人因××市××经济技术协作总公司起诉我拖欠货款一案，现提出答辩如下：

××市贸易公司（以下简称我公司）从未与××经济技术协作总公司（原告）签订过任何购销合同。原告人称，2012 年 7 月 5 日，我公司销售人员魏××、陈××二人与原告签订了棉花购销合同，使我公司对此事感到莫名其妙，因为此二人根本不是我公司职员，我公司也从未给他们出具过工作证、法人委托书、聘书或其他证明文件，因此，此二人也就没有资格代表我公司从事任何经济贸易活动；根据我国法律的有关规定，代签经济合同，必须事先取得委托人的委托证明，并根据授权范围，以委托人的名义签订，才对委托人产生权利与义务，魏、陈二人所签订的合同，不符合这一原则。

我公司从未与原告发生任何经济交往，不存在任何收款与欠款一事。原告称，2012 年 7 月 16 日转给我公司 68 万元，2012 年 9 月 26 日又转给我公司 73 万元。我公司从未收到上述两笔款项。据查，原告的款项转入的银行是××市招商银行××区分行，账号为 14678767。而我公司从未在此银行开设过账户。这个账号是魏、陈二人私刻印章开设的。开设这个账号，我公司从未提供过任何印鉴和手续，魏、陈二人收到款后出具的手续也是伪造的。因此，我公司从未收到原告一分钱，也不欠原告一分钱。

综上所述，魏、陈二人假冒我公司名义，伪造印章，以经济合同形式为手段，占有××经济技术协作总公司货款的行为，是一桩经济诈骗案件。该公司应积极配合当地公安部门，积极提供线索，澄清事实，同时请求××区人民法院依法驳回原告诉讼请求。

附件：本状副本一式三份（略）

答辩人：××市贸易公司（公章）
法定代表人：李××
2013 年××月××日

例文简析

这是一份一审程序答辩状，是被告针对原告的起诉状而提出的。本答辩状针对原告的诉讼请求及事实，充分地陈述自己掌握的有关事实，明确地阐述自己的观点、主张、理由，进行针锋相对、有的放矢的答辩，有利于法院全面了解情况，做出正确的判决或裁定，从而有效地保护自己的合法权益。本文结构完整、语言准确，很好地表达了自己的观点。

关键概念

经济纠纷答辩状　一审程序答辩状　二审程序答辩状

课堂讨论题

1. 写经济纠纷答辩状的理由可从哪几个方面来考虑?
2. 经济纠纷答辩状的写作要求是什么?
3. 答辩状首部写作时要注意什么?

第 7 章　财经职务应用写作

本章学习目标

- 掌握求职信、推荐信、应聘书、竞聘报告、述职报告的概念、特点、写作格式、写作要求。
- 能够熟练撰写求职信、推荐信、应聘书、竞聘报告、述职报告。

7.1　财经职务应用文概述

7.1.1　财经职务应用文的概念与种类

1．财经职务应用文的概念

财经职务应用文是指在财经职业领域中，组织或个人在管理有关求职、入职、职业岗位竞聘、职业报告、职位管理等相关事务时使用的有固定格式与规范的应用文。

财经职务应用文作为财经应用文的一类，能够从财经事务应用文中独立出来，是与财经领域组织与个人的流动频率不断提高有关的。在市场经济条件下，市场机制不仅配置和调节着社会的物质资源，而且也配置和调节着人力资源。今天，双向选择意味着契约性的交换方式和交换过程。劳动力可以自由地寻找能够发挥自己能力、专长、志趣的，有发展前途的机构和劳动岗位；企业组织则可以自由地按企业需要来选择合适的劳动者。如果任何一方，甚至双方发现在双向选择中有了差错，经过彼此同意便可以解除契约，或期满后不再订约，从而使差错得以纠正。财经职务应用文的广泛使用也与职业发展与管理领域发展的专门化、科学化有关。就业指导与职业生涯规划作为一门课程已经成为本科和高职院校的必修课，职业生涯管理理论、职业生涯规划理论、入职适配理论逐步成为指导人们认识职业、认识职业岗位、选择职业的重要理论，在职业生活中广泛应用。职务类应用文也成为应用文的一类。

财经职务应用文的概念可以从以下三方面来理解。

首先，财经职务应用文是指组织或个人在管理有关求职、入职、职业岗位竞争、职业报告、职位管理等相关事务时使用的应用文，这规定了财经职务应用文的使用范围与使用功能。

其次，财经职务应用文是指在职业活动中，组织或个人为实现有效管理和人力资源使用效益的最大化而制作和使用的应用文，这决定财经职务应用文的使用必须符合财经职业领域相关法规和企业管理制度的规定。

再次，财经职务应用文必须遵守职务应用文的相关规范。不同的财经职务应用文要依据不同的使用事项，选择适用、有效的文种作为载体。

2．财经职务应用文的种类

财经职务应用文按照不同的使用范围和功能，可以分为财经求职类应用文、财经竞职类应用文和财经职务执行类应用文。

（1）财经求职类应用文是求职时使用的应用文，主要有求职信、推荐信、应聘书。这一类应用文是新入职或调整职业岗位人员在谋求新职业岗位时使用的，主要内容是向用人单位推销自己，争取获得用人单位的认同。

（2）财经竞职类应用文是在职业岗位上竞争某一职务时使用的应用文，主要有竞聘报告。这一类应用文是在组织内部进行职务调整时，按照竞争上岗的新机制、新模式选拔人才时使用的，功能在于鼓励人才脱颖而出，鼓励组织成员突破自我，努力实现更大的人生价值，内容以宣传自己的比较优势为主。

（3）财经职务执行类应用文是组织对内部某一个或某一类职务管理时使用的应用文，主要有述职报告、岗位职责。这一类应用文是组织内做阶段总结和设置某一职务时使用的，前者以宣传自己的工作业绩为主，后者明确和规范某一职务岗位的工作范围与职责。

7.1.2 财经职务应用文的特点

财经职务应用文是财经领域职业工作者在职务活动中应用的文种，所以要符合财经行业文化，要符合特定组织的组织文化，还要体现个体的竞争优势。具体有以下特点。

1．突出人才个性特点与专业特长

人力资源是组织的第一资源，所以所有的组织都非常重视人力资源的开发与建设。入职环节是财经组织人力资源开发建设的首要环节，求职类应用文成为个人职业管理最重要的管理工具。因为现在求职人数普遍大于职务岗位的数量，所以这样的求职活动就是一种竞争性活动，使用求职类应用文都要尽可能突出自己作为人才的独有个性、良好品质和专业特长。例如，求职类应用文常见的四大“死穴”是：错别字连篇，格式混乱，表达不清自己的个性特点与专长，内容东拼西凑、真实性差。突出自己的人才个性特点与专业特长比较优势是这一类应用文的最大特点，也是首要要求。

2．必须提供充分的事实数据或材料作为主要内容

组织的人力资源管理人员对空洞无物、千篇一律的求职类应用文最为讨厌，几百份的求职信中这样的应用文是大多数。例如，许多高职学生求职信开篇就写：“我是个热心的人，我热爱学习，有良好的意志品质，有较强的专业能力，愿意在贵公司工作。”这丝毫看不出你的专业知识、经验、能力怎么样，如何证明你的良好意志品质，缺乏判断这些表达的基本事实。所以，在这一类应用文中，每句介绍自己特点的话，都要有事实予以佐证。例如，说“愿意在贵公司工作”，因为“贵公司在这一行业里是有影响的企业，产品质量和企业管理出色，连续 3 年被政府评为质量信誉单位；贵单位是一个有很强竞争力的企业，连续 5 年产值居全行业之首；贵单位是个国际化发展的企业，已在十余个国家开展业务”，这样就可以判断，你喜欢在这家公司工作，是真的喜欢，因为你调查了解了公司的许多情况。决不允许在求职信、推荐信中编造事实。推荐人对被推荐人如果不是很了解，不适合做推荐人、也不适合使用推荐信这一文种。

3．符合特定的组织文化与规范

财经职务应用文用于与组织的部门或全体人员的交流，这种交流能否有效，与该组织的组织文化和相关规范有关。例如，述职报告是否坦诚交流，是否适当地总结个人的成绩与集体成

绩的界限，是否保守与组织或与组织领导相关的机密。有民主传统的组织适合做民主式的交流，垂直式的组织适合做面向权威的交流。有一些组织还有一些属于本组织特定的规范，要对述职报告做民主测评等，这都对这一文种的具体应用提出特定要求。

4．表达准确，语言符合礼仪

财经职务应用文的语言有一般应用文准确、符合礼仪的要求，由于使用领域的特殊性，对准确、礼仪又有特定的要求。准确，即必须与实际相一致，与实际材料相一到致，不能夸夸其谈、自吹自擂，更不能“贪天之功窃为己有”，把别人或集体的贡献说成自己的成绩。所有的表达都要有真实材料作为支撑。语言符合礼仪，是财经职务应用文基本格式的重要方面。因为中国是个重视文明礼貌的国家，儒家的礼教传统有深远的影响，在财经职务应用文开头语、中间的敬语词、结束语等方面既有约定俗成的礼仪礼貌用语，也有不断发展变化的礼仪用语。在今天，使用通俗易懂的礼仪用语也是一种规范。

7.2 求职信

7.2.1 求职信的概念

求职信是求职者在求职时用来向用人单位表达求职意愿、意见和要求的信函式应用文。

对求职信的概念，应从以下方面理解。

求职信是信函式应用文，所以格式按照信函格式即可。

求职信是求职者在求职时用来向用人单位表达求职意愿、意见和要求的文种，一般具有对象的不确定性，因此有的毕业生采取“海投”求职信的方式。

求职信的内容是求职者向用人单位书面表达求职意愿、意见和要求，所以，如果用人单位有招聘意向，要继续面试或笔试。

7.2.2 求职信的特点

1．主动性

求职信属于求职者主动发出的求职应用文，在发出求职信时求职人并不一定清楚用人单位是否需要招聘人员，需要招聘什么样的人，是否具有符合本人求职意愿的职业岗位。

2．对象的不确定性

求职者在使用求职信时往往不是针对特定某一企业的某一个或某一类职业岗位发出求职请求，具有一定的盲目性。因此，求职者常常将一个版本的求职信同时向多家用人单位发出。因此，这种求职方式如果获得求职单位回应，求职者通常占有主动权，一旦多家用人单位发出聘用意向，求职者可以有一定的选择余地。

7.2.3 求职信的写作格式

求职信通常要添加标题，它的结构由标题、称呼、正文、结尾、附件、祝词与落款等部分组成。

1．标题

标题通常就是“求职信”。标题的作用就是告诉对方这封信函的目的和功能，让对方了解求职者的意图。

2．称呼

通常就是写明收信人。一般应该要明确到具体机构某部门的某人，而不能笼统地称呼“经理先生”或“××部门负责人”，最好是相关部门负责人的名字，并在姓名后冠以相应职衔。也可以指称“人事部经理先生（女士）”、“公关部经理先生（女士）”等相对明确的称谓，这样收信人读来会感觉比较亲切。通常在前面加上“尊敬的”三个字，如“尊敬的明亮公司人力资源部高经理”，在称呼后加冒号，以示下面开始正文。

3．正文

正文是求职信的主体部分，要全面反映求职者对求职单位的认识，这是发送求职要求的一个重要理由；要全面反映求职者对自己的主观认识，这是发送求职要求的另一个重要理由；明确表达求职目标。求职信内容要求全面具体，可以按照以下几个方面去组织。

（1）寒暄语。在称呼下面另起一行，写上“您好”，这既是礼仪规范要求，也是信函的格式规范要求。“您好”后面用标点“！”号。因为现在各用人单位收到的求职书很多，能被分出来送到主管人员手上阅读有时就是很幸运的事情，所以一般还可以接着写一句“感谢您能阅读我的求职信”。这样可以获得阅读者的初步好感，为顺利求职奠定良好基础。

（2）可以再另起一行，谈谈你对用人单位的认识和了解。虽然在发送求职信时可能还不知道求职单位的招聘意向，但是还是要尽可能地多了解求职单位的相关情况，这是求职者做出求职决定的重要基础，也是对求职单位的负责任的表现，所以要写得简要、真实、诚恳。

（3）概要介绍自己的主要情况及有关信息。首先介绍最重要的基本信息——毕业院校、专业、毕业时间、在大学担任过的职务（包括正式的和自发组织的群体非正式职务）。按照德、能、勤、绩四个方面陈述。

1）关于“德”。据高职院校对企业人才需求的无数次调查，用人单位对高校毕业生排在第一位考核的是学生的品德和意志品质，这一部分不可或缺。很多学生的求职信忽略或空洞陈述自己的良好品德，这是严重失误的。“德”的自我介绍可以从思想观念、个人品德、公共道德、职业价值观等方面陈述。不同职业岗位对人的道德也有不同方面的要求，如高校辅导员招聘一般要求是中国共产党党员，金融财务行业要求无违纪或作弊等情况。

2）关于“能”。“能”就是能力，可以从学习能力、专业能力、实践能力、竞争能力、创新能力等几个方面去介绍，每个方面都要有实实在在的事实或相关材料予以证明。

3）关于“勤”。“勤”就是求职者的现实表现，也是求职者的“德”与“能”的具体应用过程。可以从学业之勤、专业之勤、实践之勤、热爱生活之勤等几个方面去写，要用写实性语言，切忌自我粉饰。

4）关于“绩”。“绩”就是成绩，可以从整体成绩和学习成绩、专业成绩、实践成绩、竞争成绩、创新成绩等几个方面去介绍，每个方面都要有相关事实材料予以证明。

对于自己的兴趣与爱好，最好能选择与职业或职业发展相关度较高的方面介绍。用人单位对求职者的健康身体和健康心理越来越重视，健康的兴趣爱好，特别是取得良好成绩的特长都是用人单位选人用人的重要比较优势。所以，要培养自己的兴趣爱好，并尽可能提高业余爱好的水准。例如，在苏州工业园区，因为园区企业管理者普遍喜欢打羽毛球，羽毛球运动普及度高、平均水平高，爱好羽毛球并有较高水平的毕业生求职较容易被聘用。现在，许多企业已经形成运动的企业文化，企业还会投入资金支持一些运动项目，了解这些，并把自己的优势展示出来，是很重要的竞争优势。

更具体的内容可作为附件在简历中表述。

（4）明确提出求职目标。这是求职信的核心部分，也是最重要的部分。笼统写自己的求职要求，不能清晰表达自己的求职要求，既容易浪费机会，也是对求职单位的不负责任。不能简单提出自己的求职意愿就完了，要清晰、明确地表达自己的职业诉求。首先是求职目标，是某一类职业工作，还是仅限定在某一个职业岗位，因为专业对应的是职业岗位群，如一个会计专业可对应出纳、收银、助理会计、非独立核算的二级部门等，现在许多中小企业的会计还兼管办公室的一些工作，所以要求招聘有复合能力的毕业生；其次是明确职业工作中的发展性要求，如培训或职称晋升等；再次是明确的最低薪酬和福利要求，明确最低薪酬是很重要的求职内容，不能漫天要价，也不能无底线地接受。首先考虑当地的最低工资保障线，其次考虑基本的生活与发展需要。一个合理并明确的工资福利要求是对双方负责任的表现。也可以明确表达认同求职单位的工资福利制度。

4．结尾

结尾可以用期待的语气表达前往拜访、打电话或见面交流的愿望和请求。信末标明自己的联系方式，如联系地址、邮政编码、电话号码、电子邮箱等。

5．附件

附件是用来证明求职信表达真实性的佐证材料，一般采用简历的形式，并附加一些证明自己经历、才能和业绩的文字材料及相关证书的复印件。复印材料要拣最重要、最能说明问题的部分，不要贪多或过于复杂，要按简历内容顺序整理好，便于查验。如果有很多证书复印件，要分类并制作目录，以便查验。

6．祝词与落款

与其他信函一样，结尾有礼仪规范要求，也是行文格式要求。传统的书信格式中用“此致”“敬礼”惯用语。一是由于书写格式的变化，由竖排版改为横排版后“此致”“敬礼”格式上难以处理；二是过于呆板单调的“此致”“敬礼”惯用语不适应今天丰富表达的需要。所以，一般求职信的结尾可以用祝福式、期望式两种方式。祝福式可以祝福用人单位事业发展更好，也可以祝福读信人健康快乐，还可以两者都写上。期望式可以表达求职人期望得到回复，可以表达求职人期望得到聘用，还可以表达求职人期望进一步沟通。具体要视个人的具体情况而定。

7.2.4 求职信的写作要求

求职信是求职者与用人单位书面沟通的应用文，目的是向用人单位推销自己，以期获得用人单位的了解、关注并达到求职目的。推荐信是一种“自我推销”，是具有商业广告特点的信函。求职信写作要符合以下要求。

1．态度要谦逊

求职信是求职者用来向用人单位“求”职的。一般而言，信函交际双方实际上处于一种不对等、不平等的地位。尤其在就业形势比较紧张的情况下，用人单位往往处于优势地位。因此，在仔细掂量自身条件与用人单位之间的平衡关系以后，求职者首先应在态度上准确定位。

求职者的态度往往影响到求职信的基本思想和语言的表达。所以，通常情况下，求职者的语气要谦逊、礼貌，表述要得体，用语要亲切；即便自身条件很好，也不可傲慢无礼，要表现出良好的教养和素质。

对于迫切希望得到某个职位的求职者来说，在求职信中除了恭敬与礼貌外，在展示自身才能的同时，还应该表达一种恳切之情，力求以情感人，给对方留下深刻印象。

2．内容要真实

在求职信中所反映的个人基本信息及其他相关情况必须做到全部真实。

一般的用人单位招聘员工往往要通过面试，聘用员工还有试用期。如果求职者把并不具备的素质和能力作为标签贴在自己身上，迟早总要露馅，到头来徒增烦恼，甚至还会导致用人单位对求职者的品格产生怀疑，影响个人的发展前途。

如果用人单位是有西方文化背景的外资公司、机构，求职者在表述个人才能和业绩时应该表现得更加自信、直接一些；而东方文化背景的用人单位则宜比较委婉、含蓄，不可过于张扬。企业文化的差异、思维方式及价值观的不同，会导致用人单位对选聘决定的判断和衡量标准产生差异。因此，在撰写求职信的过程中，针对不同的用人单位，求职者有必要选择适当的表述方式。

3．目标要明确

求职目标意向要明确。一方面对自己希望获得什么职位要表达清楚；另一方面对于自身从事相关工作、履行相应职责所具备的基本素质或特殊才能也应表述清楚。这样才有可能增强吸引力，帮助对方认识和了解自己，赢得信任，也才有利于顺利地获得心仪的职位。从写作手法上，前面的自我介绍与后面的求职目标表达要互相照应，内容上也应该这样。

目标定位要准确，恰如其分，要与自己的实际能力和工作经历相称。

4．条理要清楚

事先把有关问题弄清楚，对用人单位和自身都有一个明确的认识，对需要表达的内容先进行一番整理和排列，厘清思路，然后按照求职信的基本格式娓娓道来，逻辑严密、结构完整、真挚感人。一份比较像样的求职信，才有可能达到有力地推销自己的目的。

5．语言要简洁、准确

求职信的特殊目的及它所针对的特殊对象，决定了求职信的语言与其他文体有所不同，必须做到文字十分简洁，表达朴实、通顺，不要使用修饰性词语，切忌错别字和语法错误。

通常招聘方是不可能花很多时间来阅读求职信的，所以求职信必须通过尽可能简短的文字，把要表达的意思表述清楚。许多用人单位把求职信作为第一考核材料，格式错乱、错别字连篇的求职信是首先排除的对象。

6．书写要端正，格式要规范，制作要朴素

对于一个书法功底较好的求职者来说，可以考虑采用手书求职信，否则最好采用计算机方式制作求职信。不论是手写还是打印，都必须注意基本格式，做到书面整洁、规范、清晰、悦目。求职信的制作要朴素、大方，不必过于修饰。太过花哨的求职信常常会使人反感，甚至产生相反的效果。

7.2.5 例文分析

例文

求 职 信

尊敬的金日太阳能公司人力资源部的先生/小姐：

您好！我很荣幸有机会向您呈上我的个人资料，感谢您能在百忙中阅读我的求职信。我叫×××，是一名刚刚从辽宁商业职业技术学院会计电算化专业毕业的大学生，在投身社会之际，为了找到符合自己专业和兴趣的工作，更好地发挥自己的才能，实现自己的人生价值，现向您做求职的自我推荐。

我从网站上了解到，贵公司是东北地区有影响的太阳能产品专业开发制造公司，产品市场占有率已达到在同行业中排名第三。公司建立了现代管理制度，通过了 ISO 9000 质量管理体系认证，财务实现了全部电算化管理，公司具有很好的发展前景。

作为一名会计电算化专业专业的大学生，我热爱我的专业并为其投入了极大的热情和许多的精力。在 3 年的时间里，我所学习的内容包括从会计学的基础知识到电算化会计实际操作等许多课程。通过对这些专业知识与技能的学习，我对这一领域的相关知识有了一定程度的理解和掌握。此专业是一种工具，而利用此工具的能力是最重要的。在与课程同步进行的各种相关实践和实习中，我具有了一定实际操作能力和技术。在学校学习中，我加强锻炼表达能力和合作能力，学习管理知识，吸收管理经验。计算机和网络是未来财务管理工作最重要的工具，在学好本专业课程的前提下，我阅读了大量的有关书籍，学习 Windows98/2000、金蝶财务、用友财务等系统软件，Foxpro、VB 等程序语言，并已考取会计上岗资格证书和计算机一级证书。

我正处于人生中最精力充沛的时期，我渴望在贵公司中展现自己的才能。我不满足于现有的知识能力水平，期望在实践工作中得到锻炼和提高。因此，我愿意加入贵公司，我会踏踏实实地做好属于自己的一份工作，工作中竭尽全力取得好的成绩。我相信，经过自己的勤奋和努力，一定会做出应有的贡献。我希望能在财务部门从事与专业相关的岗位工作，工资待遇按照贵公司规定实施即可。

感谢您在百忙之中所给予我的关注，愿贵公司事业蒸蒸日上，屡创佳绩，祝您的事业百尺竿头，更进一步！我热切期盼您的回复。

我的通信地址：辽宁省沈阳市×××区×××路 18 号　邮编：110000

手机：1390××××××7　电子邮箱；××××××@qq.com

附件：简历表（略）

求职者：×××

2014 年 4 月 20 日

例文简析

这篇求职信格式规范，条理清楚，表述简洁、流畅、文雅，具备了求职信的基本要素。求职人在写作过程中经过深思熟虑，对求职企业了解充分，认识表述准确、礼貌；加上后续个人能力及工作教育背景的表述，表现了求职人的良好素质；个人能力的表达适度，其行文语气谦和恭敬，让人读来亲切自然而又不失庄重。这是一份很成功的求职信。

关键概念

求职信

课堂讨论题

1．求职信的主要特点有哪些？
2．求职信的写作格式是什么？
3．求职信的目的是什么？

实训题

阅读下面的求职信，根据求职信撰写要求分析存在的问题，将其修改为合格的求职信。

求 职 信

尊敬的领导：

您好！首先感谢您能在百忙之中翻阅我的自荐信。我是一名来自河北××职业技术学院会计学院2011级财务管理专业的应届高职毕业生。今天，我满怀着激情和对明天美好的憧憬，愿在贵单位贡献我所有的知识和能力，为贵单位的更大发展添砖加瓦，同时，实现我自己的人生价值。

当今的世界，信息时代已经到来，知识经济观念日益深入人心，随着中国的入世，整个社会对信息的开发、利用的要求日益提高，信息管理类人才在企业管理中的作用越来越大。3年的大学生涯中，我认真学习，刻苦钻研，系统掌握了财务信息管理的基本理论与基本知识，具有较强的财务信息系统的分析与使用能力。财务会计、经济活动分析、成本会计等课程知识的学习，加上专业实践，充实和完善了自我，使我对未来充满了信心。我深知：一个合格的人才，应该是专业知识与实践经验齐备，博与专并济，激情与稳重兼有，道德与健康双修的人，给我一个机会，我将以我十分的知识，十二分的自信和努力，实现你我共同的目标。

最后，衷心祝工作顺利，事业蒸蒸日上。

我真诚地期待着您的回音！

此致

敬礼

自荐人：×××

2014年5月16日

7.3 推荐信

7.3.1 推荐信的概念

推荐信是推荐人应被推荐人之邀撰写的，对被推荐者的品行、学历、能力、专业经验、职业经历、学习与职业发展业绩、推荐意愿向用人单位客观、真实地介绍的信函式应用文。

7.3.2 推荐信的特点

推荐信是推荐人在被推荐人的请求下，主动向用人单位发出的具有推荐性作用的应用文。

推荐信有以下特点。

1．推荐意见的主动性

推荐是推荐人的主动行为，推荐人必须对被推荐人的相关情况非常熟悉，推荐意见是推荐人的真实愿望表达，并了解被推荐人的意愿。

2．推荐意见的客观性

推荐人应站在独立第三方的视角，提供的推荐信内容全部真实，用语客观公允，并能与被推荐者提供的有关材料形成互相印证，不能故意夸大被推荐人的优点或成绩。

3．推荐意见的针对性

对被推荐人的推荐意见不要面面俱到，要围绕其就职单位与职业岗位的核心要求，突出推荐重点，特别注重能证明职业态度、职业能力、合作能力等关键能力的方面，并能用真实的业绩或实例证明。

4．推荐信格式的规范性

推荐信要符合格式规范要求，全面、准确地呈现推荐人和被推荐人的相关信息，以提高推荐信的可信度。

7.3.3 推荐信的写作格式

推荐信通常由标题、称呼、正文、结尾、祝词和落款六部分组成。

1．标题

就用“推荐信”或“求职推荐信”做标题即可。

2．称呼

主要写明收信人。应该要明确到具体的某人。因为与求职信对象相同，一般应与求职信的称呼相同。因为推荐人一般是老师、领导或某一领域的专家，地位上与收信人是平等的关系，不宜过于谦卑，这样收信人读来会感觉比较自然。可以不用“尊敬的”这样的称谓。

3．正文

推荐信内容相对比较具体，推荐人站在中立第三方的角度，客观、公允地介绍被推荐人的现实情况和求职意愿，主要可以考虑从以下几个方面去组织。

（1）介绍被推荐人的基本信息及与求职相关的重要信息。

（2）介绍被推荐人的职业优势、突出特点及与求职相关的重要信息，如获得的证书、参加比赛的成绩、总的成绩排名等。

（3）介绍被推荐人适合的职业岗位、求职者的职业意愿、已经具备的职业发展良好基础，以及推荐人的推荐意愿。

（4）介绍推荐人的基本信息及与求职的关系，也可以写出做出推荐决定的理由。

4．结尾

结尾可以用恳请或期待的语气表达希望推荐意见被采用，能对用人单位发展有贡献。信末还可以注明推荐人的联系方式，如联系地址、邮政编码、电话号码、电子邮箱等，以备用人单位核实相关情况。

5．祝词

祝词与求职信相近，可以表达对收信人的祝福，也可表达对求职单位的祝福。最后使用惯用语“特此推荐”。

6．落款

落款应写明推荐人单位、职务及职称，以及推荐人的真实姓名。

7.3.4　推荐信的写作要求

推荐信的目的是向用人单位推荐被推荐人，以期获得用人单位的认同并达到就职的目的。从实质上说，推荐信是一种“推销”。写作推荐信必须符合以下要求。

1．推荐人要对被推荐人有足够了解

推荐信是推荐人应被推荐人之请向用人单位推荐人才的。推荐人应该本着对双方负责的态度，对被推荐人有足够的了解，因此在推荐前应与被推荐人有足够的交流，全面掌握被推荐人的情况，做出是否推荐的决定。

因为推荐人的身份、地位往往有一定影响，推荐意见易被用人单位重视以至采用，所以，推荐信的内容一定是推荐人核定准确无误的信息。

被推荐人选择推荐人时也要注意，一定选择对自己足够了解，并有一定成就、一定影响的人来做推荐人。

一定杜绝“署名式”推荐，就是由被推荐人拟好推荐信，由被推荐人签名提交的推荐信。

2．推荐意见要基于基本事实

推荐信中对被推荐人相关情况的介绍必须做到全部真实。要有基本事实作为判断和推荐的依据。

因为用人单位招聘员工往往要有笔试、面试、实际操作等考核环节，按照规定还有试用期。如果推荐人把虚假的信息提供给用人单位，用人单位发现后，会对被推荐人及其所在学校、推荐人及所在单位产生严重不信任，直接影响到求职人的个人职业发展，甚至这个学校的其他毕业生的正常求职。

3．推荐意见要有理有据

推荐信中介绍被推荐人的每处优点，都不能是空话、套话，要有基本事实作为支撑。推荐人要在深思熟虑的基础上、在全面了解被推荐人情况的基础上，从德、能、勤、绩或德智体诸方面有条理地陈述推荐意见，并要注意与求职信的事实一致。

4．语言要精练、朴实

推荐信的重要功能是推荐人作为第三方独立地介绍被推荐人的情况及求职意愿，不需要浓重的抒情和夸张的描述。在短短一封信函里要全面介绍一个人，是很不容易的。这就决定了推荐信的语言一定要精练，必须做到文字十分简洁、表达朴实。推荐信切忌错别字和语法错误，这会马上降低用人单位对求职人的信任。

5．书写要端正，格式要符合规范

书写能力较好的推荐人可以考虑采用手书推荐信，也可以采用计算机方式制作推荐信。不论是手写还是打印，都必须注意基本格式符合规范，做到书面整洁、清晰、简练。

7.3.5 例文分析

例文

推荐信

天才财务管理公司领导：

您好！

唐××同学系我校财经学院会计电算化专业学生，2014 年 6 月毕业。在我校学习期间，该同学学习态度端正，实习实训认真，主动性、积极性好；该同学做事情踏踏实实，有计划、分步骤，全身心投入；掌握了较为坚实的专业基础理论知识，具备较强的会计电算化专业实践能力，在校期间表现出良好的职业能力与职业素养；该同学生活态度积极向上，具备团队合作精神，能够建立良好的人际关系。

××财经职业技术学院是国家示范建设职业技术学院，会计电算化专业是国家示范建设专业，培养了很多优秀毕业生，受到用人单位的普遍好评。唐××同学入学后，利用业余时间在××会计师事务所实习，系统地参加了会计及财务管理等方面的专业实践活动；2012 年 10 月代表××会计师事务所参加了会计职业技能竞赛培训；2013 年 4 月至 6 月在南京参加会计职业技能大赛选手集中培训，参加江苏省组织的职工技能大赛，在会计职业技能大赛电算会计项目取得了银牌的优胜成绩。2013 年 9 月至 2014 年 1 月，在省××审计事务所实习 5 个月，跟随知名审计专家刘××，担任审计事务助理职务，共同参与重要项目审计工作，工作态度积极认真，遵守行业规范，工作成绩得到肯定，表现出了良好的专业能力和业务管理能力。该同学在××财经职业技术学院学习期间，获得一等奖学金一次，被评为省级优秀毕业生，在校期间加入中国共产党，是一名品学兼优的优秀学生。

鉴于唐××同学已具备财务电算化专业良好的职业能力和职业素养，其本人也有从事财务工作的强烈愿望，作为他的老师，本人愿意推荐该同学到贵公司从事财务工作。

以上推荐意见全部属实，本人愿以人格担保。

本人通信地址：辽宁省沈阳市×××区×××路 18 号　邮编：110000

手机：1390×××××7　电子邮箱：××××××@qq.com

祝愿贵公司兴旺发达！

特此推荐！

推荐人：××财经职业技术学院
财经学院院长（签名）
2014 年 5 月 30 日

例文简析

这篇推荐信格式符合规范，言辞恳切，表达条理清楚，有对被推荐人的全面介绍，同时又重点突出地介绍了与求职相关的专业方面优势。表述简洁、流畅，具备推荐信的全部规范要素。推荐人在写作过程中经过深思熟虑和认真调查，表现了良好的专业素养和长者风范。这种真实的推荐意愿的表达，极大有利于求职者。

关键概念

推荐信

课堂讨论题

1．推荐信的主要特点有哪些？
2．推荐信的写作格式是什么？
3．推荐信的目的是什么？

实训题

试评析下面的推荐信，按照推荐信写作规范找出存在的问题，分小组讨论修改意见，并在不改变原文意旨的前提下，修改原文。

推　荐　信

尊敬的各用人单位领导：

我校学生唐××，男，22 岁，即将从××职业技术学院经管系商业文秘专业毕业。为了将来能更好地发挥该同学的才能，特向各用人单位推荐该同学。

该同学在校期间，学习了文秘学概论、基础写作、新闻写作、外贸英语、法学概论、社会学、社会心理学、公共关系学、逻辑学、计算机基础、应用美术等近 30 门课程。该同学一向学习努力，成绩优良，曾获 2012—2013 年度奖学金。

该同学还掌握了多种技能，熟练掌握计算机、传真机和驾驶技术，英语已通过四级考试，初通速记。

该同学进入高等学校以来，历任班长、团支部书记等职，有较强的独立工作能力、组织能力和解决问题的能力。工作作风踏实，能吃苦耐劳，曾被评为校级优秀学生干部、系三好学生。

该同学性格开朗大方，兴趣爱好广泛，尤以英语口语、写作、绘画、武术见长。曾发起并多次主持过学校“英语沙龙”，还是校书画协会会员与校刊通讯员，作品多次在校刊及其他刊物上发表。身体素质好，在校运动会上为班、系夺得多项名次。

该同学适合以下几项工作：

企事业单位中从事写作、公关、档案管理，及其他行政事务工作，党政机关中从事秘书、保密、信访、打字及其他事务性工作，其他部门中从事文书、宣传、誊写工作。

相信在单位领导和同人的指导和帮助下，该同学一定能够胜任上述工作。

希望贵单位能给他一个做出贡献的机会。

以上是我的推荐意见，有不妥处请批评指正。

特此推荐。

××职业技术学院经管系副教授　李××

2014年××月××日

7.4 应聘书

7.4.1 应聘书的概念

应聘书是指求职者根据用人单位发布的招聘信息、职位信息和其他有关信息，有明确求职目的地表达求职请求的信函。

应聘书与求职信同属一种类型，同样属于求职类应用文，但相对求职信对象的不确定性而言，其求职目标比较明确，对用人单位的用人条件和相关要求基本了解，减少了求职的盲目性，同时又增加了求职的被动性，即必须依照用人单位的招聘条件有针对性地介绍自己的情况，表达应聘请求。求职者呈递应聘书时是有针对性地单独传递，不像求职信那样可以群发。

7.4.2 应聘书的特点

1．明显的针对性

因为招聘材料中对拟聘员工的素质、条件要求介绍十分清楚，因此，写应聘书的目的是向用人单位请求获得特定的职业岗位，应聘的目标很明确，所以内容上具有明显的针对性。

求职者对相关职位的要求胸中有数，所以要针对求职的目标，揣摩读信人的要求和心理，力求做到方向正确、内容集中、重点突出。

2．主动的自荐性

应聘书的诉求对象是确定的，是用人单位人事经理、部门负责人或招聘信息材料中的联系人。求职者必须主动、全面地向这个确定的对象介绍、推荐自己，要使对方从应聘书中了解自己，让对方觉得只有应聘书的主人是最合适的人选。要围绕给定的招聘条件介绍自己的基本素质和成绩，表明自己胜任工作的条件和能力。

3．展示独特的个性特征

在竞争激烈的人才市场和较集中的招聘活动中，用人单位在一段时间内会收到一大批应聘书。求职者只有通过应聘书展示自己的独有特长和比较优势，引起对方的高度注意，才可能脱颖而出。应聘书在内容和形式上都应力避平庸，追求不同于他人的个性化特征，给人“眼前一亮”的独特感觉，给招聘单位以独特而深刻的印象。

7.4.3　应聘书的写作格式和写作要求

1．应聘书的写作格式

应聘书和求职信一样属于求职信函类应用文，两者的格式大体相同，都包括标题、称呼、正文、结尾、附件、祝词与落款等组成部分。在写作要求上两者基本一致，此处不再详述。

2．应聘书的写作要求

应聘书的写作应该特别注意以下几点。

（1）称呼要明确。应聘书送达对象是已经知晓的特定单位、特定人士，所以开头的称呼不能笼统地称呼，或直接写成某公司人力资源部的名字，要直接称呼“尊敬的××公司人力资源部张经理”或“亲爱的刘部长”等。

（2）语气要亲切。因为诉求对象具体、明确，应聘书的语气应该像与对方面对面交谈一样，非常自然亲切。

（3）紧扣职业岗位目标。应聘的目标要求明确，应聘书的内容必须对应相关职位招聘条件，有针对性地选择自身条件、能力和成绩中与特定条件相符的内容进行介绍，用诚恳的语言表明自己对目标职位的兴趣和认识，说明自己得到这个职位后可能做出的特别贡献，以此赢得用人单位的好感和认可。

（4）突出独有特长。要根据职位目标，通过分析找准自己的比较优势条件，在应聘书中尽量展示自己专业能力、意志品质、学习能力、个人爱好等方面的独特之处，注意扬长避短。因为应聘者大都具有相同的教育经历，学习相同或相近的课程，包括在学校获得的荣誉等方面大都相近或相同，无法分出优劣。所以要注意从自己独有的方面去挖掘做自我推荐，如自己考取了多个相关职业岗位证书、有过多个企业实习实践的经历、参加高水平专业竞赛并取得好成绩、有过五百强企业的专业实践经历等，这些都能构成个人独有的比较优势。所以这些方面只要胜过其他应聘者，就有可能赢得目标职业岗位。

7.4.4　例文分析

例文

应　聘　书

尊敬的××公司人事部刘部长：

您好！我从《辽宁日报》上看到贵公司招聘家电产品市场营销经理的广告，我分析了自己各方面的条件，认为比较符合你们的要求，特此写信应聘。

我是×××职业技术学院市场营销专业 2011 年的毕业生，已在一家上市公司从事两年市场营销工作，地点在省内一个二线城市。我对家电产品销售市场有较多的了解，积累了良好的直接营销经验。在工作期间撰写过两份改进公司营销管理的调研报告，提交后受到公司重视，并获得奖励。如有幸被录用，我可以很快适应并胜任新工作，比较快地进入工作状态。

贵公司是家电行业新崛起的有影响的供应商，家电产品销量近几年快速增长，发展前景非常好。企业建立现代管理制度，鼓励员工脱颖而出，重视员工的职业发展。

我应聘本项工作的原因如下。

首先，我已经26岁，从实习算起，已经有近4年的营销专业工作经验，且一直在家电产品营销领域工作，对这一领域的营销规律、特点、管理、技术有足够的了解。除接受过所在公司专门培训外，我还参加了专业营销公司组织的营销战略与营销组织的专门化培训，并获得结业证书。我热爱这样的工作，也能全身心地投入这样的工作之中，也非常期待在这样的工作领域实现良好的职业发展。但是，我现在的公司普遍是本科以上学历人员，管理制度中重视本科资历，我作为一个高职院校的毕业生，很难在预期时间里实现职业发展目标，做出调整是一个必然的选择。

其次，我已结婚，丈夫在省城工作，已在省城买房安家，因此无家庭的后顾之忧。我需要家庭团圆，期望孩子在省城接受更好的教育，这是我调整职业选择的家庭原因。

基于我的实际情况，我对每月的工资没有具体的要求，接受公司的薪酬制度安排。我相信我能为贵公司的销售工作做出更大贡献，相信只要努力工作，今后企业发展会更好，我的待遇一定也会提高。

我的要求：公司能提供培训和学历进修的条件，并能报销相关费用。

以上情况供贵公司参考，如蒙聘用，一定努力工作，不负厚望。

本人通信地址：××市××区××路××号201室转　　邮编：11×××0

手机：133××××××××　　电子邮箱：×××@163.com

我期待着您的回复，谢谢！

祝您身体健康、一切顺利！

附件：简历、身份证、高职毕业证书复印件（略）。

应聘人：×××

2014年2月18日

例文简析

这份应聘书格式规范，条理清楚，表述简洁、流畅，语气亲切自然，语言平实，内容完整，具备应聘书的要素要求。个人能力与经历的表达针对性较强，特别对于从一家企业到另一家企业调整的理由令人信服，会给用人单位留下良好印象，有利于应聘者顺利实现应聘目标。

关键概念

应聘书

课堂讨论题

1．应聘书的主要特点有哪些？

2. 应聘书的写作格式是什么?

实训题

阅读下面的应聘书，根据应聘书撰写要求，讨论存在的问题，在不改变原文主要意思的前提下，将其修改为合格的应聘书。

应　聘　书

尊敬的××公司领导们：

您们好！非常感谢您们在百忙之中阅读我的个人简历，给了我一次迈向成功的机会！常听有人感慨某次好运的降临使他过上了与以前不一样的生活。而我想的是，他今天拥有的一切其实是自己去努力争取的结果。

在校内，我认真学习，努力做好自己的工作，经常参加一些课外活动，曾是院舞蹈队的成员，并且多次参与院举行的文艺晚会，从而使自己具有良好的身体素质和心理素质。在校外，我常常参加社会上的实践来吸取工作经验。当面对工作时，我会给自己定下一个目标，就是：不怕苦，要有责任心，要果断！因此，我经常得到领导们的肯定和支持。大学 3 年里，我努力学习专业知识，共学习了英语、思想道德与法律、体育、演讲等公共课和经济学基础、会计基础、经济法、税法、数据库原理与应用、网络技术、财务会计、成本会计、财务管理、管理会计、企业审计、会计电算化等专业核心课程与手工会计分岗综合模拟实训、电算会计综合实训、企业实践、毕业论文（毕业设计）等主要实践项目，各门课程全部及格以上。从各门课程的基础知识出发，掌握其基本技能技巧，学以致用、举一反三，力求把所学到的知识融会贯通。

最后，再次感谢您们阅读此简历，望各位领导给我一个机会，我会用行动来证明一切，衷心祝愿公司事业蒸蒸日上。

此致

敬礼

7.5　竞聘报告

7.5.1　竞聘报告的概念

竞聘报告是指竞聘者为实现竞争某一职务岗位的目标，在特定的时间和场合，面对特殊的听众，就自我竞聘条件、竞争优势、未来的职业目标和岗位构想等内容所发表的公开演讲式讲话的讲稿。

随着市场经济条件下人力资源管理体制机制的持续变革，“让合适的人做合适的事”成为各级各类组织选拔干部共同遵循的原则，各级各类组织内部干部选拔制度不断改革，传统的等级制、论资排辈制、领导点将制等不符合市场经济条件下组织建设的制度与模式被彻底改变，竞聘上岗、竞聘（公开选拔）领导职务制度全面推广。由于竞聘上岗或公开选拔时的个人当众讲话具有表演性、现场鼓动性、综合能力展示性，其作用在整个过程中影响度越来越大，因此越来越重要，也越来越被各级各类组织所重视。

7.5.2 竞聘报告的特点

1．明确的目的性

竞聘报告是为了竞选预期的职务岗位而写作的演讲稿，使用目标、演讲材料的结构、演讲时间、听众都是固定的，这种明确的目的性要求不能讲多余的话、不能讲无关的话、不能讲不自信的话、不能讲太多的话，否则将妨碍演讲稿的目的实现。

2．内容的竞争性

竞聘报告必须展示自己最具竞争性的方面，最大限度挖掘自己的比较优势，也就是相对于各位竞争对手的竞争优势。因此，在撰写竞聘报告前要充分掌握组织对竞聘的各项规定与要求，如时间、竞聘报告必须讲的内容等；还要了解都有哪些竞争对手，分析与他们相比自身的优势与劣势，尽可能讲自己与其他对手相比的突出优势，回避或少讲劣势与不足，强调自己胜出将可能实现的美好愿景。但是，绝对不能贬损和诋毁其他竞聘对手，要有足够的尊敬。还要实事求是，不能夸大自己的优势，更不能弄虚作假、无中生有。

3．语言的感染性

竞聘报告因为是现场讲演，要面对面用口头语言和肢体语言来表达，要在短时间内通过现场语言表达实现与听者的有效沟通，因此语言的感染力很重要。因此可以适度使用文学性语言，甚至是文学的表达方式，还可以配以一些励志的古诗。表达的丰富性有助于增强现场语言的感染力。

4．现场的表演性

竞聘报告实际就是演讲，顾名思义就是“表演式讲话”。因为是现场演讲，演讲的技巧性、仪表气质装饰性、肢体语言的熟练应用，都显得很重要。表演贵在自然，这就要求演讲者提前熟读讲稿，一定要烂熟于胸，自然纯熟表达。绝不能照本宣科，这既是对听者的不尊重，也是严重不自信的表现。

5．风格的独特性

竞聘报告是竞聘者个性魅力的展示，是个人道德、人格、知识、能力及个性爱好、理想追求的全面自我表达。同时由于生活经验、专业背景的差异，表达方式也会完全不同。因此，绝对没有两个能够完全一样的竞聘报告或竞聘演讲。所以在撰写竞聘报告时可以参考其他人的文本，但绝不能照搬照抄，要结合自己擅长的表达方式，展示自己的个性和独有的人格魅力。

7.5.3 竞聘报告的写作格式

竞聘报告的内容根据设置岗位的专业与综合素质要求，根据竞聘者个人的实际情况，以及组织对竞聘过程与条件的相关要求、特点的不同而有所不同，但有一些基本的内容却是竞聘报告都应该具备的。其一般格式包括标题、称呼、开头、主体和结尾五部分。

1．标题

第一种是直接点题，如《竞聘报告》、《我的竞聘演讲》、《我竞聘财务处长职务的报告》等，最好在题目中体现竞聘的职位名称，容易给听众留下深刻印象。

第二种是正副双标题，主标题渲染、强调竞聘者的决心与态度，副标题标明竞聘的职位对象，如《给我一个机会，还您一个满意——我竞选学院办公室主任的演讲报告》。

第三种是用假设方法拟标题，如《假如由我担任财务科长——竞聘财务科长的演讲》。

2．称呼

主要是对竞聘演讲的现场人员的称呼，既要全面，又不能让在场的人感到心里不舒服。有人只向单位领导或现场评委问好，还有的用排序法，如“尊敬的各位领导、各位评委、各位同事，大家好!”这很不妥。最好笼统地问候：“同志们，大家上午好!”以示尊重评委和全体听众，没有用体现地位不同的前面那种称呼。一般不宜用“女士们、先生们”的西式称呼。称呼语之后可说上一两句问候语。

3．开头

用简洁、谦虚、风趣的语言吸引现场观众的注意力，博得他们的好感，这非常重要。戏剧表演有个专有名词叫“亮相”，就是强调开头形象的重要性。上台之后，面向观众深鞠一躬，然后问好，开始演讲，这样较好。最好在正式演讲前试讲几次，请人帮助看看。有一定经验后，上台就会稳得多。开头的话形式多样，有表达诚挚的谢意，如“首先感谢领导给我提供了这样一个展示自己的机会”；有表述参加竞聘（选择）的心情，如“能参加今天的竞争我很荣幸”；有较谦和的语气，如“大家早就熟悉了我，但是我想让大家更好地认识我”；有幽默的自我介绍等。有个别人说“我真不想竞聘，是按照领导要求来竞聘的”、“我来试一试”。这绝对不行，让人对演讲者马上丧失信任。

4．主体

（1）介绍自己竞聘的专业基本条件。包括自身的自然情况，如姓名、籍贯、年龄和学历、政治面貌、毕业学校、所学专业（学历、职称）等，也包括与竞聘位置相关的工作经历、资历等。

（2）介绍自己竞聘的目的、动机。解释竞聘缘由，讲明为什么竞聘。理由可以是多方面的，如通过竞聘展示自己、锻炼自己、提高自己，更重要的是有奉献精神，为组织的发展、创新主动贡献。因为担任一定的职位就意味着承担责任，就有一定的风险。敢于担当是竞聘者的应有品格。

（3）介绍自己竞聘的比较优势条件。阐述个人的优势，可以从德、能、勤、绩、廉五个方面入手，包括政治素质、业务能力、工作态度和主要政绩，甚至性格、兴趣、专业技能、团队合作能力、身体情况等。要有侧重点，要与所竞聘职位所要求的综合素质一致，不可面面俱到，重点不突出。可以用过去取得的成绩印证这些优势，不能讲空话、套话，特别不能讲假话。

（4）适度介绍自己的不足之处。有时以退为进进攻能力更强，如“我的缺点是我没有注册会计师资格，但是我有 10 年的财务各岗位工作经验和对整个管理流程的深入了解，我的财务专业能力足以胜任这一职务要求”。有意识地表述自身弱势，有时会收到意想不到的效果。

（5）介绍自己对竞聘的职位的职责与权限的认识，证明对职务的了解已经深思熟虑，是个可信赖的候选人。

（6）介绍自己未来的工作设想和初步方案，包括任职后所要解决的具体问题、实现的具体目标及实现这些目标的具体计划和措施，以及完不成任务目标所应承担的责任等。

5．结尾

做小结，强调自己的无悔选择是出于奉献组织的良好愿望，不是为谋取个人利益。向听众表示感谢；表示如果竞争成功，表明干好工作的决心和信心，如果不成功，表达能官能民的态度，请求有关部门考核自己的愿望和要求。有时可以以一首励志的诗词来做结尾，因为气氛好、气势强，会收到很好的效果。

7.5.4 竞聘报告的写作要求

（1）要充满自信。要有效地展示自己的才华和能力，表明自己已经具备担当该职务的条件和能力。但也不能目中无人，特别是不能贬损他人，破坏竞争规则。

（2）要内容充实。以翔实、全面、具体的事实证明自己，要突出重点，在繁杂的事实中选出那些与岗位关系密切的业绩或条件做比较详细的说明，不能面面俱到。要对自己竞争的职位做全面分析，有一个完整、清晰的认识，全面了解职位特征和胜任这一职位所应具备的素质。不要对细碎的小事翻来覆去地解释，对所应从事的工作忽略重点，自己说不明白，听众也搞不清楚。

（3）要实事求是。做到务实、准确、具体、可信、开拓，既不妄自菲薄、谦虚过度、自我贬抑，也不能狂妄自大、目空一切、豪言空谈，说大话、假话、过头话，为了竞聘成功而吹牛撒谎，开“空头支票”。过分谦虚的表白，不仅不能反映自己真实的能力、水平和气魄，也不利于听者对你做出正确的评价。过高估计自己的能力，也容易引起听众的反感。例如，阐述自身条件时要客观实在，不可锋芒毕露、大吹大擂。对自己的评价要含而不露，引而不发。

（4）要突出优势。要在了解对手的情况下，突出自己的强项，如学历上、年龄上、业务精通上等，把自己的长处和优势充分地表现出来。

（5）要把握特点。也就是要把握竞聘岗位的业务特点和工作特点，有针对性地展示自己的长处和优势。

（6）要真实质朴，感情真挚。做到自然、感人、动情，不能用夸张和虚浮的态度来粉饰自己，也不能用华丽的辞藻和极富鼓动性的语言来表达内容，更不能为了抬高自己而贬低对手。

（7）要精练简洁，通俗易懂。表明观点时要明确具体，清楚明晰，忌杂乱无章、含混不清、艰涩冗长。

（8）要学会用多种表达方式，综合提高演讲的感染力。

7.5.5 例文分析

例文

提高财务管理工作水平　发挥榜样作用

——竞聘财务管理处处长演讲报告

刘 ××

全体与会同志：

大家好！非常感谢你们能给我这个参与竞聘的机会。今天我所竞聘的是财务管理处处长职位，我的目的就是为公司提高财务管理工作水平发挥榜样作用。财务管理是企业管理的一个重要组成部分，是有关资金的获得和有效使用的管理工作。如果这次竞聘成功，我想我的担子会很重，压力会较大，所以此次我更慎重地做出竞聘决定。

我具备竞聘这一职位的优势条件。

本人于 2009 年毕业于××交通学院，学历本科，所学专业是工程财务会计，取得会计学学士学位。我自参加工作以来一直在本公司从事财务工作，先后担任过项目财务主管、公司监察审计科副科长及财务科科长职务，竞聘前任职财务科科长、财务处副处长，政治面貌为中共党员，专业职称为高级会计师，并于××年获得国际注册内部审计师的执业资格。我具备竞聘这一职位的优势专业条件和经验条件。

我具备竞聘的良好工作业绩条件。

自参加工作以来，我历经财务各个岗位的工作，具有较好的专业功底和丰富的实践经验。我养成了严谨、认真、细致的工作作风，为人正直，积极向上，思维严谨活跃，工作效率较高，并具有较好的语言表达能力和一定的组织协调能力，能独立处理问题。因此无论在哪个工作岗位，我的财务专业管理工作成绩都很好，这要感谢大家的支持。同时，很重要的一个原因是我热爱财务工作，因为热爱，所以我很勤奋，对工作很投入，因而也取得了一些成绩。主持审计工作时，我处审计工作多次被局审计处评为先进；主持财务处工作 3 年来，在总会的领导下，出台了包括“财务总监委派”、“内部资金市场”、“网上银行”、“预算管理办法”等在内的一系列财务管理办法，在局内各兄弟公司也是居于前列的。会计基础工作近 3 年都被局财务处评为先进单位第一名，并得到了相应的物质奖励，工程处内部也曾获得两个年度的“文明科室”称号。虽然这些成绩是过去的，不能代表一切，但是在这里，我仍然可以自信地说：我是财务管理处处长职位的最佳人选！

我对于财务管理处处长工作的设想如下。

第一，强化资金管理。资金管理是财务管理的核心。近两年来，我处一直在做积极的尝试，包括出台和实施“内部结算账户”、“网上银行”、“内部资金市场”、“工程款支付审批”等措施。我处资金紧张的压力难以得到有效缓解，因此加速回收应收账款、谨慎拓宽融资渠道将是财务处今后一段时期内的重点工作。

第二，加强财务管理的三项职能建设，即费用控制职能、财务信息决策职能、预算管理职能。在预算管理职能方面，资金预算和部门费用预算管理今年已经起步，但是还没有形成完整的流程。今后财务处还将进一步强化预算管理意识，扩大预算编制范围，细化预算编制内容，通过逐步渗透，最终形成“全员、全程、全方位”的预算管理格局，达到严格按预算控制支出的管理目标。强化财务信息决策职能是指在完善会计基础工作的同时，进一步提高财务信息质量，为领导经营决策提供更加全面、更为系统的会计信息资料。费用控制职能需要结合预算管理工作来做，不再多说，而对项目的成本管理工作，我处于去年推行的“效益清算制度”，效果较为明显，今后要加大此项工作的力度。

第三，提升会计岗位职能，优质高效完成财务各项业务工作。财务处日常事务较多，包括出纳报销，会计核算，财务报告，固定资产管理，各类保函、税收、预算编制等。如何较好地完成这些工作，我想首先应建立明确的岗位职责，充分利用有限的人力资源，合理分工各项业务；其次要制定严格的岗位工作标准，并将职责落实到位。建立部门工资奖惩办法也是确保业务质量提高的强有力措施。

第四，积极应对新时期的诸多挑战。在新阶段的工作中不断锤炼自己，努力调整自己的知识结构和专业视野，提高个人综合素质，为科室其他成员做好榜样。

如果这次竞聘成功，我一定会加倍珍惜，在不断提高自身修养素质的同时，带领财务处全体同事，将财务管理水平提升到一个新的高度。“只有竞争才会激励自己不断进步”，有了今天这样的一次机会，即使不能成功，说明我自身条件与处长职务的要求还有差距，我会继续踏实工作。我相信能够胜任这一职位的必将是全公司最优秀、最能胜任该职位的人员，这是全公司的收获，也是这次竞聘改革的目的所在，而我也将更深刻地反省自己，继续提高自己的工作水平，在本职岗位上发挥榜样作用，在今后的工作中积累更大的优势条件。

谢谢大家！

2014年2月28日

例文简析

这篇竞聘报告的最大特点就是结构严谨、重点突出、概括性强、层次分明、条理清晰，有较强的感染力。用层次序号呈现出演讲的逻辑型与连贯性，对比较竞争优势的全面介绍将自己置于脱颖而出的境地。整个演讲气势较强，影响力大，有理有力，展示了一位现代经济管理干部的奉献精神、拼搏精神及不畏困难的重要品质。

关键概念

竞聘报告

课堂讨论题

1．竞聘报告的主要特点有哪些？
2．竞聘报告的写作要求有哪些？

实训题

设计一家公司的不同岗位，根据个人特点，按小组分工选择不同竞聘角色，结合自身优势条件，每组撰写一份竞聘报告，并选派一人做演讲人。要求：时间控制在4分钟内，语言严谨，有感染力，对所竞聘职位有深刻了解，论述自己的竞聘条件。小组代表演讲完毕，各小组评议、打分，作为小组项目成绩。

7.6 述职报告

7.6.1 述职报告的概念

述职报告是某一职务的任职者任期内或结束任期时向上级领导机关或组织成员报告本人在一定任期内或全部任期的德、能、勤、绩、廉等情况时所使用的一种职务类应用文。

述职报告也是现代管理和管理民主化发展的产物，已成为现代管理制度体系中管理质量控制的一个重要环节和举措，在各类组织中广泛应用。述职报告既是述职者对自己任期内的阶段性或全部的工作总结，又是任职者将自己的工作情况向上级领导机关和组织成员所做的公开报告。因此，述职报告一是具有展示工作成绩、取得成功的改革与制度建设成绩的功能；二是具有总结经验、发现错误、吸取教训、明确改进方向的作用；三是具有接受上级主管部门和群众的监督、考评和督促的作用；四是具有重要的资料和档案作用。述职报告作为与竞聘报告配合使用的组织管理工具，成为管理者必须应用的职务类应用文。

7.6.2　述职报告的特点

使用这一文种的特定环境、特殊主体的特点，决定了述职报告必须具备自述性、自评性、规定性、报告性四个特点。

（1）自述性。就是报告人对照岗位职责，对照竞聘报告，对照上级的要求，自我陈述在一定时期内履行岗位职责的全面情况。述职报告必须由自己完成，不能让他人替代。

（2）自评性。就是报告人对照岗位职责，对照竞聘报告，对照上级的要求，对自己任期内的德、能、勤、绩、廉等方面的情况，进行自我评估、自我鉴定、自我定性。就是说述职报告的内容和对照标准是有一定依据的，结论是自己分析得出的。

（3）规定性。报告人必须对照岗位职责，对照竞聘报告，对照上级的要求进行全面述职，必须以自己在一定时段和所在岗位的职责、目标履行情况作为报告的主要内容。

（4）报告性。就是报告人明白自己的“身份”，具有下位含义，必须放下架子，以被考核人的身份，以要接受评议、接受监督的身份，进行述职报告。

7.6.3　述职报告的分类

在实际管理工作中，不同的组织对管理者的管理模式与考核方式不同，因此述职的要求也不完全相同，这是由组织自身的特殊性决定的。根据使用这一文种的要求、具体安排不同，述职报告可分为以下不同类型。

（1）按述职时间，可以分为年度述职报告、任期述职报告、临时述职报告。

（2）按述职内容，可以分为综合性述职报告、专题性述职报告。

（3）按述职者身份，可以分为个人述职报告、集体述职报告。

（4）按述职目的，可以分为晋职述职报告、例行性述职报告。

7.6.4　述职报告的写作格式

述职报告同竞聘报告同属职务应用类文种，由标题、述职人姓名、称谓、正文和日期等几部分组成。

1．标题

一是单行标题。直接写成《述职报告》即可，也可以写成“作者＋时限＋事由＋文种”，如《××同志 2000—2001 年任院长职务的述职报告》，也可将文种前的作者姓名、任职年限、任职职务项个别或同时省略。

二是双行标题。双行标题一般以主副标题的形式出现。主标题一般突出履行职务工作的特色，副标题则说明是作者所任职务的述职报告，如《开拓进取，积极奋进——××集团财务经理的述职报告》。

2．述职人姓名

在标题之下写上述职人的姓名，也可在姓名前写明其任职名称。当标题中已有述职人的姓名时，此项可省略。

3．称谓

一般述职时重点是向上级部门报告，有时是上级部门人员与组织成员共同听取述职报告。按照“报告”文种的下位特点，在第二种情况时可以先称呼领导，再面向组织成员。

4．正文

正文是述职报告的主体部分，述职者在撰写述职报告时要认真研究提前发布的述职报告内容要求，并严格遵守。通常述职报告应包括以下内容：一是所任职务及任期；二是任职的总体情况，包括任职的岗位目标和自我评价等；三是任职期内的履职情况，按照德、能、勤、绩、廉五个方面全面汇报取得的业绩和工作经验；四是找出工作中存在的问题与原因分析；五是自己的认识、感受和体会；六是今后工作的打算、建议和措施等。

最后在结尾处，可以简明扼要地说“特此报告”，也可以更礼貌地说“以上述职报告，请领导和同志们评议，欢迎多提宝贵意见”。

5．日期

在落款处写上述职报告的日期。

7.6.5 述职报告的写作要求

1．内容真实、全面

述职报告既是述职人对自己任职期间所做的工作总结，又是述职人面向上级与组织成员所做的报告，内容必须真实、全面。首先，对自己的工作要有一个较为客观而真实的反映，不能弄虚作假，也不能夸大事实，最好用一系列的数据或事实证明自己的陈述。其次，报告的内容既要写优点与成绩，还要写问题和不足，一定对问题和不足要有原因分析。同时，还应包括自己的认识与体会，以及会后的打算与意见等。这些内容都应实事求是，客观真实。

2．重点突出

述职报告是在规定时间内报告自己的主要工作情况，一定紧紧围绕岗位职责、组织使命、上级要求，做到重点突出。重点突出还要通过文章结构的设计来体现。一是有条理，可以用小标题概括出来；二是分清重点，主要的工作业绩要重点讲，特殊的贡献要重点讲。问题与不足不宜写太多，而且要择其重点加以剖析。

3．适合口语表达

述职报告应讲究口语化和通俗化，体现出一定的语言表演特色。这方面与竞聘报告的要求基本相同。

4．语言要平实

述职报告是述职者向上级领导和组织成员对自己所做工作的现场报告，应以客观陈述为主，不宜有很多自我肯定，特别不能过多自我表扬。语言应注重平实，重视用数据和事实说话，不适合使用渲染、夸张性的语言。

7.6.6　例文分析

例文

述职报告

××县工业局局长　刘××

各位领导、各位同志：

我是 2013 年 4 月调到县工业局任局长职务的。1 年来，在上级部门的正确领导下，在全局干部职工的共同努力下，我局进一步深化了工业生产和经营的改革，取得了一定的成绩。

一、主要目标的完成情况

1. 工业生产提前 3 个月完成全年计划，销售提前 2 个月完成全年计划，预计今年可实现产值××亿元，实现利润×亿元。

2. 技术输入有了明显进展，局属主要企业技术协议履行工作稳步发展。

3. 经济效益明显提高。去年全县工业系统亏损××万元，今年预计可实现利润××万元，一举扭亏为盈，增长幅度较大。

4. 职工素质、业务水平有了提高。今年为局属企业创办了计算机、质量检测培训班共五项，并选派部分干部、职工到高等院校和上级主管部门接受业务培训，收到良好效果。

二、1 年来的工作回顾

今年我县工业生产在十分困难的情况下取得较快发展。1 年来，市场行情瞬息万变，原材料价格上涨，资金紧缺、电力紧缺等，都给工业生产带来严重的干扰。在这种艰难的情况下，全局干部职工同心同德，求新创新，取得了一定的成绩。具体地说，1 年来有以下新的变化。

1. 管理观念不断更新。

随着管理体制改革不断深入和市场经济的全面发展，工业生产面临着新的形势和挑战。针对这种情况，我们组织干部职工认真研究新形势，积极治理生产环境，自觉整顿生产秩序，转变经济思想，强化服务意识，保证了工业生产的顺利进行。

2. 企业承包不断完善。

今年，全局对所属企业全部实行了承包经营，对企业的经理、厂长全部实行了聘任制，并签订了承包责任书。各企业也根据本单位的实际情况分别实行了各种形式的责任制，取得了良好的效果。

3. 工贸结合不断扩大。

工贸结合是促进工业生产的根本途径。今年，全局各企业各级主动实行工贸结合，加快了生产销售的步伐。在开展工商联营的同时，我们转变经营作风，密切工贸关系，积极为销售部门排忧解难，受到销售部门的好评，从而保证了产品销售的稳步发展。

三、本人的主要工作

1. 抓学习贯彻党和政府的方针政策。

这是保证生产顺利开展的根本一环，凡是党和政府的政策、方针、法令，我都结合局工作实际学习好、领会好、运用好，并把精神落实到工作中去。

2. 抓目标管理。

1年来，我用改革总览全局，紧紧抓住改革这个机遇，积极在全局上下推行目标管理，同时主动与有关部门协商，制定改革方案，主持制定全局目标管理实施办法，不断督促检查，确保各项目标的落实。

3. 抓综合协调。

对于局里的重大事件，在各副局长分工负责的前提下，我主动出谋划策，帮助综合协调，特别是有关全局的业务规划、技术改造，涉及上下关系、业务工作、思想工作的难题，我都尽量参与，与各副局长一起深入实际，帮助解决。

四、存在的问题和改进措施

本人工作能力和业务水平需要进一步提高，虽然平时尽心尽力，但有些工作仍然没有考虑全面、管理到位，今后要改进以下方面的工作。

1. 进一步加强经营管理工作。

由于受到环境的干扰，自己在认识上不够高，在经营活动中，虽然我也要求和强调加强管理，但实际上要求过宽。今后要切实把经营管理当作大事抓，做到严格管理。

2. 进一步搞好调查研究。

虽然工作中我也强调现场办公、调查研究，但1年来还是浮在上面多，开会研究多，下企业基层少，调查研究少。今后要制定深入调查研究的具体计划，并付诸行动。

3. 进一步加强局内建设。

1年来，由于一定程度上忽视了局风建设，所以导致机关干部和企业职工思想混乱，不上班和上班干私活，职工之间、干部之间发生矛盾的事时常出现，影响了全局工作的顺利进行。今后要从局机关抓起，树立团结、求实、进取、创新的新局风。

借此机会，向工作中支持、帮助过我的各组领导和同志们表示诚挚的谢意。

以上述职报告，请领导和同志们评议，欢迎多提宝贵意见。

2014年1月12日

例文简析

这篇述职报告的标题由文种构成。由于是向上级部门、单位人员陈述，所以写了称谓。述职报告的正文部分由导语、主体、结尾组成。导语部分简介自己的任职时间及对工作的概括性评价。主体部分从四个方面对自己在任职期间所取得的成绩和存在的不足进行了客观、中肯的分析，并指出今后努力的方向。结尾部分，用感谢性习惯性用语的话语结束全文。最后是成文时间。此文写得比较有个性特点：讲经验，材料翔实、有理有据；讲问题，直截了当、不掩饰，是一篇较好的述职报告。

关键概念

述职报告

课堂讨论题

1．述职报告的概念是什么？
2．述职报告的作用有哪些？
3．述职报告的种类有哪些？
4．述职报告的写作格式是什么？

实训题

根据述职报告撰写要求，每个小组撰写一篇组长工作述职报告。要求：时间控制在 4 分钟内，语言严谨，有感染力，对职位要求有深刻了解，陈述自己的工作情况，全面总结成绩及存在的问题，并提出改进的对策。组长代表陈述完毕，各小组评议、打分，作为小组实训成绩。

第 8 章　财经毕业论文写作

本章学习目标

- 了解财经毕业论文的概念、特点及作用，以及选题原则和方法。
- 掌握财经毕业论文拟定题目的方法，资料收集、整理、利用的方法，问题研究的基本方法，开题报告撰写的作用、基本规范和要求，写作的要求与基本规范，结构设计方法与基本要求，以及修改和答辩要求。

《教育部办公厅关于加强普通高等学校毕业设计（论文）工作的通知》（教高厅［2004］14号）提出："毕业设计（论文）是实现培养目标的重要教学环节。毕业设计（论文）在培养大学生探求真理、强化社会意识、进行科学研究基本训练、提高综合实践能力与素质等方面，具有不可替代的作用，是教育与生产劳动和社会实践相结合的重要体现，是培养大学生的创新能力、实践能力和创业精神的重要实践环节。同时，毕业设计（论文）的质量也是衡量教学水平、学生毕业与毕业资格认证的重要依据。"针对高职院校，要求："高职高专学生的毕业设计要与所学专业及岗位需求紧密结合，可以采取岗前实践和毕业综合训练等形式，由学校教师与企业的专业技术人员共同指导，结合企业的生产实际选题，确定训练内容和任务要求。时间应不少于半年。对高职高专学生要加强毕业设计环节的规范管理，加强过程监控，严格考核。"本节所说的财经毕业论文，主要指高职学生财经类毕业论文。

8.1　概述

8.1.1　财经毕业论文的概念

高职学生财经类毕业论文是高职财经专业学生在学习与专业实践过程中研究财经管理问题、分析财经管理现象、探索财经管理规律、进行学术性研究，撰写的学业性专门化论文。它主要立足于财经理论、基础知识和基本技能的应用，用来表述作者对某种财经现象及观念进行研究的方法与成果，反映作者在某一财经问题的研究上所达到的研究能力与研究水平。高职院校学生撰写财经类毕业论文应该侧重应用性研究。

8.1.2　财经毕业论文的特点

1．高职学生财经类毕业论文的共性特点

（1）专业性。高职学生财经类毕业论文是服从并服务于经济活动的需要，解决专业领域里的实际问题的。高职学生财经类毕业论文具有明显的专业性。第一，从内容上看，高职学生财经类毕业论文所反映的是经济领域里的各种现象、问题。第二，从形式上看，高职学生财经类

毕业论文以叙述、说明、议论为主要表达方式，它同时需要大量的数据、图表来说明问题，所表达的专业术语是经济领域里最常用的。第三，从读者对象上看，高职学生财经类毕业论文主要是写给同行和有关专家看的。第四，作者必须接受过财经理论专业训练。第五，高职学生财经类毕业论文还需符合不同的专业培养目标和教学要求。

（2）学术性。毕业论文是学术论文的一个重要的门类，“学术性”是学术论文所应具备的最起码的条件，也是学术论文区别于其他应用性文章特别是一般理论文章的本质特点之一。高职学生财经类毕业论文从学术层面研究经济现象，探讨经济规律，发展经济理论，解释经济现象，具有学术性特点。

（3）实践性。高职学生财经类毕业论文大都以经济效益为其出发点和归宿点，要求所反映的经济事实要真实、确切，忌说空话、大话、假话，忌虚张声势、哗众取宠，容不得半点虚假，而且所引用的数据也要反复核实、确凿无误，以求得出科学的结论，解决实际问题。写作高职学生财经类毕业论文要尊重事实、尊重科学、尊重客观经济规律，具有具体可操作的空间，具有实践性特点。

（4）逻辑性。毕业论文结构的安排要注意逻辑框架的严整。学术论文要有观点和材料，所有的观点和材料都纳入一个逻辑框架之中，整篇学术论文应当自成一个理论认识系统，自成一个相对完整、缜密的论证体系。论证的过程也就是进行逻辑推理的过程，各种逻辑推理形式在其中起着重要的作用。因此高职学生财经类毕业论文具有逻辑性特点。

（5）创新性。中华人民共和国国家标准《科学技术报告、学位论文和学术论文的编写格式》指出，学位论文是指“表明作者从事科学研究取得创造性的成果或有了新的见解，并以此为内容撰写而成、作为提出申请授予相应的学位时评审用的学术论文”。所谓的创新性，是指论文的观点是新的学术见解，是与众不同或前所未有的看法。论文是带有学术创新特点的。

（6）应用性。大学生撰写毕业论文是重要的教学环节，也是重要的学习成果，可以考查学生运用所学专业知识解决实际问题的能力，并培养学生的专业研究素养。毕业论文的选题一般要符合专业范围要求。与纯粹的交流论文相比，毕业论文的知识含量较大，其中不仅要写入自己的研究成果，还要有背景知识的描述和评介，以便充分反映自己对本门学科的基础理论及其他专门知识的应用程度。

2. 高职学生财经类毕业论文的分专业特点

（1）经济类专业毕业论文的数理性特点。普遍用数学方程和模型来表述国民经济及其运行，是西方经济学的特点。经济类专业论文经济数量的分析、计算方法的大量应用是其重要特色。通过假设把实际经济问题简化，在假设的基础上，利用适当的数学工具刻画变量之间的数学关系，建立经济数学模型，然后利用样本数据对理论模型进行计量检测，用以支撑理论，是大量经济类专业论文的特点。

（2）金融类专业毕业论文的时效性特点。金融类论文具有注重金融实践的最新发展与融资理财的创意等内在要求与特色。例如，电子金融的发展、金融服务外包的管理、民间典当业务的操作与风险控制、危机后的金融变革、低碳革命与绿色金融的未来等社会热点问题，与时俱进成为金融类专业论文的选题特点。

（3）财税类专业毕业论文的丰富性特点。财税类专业整体理论体系形成较早，基础坚实。

在现实中，财税活动涉及国计民生的方方面面，时代特征和地域特征分明，这些都为财税类专业论文提供了丰富的论题、论据资源，使其具有丰富性特征。

（4）国际经贸类专业毕业论文的国际性特点。国际经贸类专业的专业特色，要求培养对国际经济事件的敏感性，还要能够看到事件之间的联系。国际经贸类作为一门专业学科，与经济学、金融、运输、保险、营销、统计、法律、管理等多门学科之间有非常紧密的联系。随着经济全球化和国际投资的日趋发展，国际经贸的形式和内容都发生了深刻改变，决定了国际经贸类专业毕业论文选题、内容的多样性和丰富性。

8.1.3 财经毕业论文的作用

1．是高职专业教育终结性学业成绩的综合评价依据

高职院校应届毕业生在毕业前必须完成的具有总结性的集中实践性教学环节，是一项“指令性”的学习实践任务，财经类各专业毕业作业的主要形式就是毕业论文。按照《中华人民共和国毕业条例暂行实施办法》的规定，高职高专学生只有在完成教学计划的各项要求，其课程学习和毕业论文（毕业作业或其他毕业实践环节）的成绩，表明确已较好地掌握本门学科的基础理论、专门知识和基本技能，并具有从事科学研究工作或担负专门技术工作的初步能力的，才能颁发毕业证。

2．是高职学生综合运用专业理论知识的专业性训练项目

按照高职院校财经类专业学生培养目标，在财经专业教学计划中开设了多门课程。这些课程所涉及的内容虽各有不同，但构成了一个完整的专业理论知识体系。毕业论文的写作，是对学生是否真正理解所学知识，是否能完整把握整个知识体系，综合运用相关专业理论和技能的检验，是综合运用专业理论知识的专业性训练项目。例如，要写一篇关于“内部会计控制”的论文，就要综合运用企业管理、控制原理、会计核算、财务管理、审计等方面的专业知识。论文的写作是对以往学习的质量、水平的综合检验，更是一次很好的专业训练过程。

3．是高职学生综合运用专业理论知识解决实际问题的特殊性训练项目

毕业论文的写作过程是学生积极参与专业实践、综合运用专业理论知识解决实际问题、提高动手能力和综合素质的全面特殊性训练，要求学生应具有对专业领域现象的敏锐观察能力，具有一定的社会调查和分析能力，具有一定的逻辑归纳、概括和综合能力，还要具有一定的语言文字能力等。可见，毕业论文的写作是高职院校实现人才培养目标的重要手段和重要过程。

8.1.4 财经毕业论文选题原则

基于高职院校毕业论文的应用性特点，选题应尽可能选择与企业生产、经营管理、科技开发、社会进步及学生从事工作的性质等紧密结合的小型课题。高职学生财经类毕业论文的选题应特别注意以下方面。

1．符合专业限定原则

注重选题与专业的契合度，应是选题中需要注意的首要问题。确定选题前，作者需要对财经类知识进行系统钻研与总结，对其专业方向始终有明确把握，确保通过毕业论文的专项工作达到锻炼和提高自身专业素质的目的。例如，商务管理专业可以选择“医疗器械类产品会展市场的区域研究”作为选题，证券与期货专业可以选择“证券市场长线潜力股的选择与分析”作为选题。

2. 符合应用价值原则

应用经济学的研究必须强调应用性，但理论价值和实际意义是毕业论文选题同时需要兼顾的。选择应用性较强的题目，还要考虑其有无理论和认识上的价值。例如，金融类专业的毕业论文选题既可以关注前沿领域和金融体制改革中亟待解决的课题，也可以关注目前金融创新和司法改革迫切呼唤的金融立法等内容。

3. 结合专业实践原则

选题要从实际出发，量力而行，遵循结合专业实践的原则。主观条件主要从个人兴趣与爱好、专业知识水平和科研实践能力等统筹考虑。客观条件是指占有专业资料的充裕程度和专业指导老师的条件。最适合的选题是结合专业实习的工作而选择并开展研究的选题。

4. 专业创新性原则

创新是较高水平的论文质量要求，创新很难。高职毕业论文的创新可以从选题（新现象、新问题），方法，材料，应用等方面考虑，要结合财经工作的具体实际，力求有所创新。高职教育阶段的任务决定了高职学生的毕业论文创新一定是具体环节、具体应用、具体问题方面的创新。

8.1.5 财经毕业论文选题方法

学生写作财经类毕业论文的基本条件都不同，选题方法也是不同的。主要选题方法如下。

1. 材料提取法

材料提取法就是通览所占有的文献资料，从中提取自己感兴趣的问题，从而确定选题。阅读材料一定要全面，将占有的材料仔细分析、总结、归纳。将阅读所得到的内容进行分类，研究属于财经类目前亟待解决的问题和属于财经类争论的焦点问题，经过筛选，形成自己的选题。

材料提取法的步骤如下。一是广泛浏览文献资料。在专业理论学习、专业实习、专业管理的时间发现问题，然后广泛收集资料，在浏览资料的过程中要注意勤做笔录，随时记下资料的纲目，记下资料中自己最深刻的观点、论据、论证方法等。二是将阅读所得到的内容进行分类、排列、组合，从中寻找问题、发现问题。材料可按纲目分类。三是将自己在研究中的体会与资料分别加以比较。经过深思熟虑的思考，就容易萌生自己的想法。把这种想法及时捕捉住，再做进一步的思考，选题的目标就会渐渐明确起来。

2. 题库选题法

高职院校专业教师根据自己的教学经验与研究，或根据自己的课题内容，拟出一些题目，建立一个题库，供学生选择。这样做的优点是指导教师能从本专业的特点全面考虑，所选题目较切合学生实际水平，防止选题过偏或过大等问题出现。缺点是个别学生对选题不一定有兴趣，被动地按照要求撰写论文，难以激发他们的创作热情。

毕业论文题库中的题目所涉及的主题会有大小之分。一般来说，小主题题目要求学生就某一具体问题进行研究，题目本身对所要解决的问题的性质、目标乃至研究方法等都有限制，学生自行发挥的范围小；大主题题目所提供的是一个大的问题范畴，给学生的研究方向和毕业论文写作提供一个较大的选择空间，便于学生发挥主观能动性。毕业论文题目原则上一人一题。较大的题目可由多个学生共同完成，但必须明确每个学生独立完成的工作内容和要求，并在题目上有所区别。在建立毕业论文题库时，教师应尽可能结合学生专业实习的工作实际指导学生选题，以激发学生的兴趣，调动他们的主动性。

3．拟想验证法

拟想验证法就是以主观的“拟想”为出发点，沿着一定方向对已有研究成果步步紧跟，做出论证。就是学生应事先拟出想法，然后通过阅读材料，分析研究，再加以验证，最终确定选题范围。值得注意的是，在学生有了自己的“拟想”之后，必须验证该“拟想”是否对别人的观点有补充作用，或者该“拟想”是否还没谈到或谈及很少。如得到肯定的答复，且有足够的理由加以论证，则可以确定下来作为选题。必须验证该“拟想”是否与别人的研究成果重复，如果与别人的完全重复，则应马上另作考虑。必须指出，学生的这种主观“拟想”绝不是“凭空想象”，必须以客观事实或客观需要为依据。

4．调查研究法

撰写毕业论文的最终目的是为社会服务，作为毕业论文写作关键的一步——选题的确定，也理应以社会需要为出发点，注重社会调查，从社会实践中收集第一手资料，将其去粗取精、去伪存真，上升为理论本质的认识，最终确立自己的选题，真正做到选题源于实践、服务实践。毕业生在某项实际工作中或在对某项实际工作的观察中常常会遇到各种各样难以解决的问题，对此就需要进行调查研究，从中获得第一手资料。在经过整理分类和分析研究后获得合适的论题，最终为提出解决问题的新办法奠定可靠的基础。

思考题

1．高职财经专业学生撰写毕业论文对学生的成长和发展有何重要作用？
2．在选题过程中应该注意哪些问题？
3．如何寻找适合自己的导师？怎样在导师的指导下选题？

8.2 财经毕业论文拟定题目的方法

论文题目又称标题、文题或篇名。一个好的题目，不但给人以新鲜感，能吸引读者，而且对论文起画龙点睛的作用，能准确、简洁、鲜明地表达出论文内容的精神，体现作者的写作意图和文章的主旨。题目的字数不多，但需简明、确切、醒目。结构一般也不复杂，但如何写好，如何拟定，必须遵循一定的原则、方法和技巧。

1．拟定题目的原则

（1）准确反映论文内容的精神实质，符合其深度和广度。一般来说主要反映研究对象、方法、目的或结果。所谓准确，就是恰如其分地描述，不能夸大或缩小，更不能名不副实。

（2）客观、含蓄地描述研究结果。一篇论文中结果是主要的，由结果升华到结论更是可贵的。在题目中，一般不具体提结果和结论，而只做客观、含蓄的描述。常以价值、意义、影响及观察等词汇进行描述。至于真实的结果和结论如何，留待读者自己去阅读全文。

（3）简明醒目，引人入胜。拟定论文题目，还应该力求简明醒目，引人入胜。所谓简明，就是文字简练、易懂。一般中文题目，以不超过 20 个汉字为宜；而英文题目的词数尚无统一规定，部分杂志规定以 14～15 个词或 84 个印刷符号，或一般不超过两行为妥。一般不设副标题，但在不可能简短的情况下，为了补充主标题内容或强调某一重点，可加设副标题。所谓醒目，是指引人注目，能吸引读者产生非读不可的兴趣。要达到醒目，必须靠内容的新颖。当然，题目不宜与其他文献雷同，吸引读者主要靠创新性。

（4）准确使用专业概念。论文题目由精心选择的词汇组成，一般仅为一个短语、词组或一个完整的句子。确定题目时应注意用词恰当，使用正确的专业概念，并尽可能流畅易懂，避免使用空泛和华丽的辞藻，避免错别字、俚语和已淘汰的术语。此外，题目中应尽可能少用非公认的中文缩略词，一些容易被误解的英文缩略语也不宜用。同时应注意题目内一般不加标点，10 以下数字均用汉字，10 以上数字则用阿拉伯数字。如为英文题目，常省略冠词，除第一个词或专有名词的第一个字母大写外，其他均小写；也可除虚词外，每个词的第一个字母均大写。

2. 题目的分类

毕业论文的标题一般分为总标题、副标题和分标题。

（1）总标题。总标题是文章总体内容的体现。常见的写法有以下几种。

1）揭示课题的实质。这种形式的标题高度概括全文内容，往往就是文章的中心论点。它具有高度的明确性，便于读者把握全文内容的核心。诸如此类的标题很多，也很普遍，如《关于保险资金运用模式的问题》、《机动车辆保险改革之我见》等。

2）提问式。这类标题用设问句的方式，隐去要回答的内容，实际上作者的观点是十分明确的，只不过语意婉转，需要读者加以思考罢了。这种形式的标题因其观点含蓄，容易激起读者的注意，如《雇主责任保险没有市场吗》。

3）交代内容范围。这种形式的标题，从其本身的角度看，看不出作者所指的观点，只是对文章内容的范围做出限定。拟定这种标题，一方面，文章的主要论点难以用一句简短的话加以归纳；另一方面，交代文章内容的范围，可引起同人和读者的注意，以求引起共鸣。这种形式的标题也较普遍，如《试论机动车辆第三者责任强制保险制度》、《论寿险公司“产销分离”的利弊》等。

4）用判断句式。这种形式的标题给予全文内容的限定，可伸可缩，具有很大的灵活性。文章研究对象是具体的，面较小，但引申的思想又须有很强的概括性，面较宽。这种从小处着眼、大处着手的标题，有利于科学思维和科学研究的拓展，如《从费率的自由化看保险市场改革与监管》、《法律完善与责任保险》等。

5）用形象化的语句。例如，《激励人心的营销管理体制》、《中国健康保险史上的曙光》等。标题的样式还有多种，同学们可以在写作实践中大胆创新。

（2）副标题和分标题。为了点明论文的研究对象、研究内容、研究目的，对总标题加以补充、解说，有的论文还可以加副标题。特别是一些商榷性的论文，一般都有一个副标题，如在总标题下方，添上“与××商榷”之类的副标题。另外，为了强调论文所研究的某个侧重面，也可以加分标题。需要注意的是，无论采用哪种形式，都要紧扣所属层次的内容，以及上文与下文的联系紧密性。切记标题的要求，一要明确；二要简练；三要新颖。

3．拟定题目的方法与技巧

（1）揭示主题的方法比较常用，这种方法是直接揭示出论文探讨研究的主要问题，使读者一目了然地知道论文的主要内容。有的还从论文设计的三大要素中确定题目，论文设计的三大要素为研究对象、研究方法和研究结果。一般而言，论文题目也由此三部分或其中两部分构成。人们常把论文的主题与题目混为一谈，原因就在于论文的题目反映了论文的主题。

（2）揭示论点的方法使用也相当普遍，这种方法是把论文的论点概括起来，作为论文的题目。这种方法能使读者一看题目就能了解写作者的主要观点。

（3）借鉴参考文献确定题目。写作论文之前，作者一般都阅读了大量的参考文献，每篇文献都有不完全相同的题目，作者可选择与自己研究内容相近的论文，借鉴其题目特点，确定自己不与之雷同的新题目。

（4）将重要的关键词组合起来即成题目。关键词最能直接反映文章的内容，如能恰当地组合，往往就是文章的题目。

（5）反复推敲。文章写完初稿后，还要对题目进行反复推敲，看是否符合拟定题目的原则，是否准确反映了文章的内容，是否简练、醒目，引人入胜。最好请同学阅读，提出意见和建议，必要时还需与指导教师商榷，力争做到一篇好文章拟出一个好题目。

4．拟定题目应注意的问题

（1）论文题目过大。有人盲目地认为题目大的论文写起来比较容易，可参考的资料多，可选择的实例多。但要知道，题目大，在论述的过程中常会出现重点不突出，在写作中所获得的材料也会捉襟见肘；题目大，往往要说的东西很多，顾这儿顾不了那儿，结果什么也讲不深，什么也说不透。尤其是论文篇幅一般要求在3 000~4 000字，这很难对一个大题目进行深刻阐述。

（2）表述不当。有些同学对自己拟定的论文题目不斟词酌句，造成论文题目出现逻辑混乱、成分残缺、搭配不当等现象；还有的同学为了追求文字的新颖、生动，行文含义模糊，不能很好地表达文章所要研究的主要问题或主要内容。

（3）题目观点不明确或不正确。有些同学随随便便地照抄照搬报刊上的文章题目，因此与自己写作的论文相脱节，不能明确点明论文的观点和论述的内容。

题目是论文的重要组成部分，直接影响论文的质量。写作论文之前一定要反复斟酌，拟定论文题目时要注意从小处着手，力求做到以最准确、最简洁的语言阐述自己的新观点。

实训题

讨论以下高职财经类论文选题是否合适：

（1）人民币汇率形成机制改革对就业总量和结构的影响及其作用途径

（2）从配给约束来看我国的教育高消费现象

（3）民间借贷规范化管理与改革问题研究

（4）从跨国并购中看中国制造业发展之路

（5）建立东亚货币联盟的障碍与对策研究

8.3　财经毕业论文资料收集、整理、利用的方法

8.3.1　财经毕业论文资料收集的方法

选题的研究与资料的收集往往同步进行，因为研究是一个过程，而作为这种行为过程的终结，往往表现为对论文资料的充分掌握。

资料根据收集方法上的区别可分为二手资料和原始资料两类。

1．二手资料的收集

所谓二手资料就是非课题研究者本人亲自收集，而是已存放的资料或为某一目的已收集的资料。二手资料的来源包括以下几种。第一，内部来源。泛指由组织制作、制订、加工、整理、保管的所有文献资料，包括企业的报表总结资料、销售数字、销售访问报告、发票、库存记录和以前的研究报告等。第二，政府刊物。泛指由国家立法部门和行政机关依法公布的文献资料，包括各种法律、法规、政策、条例及各类年鉴等，如《中国统计年鉴》、《中国经济年鉴》、《中华人民共和国公司法》、《中华人民共和国反不正当竞争法》等。第三，报刊书籍。包括国内外报刊目录、索引及有关的图书、杂志等。

与财经类课题有关的刊物部分列举如下。

（1）期刊。《人力资源开发与管理》、《财务与会计导刊》、《世界经济》、《会计研究》、《财经界》、《经济导刊》、《财经研究》、《经济研究》、《经济与管理研究》等。

（2）报纸。《21 世纪经济报道》、《经济观察报》、《中国证券报》、《证券时报》等。

二手资料是最理想的收集对象，或者说是首选对象，因为二手资料便捷、高效而且成本低廉。通过对二手资料的收集，可以了解和大致掌握研究课题的价值、目前研究的现状及完成该课题的客观可能性，找到许多能直接运用于研究的、有价值的资料。

收集二手资料的方法主要有以下两种。

第一，目录搜寻法。就是借助已有的图书目录系统查找出版物，包括报刊、图书。目前现代化图书馆都建有计算机信息查询系统。第二，网上搜索法。越来越多的企业都有自己的网站，企业信息都在网上公布；同时各种网上信息咨询机构也不断涌现，所以二手资料的收集也变得非常简单。

2．原始资料的收集

所谓原始资料就是由课题研究者亲自收集、加工、整理出来的材料。要完成一个研究课题，仅有二手资料是不够的，必须亲自去收集相关的原始资料。原始资料广泛存在于现实生活和实践中，但往往是不系统、不全面和不典型的，必须进行再加工后才能使用。当我们在收集原始资料时，首先应收集与课题直接相关的资料，其次可以对课题周边事物情况及相互的关系变化等资料进行收集，这样我们对问题的研究才可能全面深入。

（1）原始资料收集的方法。

1）访谈法。访谈法是收集资料时运用最广泛和普及的一种方法。访谈法是访谈者与被访者通过面谈口问的形式来收集研究资料的一种方法。访谈可分为集体访谈和个别访谈。

① 个别访谈。个别访谈仅指访谈对象是单个人情况下的访谈，也就是专访法。一般来说，选择这样的访谈对象要考虑其典型意义和特殊意义，即普遍性和特殊性。访谈者一般事先要做好比较充分的准备，如向被访者了解哪些问题，哪些需要核实，哪些可以引用等。个别访谈是限于访谈人与被访者之间的信息传递，回答者不会受到访谈外的第三人的直接影响。在使用这种方法收集资料时， 要注意一次访问时间不宜太长，有时可能要反复若干次；访谈时内容可以宽些，不要局限在既定的课题上，在谈话过程中，要一边记、一边想、一边判断。谈一次，总结一次，分析一次，指出新问题，这样就越谈越深，材料也就越来越多，便于分析、提炼、概括。

② 集体访谈。集体访谈则是多人同时作为被访对象参与访谈，由访谈者收集资料的方法，即座谈会法，它是收集资料的最简单易行又最可靠的方法。实践证明，运用座谈会法收集资料时，参加的人数不宜太多，一般 7 ~ 10 人较合适。座谈前访谈者应事先将所有参加座谈的人员名单、座谈的具体内容、要求、举办时间、地点等通知参加座谈的所有对象。由于座谈会法是访谈者与被访谈者之间、被访谈者相互之间的多层次互动，因此它所获得的资料较其他访谈方式获得的信息更广泛；而且由于相互启发、相互核对、相互修正，使获得的资料更完整、准确。

2）问卷法。问卷法是最常用的资料收集方法。它的形式是一份精心设计的问题表格。由于研究者有着不同的研究目的、研究内容和研究方式，因此，所采用的问卷也都不是完全相同的。通常可把问卷分为两种，即自填问卷和访问问卷。自填问卷即由被研究者自己填答的问卷，而访问问卷则是由研究者根据被研究对象的口头回答来填写的问卷。

问题和答案是问卷的主体。问题从形式上看，可分成开放式问题和封闭式问题两类；从内容上看，可分成有关行为的问题、有关态度的问题和有关个人背景资料的问题等。

开放式问题就是不为回答者提供具体答案，而由回答者自由填答的问题。例如：

A. 您对企业的奖金制度还有什么想法?

B. 您经常看哪一类书籍?

开放式问题的主要优点是，被研究者可以充分、自由地按自己的方式发表意见，不受什么限制。因而开放式问题所得的资料往往比较生动、丰富。但是，开放式问题也有很大的缺点，它往往要求回答者具有较高的知识水平和文字表达能力，回答者填写开放式问题所花的时间和精力也比较多。同时，开放式问题所得的答案往往只能进行定性分析，而难以进行定量的处理和分析。

封闭式问题就是在提出问题的同时，还给出若干个答案，要求被研究者选择一个作为回答。封闭式回答的方式有很多种，举例如下。

① 两项式。它是提供两个答案，让被研究者从中选择一个答案的回答方式。例如：

您的性别?

________（1）男

________（2）女

② 并列式。它是对两个以上互相并列的答案的选择方式，即在问题后提供三个或更多个备选答案，让被研究者在其中选择符合他实际情况的答案。说明只能选一个或几个答案的回答，属于限制性回答；任选答案的回答，属于非限制性回答。并列式回答方式，包括限制性回答与

非限制性回答两种类型。

a. 限制性并列式回答方式。例如：

如果有可能，您是否愿意调换职业与工作地点？

_______（1）职业与工作地点都不愿意调换

_______（2）愿换工作地点不换职业

_______（3）愿换职业不换工作地点

_______（4）职业与工作地点都愿意调换

b. 非限制性并列式回答方式。例如：

您认为下列哪些因素对人们的工作有激励作用？（有几项选几项）

_______（1）奖金

_______（2）福利待遇

_______（3）满意的工作环境

_______（4）工作成就感

_______（5）晋升机会

③ 等级式。它是对两个以上分成等级的答案的选择方式。等级式回答方式，只能从中选择一个答案。例如：

您对目前的职业是否满意？

_______（1）十分满意

_______（2）比较满意

_______（3）一般

_______（4）不太满意

_______（5）很不满意

④ 排序式。它是对所选答案进行顺序排列的一种回答方式，即让被研究者从备选答案中选出部分答案，并对它们按照一定的原则进行顺序排列，或者让被研究者对全部答案按照一定的原则进行顺序排列。前者叫部分排序式，后者叫全面排序式。例如：

您认为，哪些因素对人们选择职业比较重要？（最重要，填 9；次重要，填 8；以此类推，最次要，填 1）

（　）（1）工资收入

（　）（2）福利待遇

（　）（3）离家远近

（　）（4）劳动强度

（　）（5）工作环境

（　）（6）晋升调级的机会

（　）（7）社会贡献

（　）（8）社会声望

（　）（9）其他（请注明）__________

⑤ 后续式。它是对于选择某一种答案的人们再次提供备选答案的填答方式。例如：

您是否经常看电视广告节目？

_______（1）是

_______（2）否

（如选择是，请继续回答）

您经常收看的电视广告节目类型是（可多选）

_______（1）汽车

_______（2）酒类

_______（3）日用品

封闭式问题的优缺点正好同开放式问题相反，其优点是被研究者填写十分方便，对文字表达能力也没有过高的要求，花的时间也少得多，所得资料特别适于进行定量分析。其缺点则是失去了开放式问题的那种生动丰富的回答，同时，填答中的一些偏误也难以发现。

由于问卷大多由封闭式问题构成，问题和答案的设计就自然成为问卷法成功与否的重要因素。在问题设计时要注意问题的语言和提问方式，语言要尽量简单，问题的陈述要尽可能简短，避免问题带有双重含义、倾向性。在设计答案时，要做到具有穷尽性和互斥性。所谓穷尽性，指的是答案包括所有可能的情况，答案中必有一个符合实践对象。所谓互斥性，指的是答案之间不能相互重叠或相互包含。

3）观察法。观察法是直接感知与记录正在发生的一切同研究对象与研究目标有关的社会事实的一种调查方法。这种方法要求研究者使用眼睛注视特定的社会现象与环境因素，以及通过听觉等收集与课题有关的资料，同时还包括通过拍照、摄像、录音等视觉和听觉的延长手段，获取周围的信息。

观察也是收集原始资料的基本方法之一。它的最大优点在于可以实地观察现象和行为的发生，收集到既原始又真实的资料。而且简便易行，灵活性较大，观察时间可长可短，观察者由于处于“局外旁观”的地位，不易被人注意。

观察的方式分为非标准化观察和标准化观察。非标准化观察是根据研究目的对观察对象进行扩散性观察的一种方法。这种方法不使用专门的观察表格、观察仪器，只直接观察社会现象，然后根据回忆记录下来。这种方法预先没有严格的计划，只要求对事物做一个大概的观察。例如，观察目的是了解某企业人际关系，则观察对象即是企业中的普通工人、班组长、 车间主任、厂长等。观察者可进行非标准化观察。非标准化观察对于观察的精确度、观察内容没有严格的要求。因而，它往往用于探索性研究。标准化观察是统一设计、统一手段与严格按照计划实施的观察。统一设计，是指事先确定好观察的内容、项目与要求；统一手段，是指制定统一的观察表或观察卡，以及所要使用的辅助工具。标准化观察的基本特点是使用标准化手段。标准化手段包括观察项目清单、观察表、观察卡、观察仪器等。

（2）研究对象的选择。我们无论是用问卷法收集资料还是用访谈法收集资料，都会涉及这样一个问题，即向哪些对象去获取资料。我们可以将符合实践目的和要求的所有个体作为研究对象，但更多的情况下，我们只将其中一部分作为研究对象，这就涉及用什么方法选择对象的问题。常用的手段就是抽样，即由总体中选取一部分代表的过程。被选取的这部分代表称为样本。抽样的设计包括三个内容：一是抽样对象，二是样本大小，三是如何抽样。

选取样本的方法分为两大类：一类是依据研究任务的要求和对调查对象的分析，主观地、有意识地在研究对象的总体中进行选择，称为非概率抽样。另一类是依据概率理论，按照随机原则选择样本，完全不带研究者的主观意识，也称概率抽样。概率抽样又可以分为简单随机抽样（整体中所有个体都有均等的机会被选作样本）、分层抽样（对总体按某种特征，如年龄、性别、 职业等分组，然后从各组中随机抽取一定数量的样本）、整群抽样（将总体按某种标准，如单位、地段等分为若干个部分，随机抽取其中一个部分作为样本）。 概率抽样是目前用得最多，也是最有用处的抽样类型。

8.3.2 财经毕业论文资料整理的方法

在撰写毕业论文之前，作者通过采集、记录已获得了大量的材料。采集的多数材料还是零碎的、杂乱无章的，需要将其进行集中、整理与加工，才能为己所用。所以材料整理的目的就是使这些材料从“无序”变为“有序”，从“零散”变为“系统”，也就是使之条理化和系统化，从而供写作使用。因此，材料的整理不仅是分析研究问题的开端，也是撰写毕业论文的必要准备，必须给予高度重视。

1. 鉴别材料的方法

（1）分析法。分析法就是对材料进行具体、细致的分析研究，以鉴别材料真伪的方法。分析法主要分析材料的逻辑关系，看其中是否有矛盾或不合情理的地方，考察其科学性，凡材料中出现矛盾或不合情理的地方，即可认定为不可用材料。

（2）核查法。核查法就是查证、核实，以确定材料是否真实、准确的方法。由于大学生写毕业论文所取得的材料，很大一部分是间接获得的，在判断是否具有普遍性、典型性这些问题上必须查证核实。核查法主要从材料的来源、收集人员的条件、采用的方法、收集的时间和地点去核查材料的可靠性和准确性。

（3）比较法。比较法就是将多方面收集来的同一类材料进行比较、核对、复查，以确定材料的正误、优劣的方法。在比较过程中，有时会发现相关材料存在出入或矛盾，就可以判定这部分材料是可疑的，应该继续跟踪收集同类材料，待材料充足时再做判断。

2. 归纳与分析的方法

在对材料进行鉴别并做出取舍之后，所得的材料还是零乱的、无序的。这时就要进行全面的归纳与分类，使其系统化、条理化。当然，这种分类不必太严密，它主要由学生的主观需求而定，一般采用观点分类法和项目分类法。

观点分类法就是以一个观点为统领，把与这个观点相关的论点、论据、论证方法与手段等材料汇总，形成一个观点材料系列。这种方法可以使学生对各种材料的认识和理解条理化、系统化，激发学生对问题的积极思考，同时能把零散的客观材料人为地构成一个思想体系的轮廓，便于人们在材料的纵横比较分析中探求事物之间的差异和内在联系，易于从感性认识上升为理性认识。项目分类法就是按照材料内容的属性分项归类。整理材料时可按选题研究进程分成几个项目，也可按材料的种类分类，即纵向法与横向法。总之，分类要从写作的实际需要出发，其目的都是阅读和写作的方便。

8.3.3 财经毕业论文资料利用的方法

经过了文献资料的收集、加工和选择后，入选的部分就可以在写作论文时加以使用了。为了能够恰当地使用这些文献资料，撰写者应该坚持如下方法。

1．所引用的文献能够对论文所持有的观点起到支持作用

引用文献资料是为了说明论文的主题，为了论述和支持作者的观点，以及作为观点的论据。只有提出确凿可靠的文献资料，作者提出的观点才能为读者心悦诚服地接受。因此，既要防止只有观点而无文献资料，又要防止只有堆砌文献资料而无观点的状况，还要防止文献资料与论文的主体观点不匹配支持的情形，即“南辕北辙”或“张冠李戴”。有些时候，学生在引用理论观点时，也不考虑与主题是否相宜，把知道的全放进论文里，整个论文变成了一本教科书或教材，这就是只有文献而无观点的情况。还有些时候，学生在引用数据资料时，为了赶时髦，什么 GDP、CPI、基尼系数、恩格尔系数等，也一股脑地放进文章里，殊不知，这各个指标用途不一，反映的问题不同，支持的观点当然就不一样了。

2．所引用的文献资料符合文献使用规范，力求少而精

凡是对说明论文主题与观点可有可无的文献资料，一定要大刀阔斧地删掉，只保留最能说明问题的精华部分，能够选用一个，决不选用两个。

3．使用可信度高、权威性的文献资料

可信度高、权威性的文献资料一般都能够揭示事物的本质和发展的必然性，具有很强的说服力。使用这样的文献资料，一般来说，一个论点只需选用 1~2 个即可。例如，引用案例进行分析论证时，就应选择典型案例作为论证材料，并且注意案例的简介及材料的取舍，注意紧扣论点说明问题，切忌长篇大论描述案例，用多余琐碎的材料模糊了论文主体和中心思想。

4．注意文献的有效性

有效性的意思是所选用的文献资料应该做到详略得当、主次分明、前后顺序无误。也就是说，对强调论文主题和阐述论文观点将起到重要和主要作用的文献资料，以及反映最新研究成果和信息的文献资料宜详，反之则宜略。同时还应该根据论文的结构和安排，决定文献资料使用的先后顺序。一般来说，同一文献资料不宜在文中多处引用，但在某些情况下，在不同场合、不同角度引用同一文献资料，也可以产生令人耳目一新的特殊效果。总之，要尽可能将文献资料的潜力充分发挥，安排在最能说明问题的恰当位置上，使之合乎逻辑，相互配合说明论点，论证有力。

相关网站推荐

1．论文材料网（http://www.lunwencl.cn/index.html）
2．中国论文网（http://www.soulw.com/html/jjx/index.html）

课堂讨论题

收集资料时应该注意什么问题？

实训题

请依据财经毕业论文资料收集、整理、利用的方法，围绕以下六个题目分组收集、整理资料，并提出利用资料的思路。要求在资料的基础上形成基本论点和分论点，具有逻辑性。

（1）经济发展“新常态”对文化产业发展新机遇的分析。

（2）经济发展“新常态”对文化产业发展新挑战的分析。

（3）经济发展“新常态”对中国房地产业发展新机遇的分析。

（4）经济发展“新常态”对中国房地产业发展新挑战的分析。

（5）中国“一带一路”发展战略对高职毕业生就业带来的机遇分析。

（6）中国“一带一路”发展战略对高职毕业生就业带来的挑战分析。

8.4　财经问题研究的基本方法

8.4.1　研究方法的概念

研究方法是指在研究中发现新现象、新事物，或提出新理论、新观点，揭示事物内在规律的工具和手段。这是运用智慧进行科学思维的技巧，一般包括文献调查法、观察法、思辨法、行为研究法、历史研究法、概念分析法、比较研究法等。研究方法是人们在从事科学研究过程中不断总结、提炼出来的。由于人们认识问题的角度、研究对象的复杂性等因素，而且研究方法本身处于一个不断地相互影响、相互结合、相互转化的动态发展过程中，所以对于研究方法的分类目前很难有一个完全统一的认识。

1. 研究方法的分类

（1）调查法。调查法是科学研究中最常用的方法之一。它是有目的、有计划、有系统地收集有关研究对象现实状况或历史状况的材料的方法。调查法是科学研究中常用的基本研究方法，它综合运用历史法、观察法等方法及谈话、问卷、个案研究、测验等科学方式，对现象进行有计划的、周密的和系统的了解，并对调查收集到的大量资料进行分析、综合、比较、归纳，从而为人们提供规律性的知识。调查法中最常用的是问卷调查法，它是以书面提出问题的方式收集资料的一种研究方法，即调查者就调查项目编制成表式，分发或邮寄给有关人员，请其填写答案，然后回收整理、统计和研究。

（2）观察法。观察法是指研究者根据一定的研究目的、研究提纲或观察表，用自己的感官和辅助工具去直接观察被研究对象，从而获得资料的一种方法。科学的观察具有目的性和计划性、系统性和可重复性。在科学实验和调查研究中，观察法具有如下几个方面的作用：扩大人们的感性认识；启发人们的思维；导致新的发现。

（3）实验法。实验法是通过主动变革、控制研究对象来发现与确认事物间的因果联系的一种科研方法。其主要特点是：第一，主动变革性。观察与调查都在不干预研究对象的前提下去认识研究对象，发现其中的问题。而实验却要求主动操纵实验条件，人为地改变对象的存在方式、变化过程，使它服从于科学认识的需要。第二，控制性。科学实验要求根据研究的需要，借助各种方法技术，减少或消除各种可能影响科学的无关因素的干扰，在简化、纯化的状态下认识研究对象。第三，因果性。实验是发现、确认事物之间的因果联系的有效工具和必要途径。

（4）文献分析法。文献分析法是根据一定的研究目的或课题，通过调查文献来获得资料，从而全面地、正确地了解、掌握所要研究的问题的一种方法。文献分析法被广泛应用于各种学科研究中，其作用有：①能了解有关问题的历史和现状，帮助确定研究课题。②能形成关于研究对象的一般印象，有助于观察和访问。③能得到现实资料的比较资料。④有助于了解事物的全貌。

（5）定量与定性分析法。在科学研究中，定量分析法可以使人们对研究对象的认识进一步精确化，以便更加科学地揭示规律、把握本质、厘清关系、预测事物的发展趋势。定性分析法就是对研究对象进行“质”的方面的分析。具体地说是运用归纳和演绎、分析与综合及抽象与概括等方法，对获得的各种材料进行思维加工，从而能去粗取精、去伪存真、由此及彼、由表及里，达到认识事物本质、揭示内在规律。

（6）案例研究法。案例研究法是科学实践研究的一种特殊形式。它结合市场实际，以典型案例为素材，并通过具体分析、解剖，促使人们进入特定的情景和过程，建立真实的感受和寻求解决问题的方案。案例研究能够给研究者提供系统的观点。通过对研究对象尽可能完全、直接地考察与思考，从而能够建立起比较深入和周全的理解。不过，作为案例研究法讨论的尾声，有必要澄清案例研究的局限，以便开辟一条提高案例研究质量的途径。

（7）跨学科研究法。跨学科研究法是运用多学科的理论、方法和成果从整体上对某一课题进行综合研究的方法，也称“交叉研究法”。科学发展运动的规律表明，科学在高度分化中又高度综合，形成一个统一的整体。据有关专家统计，现在世界上有 2 000 多种学科，而学科分化的趋势还在加剧，但同时各学科间的联系越来越紧密，在语言、方法和某些概念方面，有日益统一化的趋势。

（8）经验总结法。经验总结法是通过对实践活动中的具体情况进行归纳与分析，使之系统化、理论化，上升为经验的一种方法。总结推广先进经验是人类历史上长期运用的较为行之有效的领导方法之一。

（9）数学方法。数学方法就是在撇开研究对象的其他一切特性的情况下，用数学工具对研究对象进行一系列量的处理，从而做出正确的说明和判断，得到以数字形式表述的成果。科学研究的对象是质和量的统一体，它们的质和量是紧密联系的，质变和量变是互相制约的。要达到真正的科学认识，不仅要研究质的规定性，还必须重视对它们的量进行考察和分析，以便更准确地认识研究对象的本质特性。数学方法主要有统计处理和模糊数学分析方法。

（10）系统科学方法。20 世纪，系统论、控制论、信息论等横向科学的迅猛发展，为发展综合思维方式提供了有力的手段，使科学研究方法不断完善。而以系统论方法、控制论方法和信息论方法为代表的系统科学方法，又为人类的科学认识提供了强有力的主观手段。它不仅突破了传统方法的局限性，而且深刻地改变了科学方法论的体系。这些新的方法，既可以作为经验方法，作为获得感性材料的方法来使用，也可以作为理论方法，作为分析感性材料上升到理性认识的方法来使用，而且作为后者的作用比前者更加明显。它们适用于科学认识的各个阶段，因此，我们称其为系统科学方法。

2. 研究方法的作用

从某种意义上说，有什么样的研究方法，就有什么样的科学研究。如果说归纳法产生经典科学，假说演绎法产生相对论，那么系统方法则产生复杂科学，恰如手工铁铲代表农业社会、蒸汽机代表资本主义社会、计算机代表信息社会一样。研究方法在毕业论文的结构中起着穿针引线的作用，一头是引言与文献综述，另一头是研究结论。研究方法旨在回答如何解决研究所提出的问题。因而提出具体研究方法的过程，实际上就是选择研究方法的过程。若要说服读者，必须清晰解释为什么要采用这样的研究方法。 可见有关研究方法的讨论，同样也是科学论证，最终得出与研究问题相吻合的具体研究方法的结论。

（1）确保论文的科学性。科学研究方法不仅是一种纯粹的学理性思维，而且有利于科学进步，有利于国计民生。伽利略、培根等科学家所倡导的科学实验方法，不仅为近代自然科学奠定了坚实的基础，而且还在自然科学与宗教神学、经验哲学的激烈斗争中取得了胜利。因此科学的研究方法也会确保论文的科学性。

（2）支持研究的有效性。研究方法的多寡优劣及其应用水平，直接影响着科学研究的效果、效率、效能。不少科学家都非常重视对于研究方法的科学探讨，甚至认为，一切理论探讨都可以归结为对其研究方法的科学探讨。特定学科的研究方法的完善，某种程度上表征着该学科的完善程度。例如，经济理论发展是与经济学研究方法的不断创新密不可分的。借助于数学方法，使经济学对经济规范的描述更加清晰、精确，逻辑性更为严密；通过使用抽样调查、谈话法等，使行为经济学成为经济学的一个很有生命力的分支学科。因此研究方法为专业的理论发展提供有力的保障，也就确保了论文研究的有效性。

（3）增强研究的可信性。研究方法是人们解决科学问题时所采取的一些基本手段、途径和规则。自然科学研究方法中的实验方法、归纳方法、实证方法都要求有严密的论证过程和对结论的检验，要求研究人员有一种“求真”与“平等”精神。研究方法对于学术争鸣中的“平等”规范和学术评论中的“量性统一”同样具有一定的促进作用。这些都是研究可信性的重要组成内容。因此科学运用研究方法会增强论文研究的可信性。

8.4.2 财经问题研究的基本方法归纳

1. 文献分析法

文献分析法是根据选题，通过调查文献来获得资料，全面地、正确地了解掌握所要研究的财经问题的一种方法。研究步骤有：确定主题，做好文献分析的准备工作，收集文献资料，最后对资料进行批判与分析。

2. 调查法

调查法是撰写高职学生财经类毕业论文最常用的方法之一。它是有目的、有计划、有系统地收集有关研究对象现实状况或历史状况的材料的方法。调查法综合运用历史法、观察法等方法及谈话、问卷、个案研究、测试等科学方法，对调查收集到的大量资料进行分析、综合、比较、归纳，从而发现规律性的知识，对学生素质有较高要求。例如，研究“中国合同能源管理交易意图的影响因素”，最好先做有关的问卷调查。

3．定量与定性的分析方法

定量分析即运用数学原理、数学模型来揭示规律、把握本质、厘清关系、预测事物的发展趋势。定量分析可以使人们对研究对象的认识进一步精确化。定量分析多借助 SPSS、SAS、MATLAB 等统计软件完成。定性分析则用以考察经济问题与现象的性质和发展趋势，侧重对研究对象质的分析。具体地说，是运用归纳与演绎、分析与综合及抽象与概括等方法，对获得的各种材料进行思维加工，从而去粗取精、去伪存真、由此及彼、由表及里，达到认识事物、揭示内在规律的目的。

4．实证分析与规范分析

实证分析着眼于当前社会或学科现实，结合事例和经验等，从理论上推理说明，试图解释说明事物是怎么一回事，既可以验证陈述是否正确，也可以通过将理论与实际进行比较来检验理论。规范分析涉及已有的事物现象，对事物运行状态做出是非曲直的主观价值判断，力求回答事物的本质应该是什么。

5．逻辑方法与历史方法

逻辑方法是指在研究财经问题时，按照经济范畴的逻辑关系，从比较简单的经济关系和范畴入手，逐步上升到比较复杂的具体经济关系和范畴，从而阐明社会经济现象和经济过程的逻辑过程。历史方法是指在研究经济现象和经济过程时，按照它的历史发展过程来揭示其规律性。

8.4.3 财经问题研究基本方法的选择

虽然具体的研究方法是工具，无所谓好坏之分，只有适用与否的问题，但从实际操作来看，针对某个具体研究内容，方法还是有好坏之分的。不同的方法适用于不同的情景，选择研究方法就是从这一层面上说的。

1．影响研究方法选择的因素

研究者在选取适当的研究方法时会受到各种主客观因素的影响。在众多研究方法中，选择此比选择彼更好的原因是什么，主要从以下四个因素加以考虑。

（1）研究问题。研究问题就是一个被提及的观点或想法。研究者所选择的研究方法一定要与研究的问题相匹配。例如，研究的问题在一定的样本或人群中从未提及，或现有理论无法适用于研究中的特定样本或群体，此时，可以考虑使用定性研究方法。因为定性研究方法具有开拓性，并且在研究者不知道研究所要检测的重要变量时，它特别有用。

（2）个人经历。研究方法的选择往往也取决于研究者个人的受教育程度、经历和偏好。如果研究者擅长技术、科学写作、统计学及计算机程序，或者在这些方面接受过长期训练，同时也熟读各种有关定量研究的书籍、期刊，那么就很有可能选择定量研究方法。由于定量研究作为传统的研究模式，严格的研究程序和规则已被广泛应用，这意味着偏好高度系统化程序的研究者会倾向于使用定量研究方法。

（3）研究方法的可行性。研究方法的可行性意味着研究者必须有足够的时间、精力与经费采用该研究方法，并且该研究方法能从研究者所在组织的内部及外部获得必要的支持与合作。

（4）受众。研究者要关注听取他们研究报告的人们。这些人可能是导师、期刊编辑、期刊读者、学术委员会或学界同人。这些受众在研究方面的个人经验将影响他们对一份研究的理解和评价。

2. 研究方法的有效性

有效性是评价任何一种研究方法的重要标准。这种有效性有两层基本含义。其一，指某一种研究方法不只适用于某个单一领域，在其他领域中也能发挥其功能，能够结合其他研究领域的情况进行具体运用；其二，指研究者应该善于选择对自己所研究的课题有效的研究方法，并具备与之相适应的知识与技巧。为保证研究方法的有效性，研究者应具备以下五种主要知识和技巧。

（1）选择适当的定性或定量分析工具进行行为、价值和规范研究。

（2）利用多种研究方法。

（3）科学对待研究工作中的各种约束条件，如价值观、时间、资源、知识水平、工具和技术等。

（4）既理解理论和实践之间的区别，同时又能把它们结合起来应用于研究中。

（5）了解研究过程中需要的隐含知识。如要解决在生产、配置活动中的多阶段决策，需要的模型或技术多为动态规划，研究者要熟悉计算机应用和概率论等多方面的知识。

实训题

请结合财经毕业论文写作中财经问题研究的基本方法有关要求，围绕以下六个题目分组讨论，选择出适当的研究方法，提出使用方法的初步设想。

（1）高职院校学生消费调查。

（2）新能源汽车产业政策研究。

（3）高职院校财务管理制度实施问题与原因分析。

（4）高职学生信息类产品消费需求调查。

（5）房地产市场:是谁掏了老百姓的钱包——论房地产市场的“三只手”。

（6）财务管理在高职院校管理中的作用探析。

8.5 财经毕业论文开题报告撰写的作用、基本规范和要求

毕业论文质量的高低，很大程度上取决于开题报告的细致程度。一个细致的开题报告需要花费较多的时间，但能使后期论文的撰写更顺手，更加胸有成竹，从而保证在规定的时间内能够保质保量地完成毕业论文的撰写。

8.5.1 财经毕业论文开题报告撰写的作用

开题报告是学生在完成文献调研后写成的关于毕业论文选题与如何实施研究的论述性报告。开题报告既是文献调研的聚焦点，又是毕业论文研究工作展开的创新点，对研究工作起到定位作用。具体而言，开题报告具有如下两方面的作用。

1. 寻求导师、专家和他人的诊断和帮助，深化研究思路和防止偏差

开题报告的主要目的，是要请导师、其他老师及专家甚至同学帮助判断以下所研究的选题有没有价值，研究方法是否奏效，论证逻辑有没有明显缺陷。通过审阅开题报告及听取学生的开题汇报，导师、其他老师及专家甚至同学能够提供一些非常有价值的信息，以及值得学生进一步思考的问题和改进研究的意见和建议。通过回答他们提出的问题，学生能够深化对所研究问题的认识，扩大或缩小研究的范围，注意到原先被忽视的问题，想出改进课题研究的办法，放弃或修正可行性较差的研究方案。

2. 实施毕业论文工作过程控制，保证毕业论文质量

开题报告这一环节，促使学生查阅大量的文献资料，深入调查研究，促使学生开展前期的文献调研和研究工作。假如学生撰写出了开题报告，那么毕业论文的前三章内容（导论、文献综述和研究方法）也就基本有了，这样也可以适当减轻后面写作的压力。导师和学院、系部等管理部门通过对学生开题报告的审定，来衡量论文选题的科学性、创新性、实用性、可行性，从而确定学生是否能够进入课题研究阶段和毕业论文工作，避免学生开展毕业论文工作的盲目性。

高质量的开题报告是获得优秀毕业论文的先决条件。加强开题报告的管理和控制，是增强学生学术研究活动计划性和培养学生科研创新能力的重要手段，也是监督和保证毕业论文质量的基本方法。它可以强化学生的积极性、主动性和创造性，有利于优化培养过程，促进预期培养目标的实现。因此，开题报告这一环节，不但不能省略和简化，还应该加强其规范化管理，从而进一步提高毕业论文的质量。

8.5.2 财经毕业论文开题报告撰写的基本规范

开题报告主要围绕论文研究的主要内容展开论述，其中包括拟解决的主要问题（或阐述的主要观点），国内外研究现状，研究步骤，方法及措施，研究的内容、目标和难点。按照毕业论文正文格式的要求，开题报告包括正文中导论、文献综述和研究方法三个部分的内容，另外也需要提供相应的参考文献。因此，开题报告其实是毕业论文正文中前三章的内容，即导论、文献综述和研究方法。

主题来源、论文研究的目的及理论意义和实际应用价值是毕业论文正文中导论部分的主要内容。

在阅读规定文献量的基础上，着重阐述该研究论文国内外的研究现状及发展动态，同时适当介绍查阅文献的范围及查阅方式和手段，是毕业论文正文中文献综述的主要内容。

主要研究思路和方法，包括学术构思、研究方法、关键技术、技术路线、实施方案、可行性分析、研究中可能遇到的难点、解决的方法和措施及预期目标，以及拟采用的实验手段、研究工作进度计划，是毕业论文正文中的主要内容。

参考文献需要达到一定的数量，如高职院校毕业论文至少有 20 篇参考文献。

8.5.3　财经毕业论文开题报告撰写的要求

1．通过理论思维选择题目

理论是由一系列前设和术语构造的逻辑体系，特定领域的理论有其特定的概念、范畴和研究范式，只有在相同的概念、视角和范式下，理论才能够对话。只有通过对话，理论才能够发展。毕业论文要想创造新理论很难，多数在既有理论的基础上加以发展。另外，选择问题是一个“剥皮”的过程，理论问题总是深深地隐藏在复杂的现实背后，而发现理论问题，则需要运用理论思维的能力。这就需要不断锻炼和提高自己的理论思维能力，需要在日常的学习中，不断总结和分析以往的研究者大体从哪些视角来分析和研究问题，运用哪些理论工具和方法，通过学习和总结来不断提高自己的理论思维能力，从而选择具有学术理论价值和应用价值，并与国家经济建设及导师承担的科学研究项目紧密结合的研究问题。

2．做好文献综述，为开题报告打好基础

大部分学生出现的普遍问题是对文献的研读不够，对研究背景的了解不够深入，对国内外在该研究方向上的具体进展和情况了解不够全面、详细，资料引用的针对性、可比性不强。很多学生没有将开题报告与文献综述区分开来，他们的开题报告有很多仅仅是对前任工作和研究成果的叙述，而对自己即将开展的研究工作和工作计划则介绍甚少。

要想写好开题报告，必须认真研读文献，对所研究的课题有个初步的了解，知道别人都做了哪些工作，哪些方面可以作为自己研究的切入点。因此，文献调研的深入和全面程度，会在一定程度上影响开题报告的质量，使学生充分发挥主观能动性的客观基础。

课堂讨论题

1．财经毕业论文开题报告撰写的作用是什么？

2．财经毕业论文开题报告撰写的基本规范有哪些？

3．财经毕业论文开题报告撰写的要求有哪些？

实训题

请结合财经毕业论文开题报告撰写的基本规范与要求，围绕以下六个题目分组讨论，编制开题报告。

（1）高职院校学生消费调查。

（2）新能源汽车产业政策研究。

（3）高职院校财务管理制度实施问题与原因分析。

（4）高职学生信息类产品消费需求调查。

（5）房地产市场：是谁掏了老百姓的钱包——论房地产市场的“三只手”。

（6）财务管理在高职院校管理中的作用探析。

8.6 财经毕业论文写作的要求与基本规范

8.6.1 财经毕业论文写作的要求

1. 选题新颖，难度适中

选题能针对当前理论焦点或现实热点，在选题上能够反映作者对理论与现实问题的敏锐观察能力及运用所学理论分析问题的能力。

2. 观点明确，突出新意

明确的观点来源于作者对客观规律的深刻而明晰的认识，思想上的模糊必然导致文字上的含糊，这就需要作者苦心研究。新有很多种：通说的否定，前说的补充，异说的辩证，成说的质疑；发现新材料，提出新观点；填补研究空白；论述有新角度；研究有新方法等。

3. 结构完整，逻辑严谨

财经毕业论文的构成实际上是一种逻辑构成。安排好章节结构，可以使文章条理清楚、观点明确，给人以逻辑缜密、层次分明、浑然一体的感觉。

4. 用语规范，表达流畅

财经毕业论文的语言表达有其专业学科的内在要求和规范，同时也能反映作者的写作能力、科研态度。行文要求用语简洁，尽可能避免生僻、晦涩的词语；用词符合学术规范，不要生造只有自己才懂得的专业词汇；语言表达流利通畅，遣词造句严谨，符合使用标准规范。财经类各专业都有自己的一套完整的语言系统，一套“标准件”，写作毕业论文必须使用。不可以弃掉“偏好”、“弹性”、“边际效用”、“规模效益”、“均衡”等专业词汇，却要自创语汇表达同样的语义，结果是读者看不懂，自己的论文也不被专业同行认可。

5. 资料翔实，运用得当

要精心应用图表，充分发挥其直观的表达效果，最终实现资料的说服力。观点和材料要统一，引用要得当，注释要准确、完整、规范，除表明作者治学严谨外，也是对前人劳动成果的尊重。这里还需注意避免两种不良倾向，一是参考文献太少，文中太多“笔者认为”、“我认为”等自我表达的方式，感觉“只有自己，没有别人”；二是论文列示的参考文献与论文本身没有多少相关性，给人的感觉有些装腔作势。

8.6.2 财经毕业论文写作的基本规范

依据《科学技术报告、学位论文和学术论文的编写格式》国家标准（GB 7713—87）的规范要求，财经毕业论文写作的基本规范如下。

1. 编写要求

报告、论文的中文稿必须用白色稿纸单面缮写或打字；外文稿必须用打字。可以用不褪色的复制本。

报告、论文宜用 A4（210mm×297mm）标准大小的白纸，应便于阅读、复制和拍摄缩微制品。报告、论文在书写、扫字或印刷时，要求纸的四周留足空白边缘，以便装订、复制和读者批注。每面的上方（天头）和左侧（订口）应分别留边 25 mm 以上，下方（地脚）和右侧（切口）应分别留边 20 mm 以上。

2．前置部分

（1）封面。封面是报告、论文的外表面，提供应有的信息，并起保护作用。

封面不是必不可少的。学术论文如作为期刊、书或其他出版物的一部分，无须封面；如作为预印本、抽印本等单行本时，可以有封面。

（2）题名。

1）题名是以最恰当、最简明的词语反映报告、论文中最重要的特定内容的逻辑组合。题名所用每个词语必须考虑到有助于选定关键词和编制题录、索引等二次文献可以提供检索的特定实用信息。

题名应该避免使用不常见的缩略词、首字母缩写字、字符、代号和公式等。

题名一般不宜超过 20 字。

报告、论文用作国际交流，应有外文（多用英文）题名。外文题名一般不宜超过 10 个实词。

2）下列情况可以有副题名：题名语意未尽，用副题名补充说明报告论文中的特定内容；报告、论文分册出版，或一系列工作分几篇报道，或是分阶段的研究结果，各用不同副题名区别其特定内容；其他有必要用副题名作为引申或说明的。

3）题名在整本报告、论文中不同地方出现时，应完全相同，但眉题可以省略。

（3）序或前言。序并非必要。报告、论文的序，一般是作者或他人对本文基本特征的简介，如说明研究工作缘起、背景、宗旨、目的、意义、编写体例，以及资助、支持、协作经过等；也可以评述和对相关问题研究阐发。这些内容也可以在正文引言中说明。

（4）摘要。摘要是报告、论文的内容不加注释和评论的简短陈述。

报告、论文一般均应有摘要，为了国际交流，还应有外文（多用英文）摘要。

摘要应具有独立性和自含性，即不阅读报告、论文的全文，就能获得必要的信息。摘要中有数据、有结论，是一篇完整的短文，可以独立使用，可以引用，可以用于工艺推广。摘要的内容应包含与报告、论文同等量的主要信息，供读者确定有无必要阅读全文，也供文摘等二次文献采用。摘要一般应说明研究工作目的、实验方法、结果和最终结论等，而重点是结果和结论。

中文摘要一般不宜超过 200~300 字；外文摘要不宜超过 250 个实词。如遇特殊需要，字数可以略多。

除了实在无变通办法可用以外，摘要中不用图、表、化学结构式、非公知公用的符号和术语。

报告、论文的摘要可以用另页置于题名页之后，学术论文的摘要一般置于题名和作者之后、正文之前。

学位论文为了评审，学术论文为了参加学术会议，可按要求写成变异本式的摘要，不受字数规定的限制。

（5）关键词。关键词是为了文献标引工作，而从报告、论文中选取出来用以表示全文主题内容信息款目的单词或术语。

每篇报告、论文选取 3~8 个词作为关键词，以显著的字符另起一行，排在摘要的左下方。如有可能，尽量用《汉语主题词表》等词表提供的规范词。

为了国际交流，应标注与中文对应的英文关键词。

3. 主体部分

（1）格式。主体部分的编写格式可由作者自定，但一般由引言（或绪论）开始，以结论或讨论结束。

主体部分必须由另页右页开始。每篇（或部分）必须另页起。如报告、论文印成书刊等出版物，则按书刊编排格式的规定。

全部报告、论文的每章、条的格式和版面安排，要求划一，层次清楚。

（2）序号。

1）如报告、论文在一个总题下装为两卷（或分册）以上，或分为两篇（或部分）以上，各卷或篇应有序号。可以写成：第一卷、第二分册；第一篇、第二部分等。用外文撰写的报告、论文，其卷（分册）和篇（部分）的序号，用罗马数字编码。

2）报告、论文中的图、表、附注、参考文献、公式、算式等，一律用阿拉伯数字分别依序连续编排序号。序号可以就全篇报告、论文统一按出现先后顺序编码，对长篇报告、论文也可以分章依序编码。其标注形式应便于互相区别，可以分别为：图 1、图 2.1；表 2、表 3.2；附注 1)；文献［4］；式（5）、式（3.5）等。

3）报告、论文一律用阿拉伯数字连续编页码。页码由书写、打字或印刷的首页开始，作为第 1 页，并为有页另页。封面、封二、封三和封底不编入页码。可以将题名页、序、目次页等前置部分单独编排页码。页码必须标注在每页的相同位置，便于识别。

力求不出空白页，如有，仍应以有页作为单页页码。

如在一个总题下装成两册以上，应连续编页码。如各册有其副题名，则可分别独立编页码。

4）报告、论文的附录依序用大写正体 A，B，C，……编序号，如：附录 A。

附录中的图、表、式、参考文献等另行编序号，与正文分开，也一律用阿拉伯数字编码，但在数码前冠以附录序码，如图 A1、表 B2；式（B3）、文献［A5］等。

（3）引言（或绪论）。引言（或绪论）简要说明研究工作的目的、范围、相关领域的前人工作和知识空白、理论基础和分析、研究设想、研究方法和实验设计、预期结果和意义等。应言简意赅，不要与摘要雷同，不要成为摘要的注释。一般教科书中有的知识，在引言中不必赘述。

比较短的论文可以只用小段文字起引言的效用。学位论文由于需要反映出作者确已掌握了坚实的基础理论和系统的专门知识，具有开阔的科学视野，对研究方案做了充分论证，因此，有关历史回顾和前人工作的综合评述，以及理论分析等，可以单独成章，用足够的文字叙述。

（4）正文。报告、论文的正文是核心部分，占主要篇幅，可以包括调查对象、实验和观测方法、仪器设备、材料原料、实验和观测结果、计算方法和编程原理、数据资料、经过加工整理的图表、形成的论点和导出的结论等。

1）图。图应具有“自明性”，即只看图、图题和图例，不阅读正文，就可理解图意。图应编排序号。

每个图应有简短确切的题名，连同图号置于图下。必要时，应将图上的符号、标记、代码，以及实验条件等，用最简练的文字，横排于图题下方，作为图例说明。

2）表。表的编排，一般是内容和测试项目由左至右横读，数据依序竖排。表应有自明性。表应编排序号。

每个表应有简短确切的题名，连同表号置于表上。必要时应将表中的符号、标记、代码，以及需要说明的事项，以最简练的文字，横排于表题下，作为表注，也可以附注于表下。表内附注的序号宜用小号阿拉伯数字并加圆括号置于被标注对象的右上角，如：×××[1)]，不宜用星号“*”，以免与数学上共轭和物质转移的符号相混。

表的各栏均应标明“量或测试项目、标准规定符号、单位”。只有在无必要标注的情况下方可省略。表中的缩略词和符号，必须与正文中一致。

表内同一栏的数字必须上下对齐。表内不宜用“同上”、“同左”、“,,”和类似词，一律填入具体数字或文字。表内“空白”代表未测或无此项，“—”或“…”（因“—”可能与代表阴性反应相混）代表未发现，“0”代表实测结果确为零。如数据已绘成曲线图，可不再列表。

3）数学、物理和化学式。

正文中的公式、算式或方程式等应编排序号，序号标注于该式所在行（当有续行时，应标注于最后一行）的最右边。

较长的式，另行居中横排。如式必须转行时，只能在+，–，×，÷，<，>处转行。上下式尽可能在等号“=”处对齐。

小数点用“.”表示。大于 999 的整数和多于三位数的小数，一律用半个阿拉伯数字符的小间隔分开，不用千位撇。对于纯小数应将 0 列于小数点之前。

示例：应该写成 94 652.023 567，0.314 325；不应写成 94,652.023,567，.314,325。应注意区别各种字符，如拉丁文、希腊文、俄文、德文花体、草体；罗马数字和阿拉伯数字；字符的正斜体、黑白体、大小写、上下角标（特别是多层次，如“三踏步”）、上下偏差等。

示例：I，l，l，i；C，c；K，k，κ；0，o，(°)；S，s，5；Z，z，2；B；β；W，w，ω。

4）计量单位。报告、论文必须遵照《中华人民共和国法定计量单位使用方法》执行。使用各种量、单位和符号，必须遵循国家标准的规定执行。单位名称和符号的书写方式一律采用国际通用符号。

5）符号和缩略词。符号和缩略词应遵照国家标准的有关规定执行；也可以采用全国自然科学名词审定委员会编印的各学科词汇的用词。如不得不引用某些不是公知公用的，且又不易为同行读者所理解的，或系作者自定的符号、记号、缩略词、首字母缩写字等时，均应在第一次出现时一一加以说明，给予明确的定义。

（5）结论。论文的结论是最终的、总体的结论，不是正文中各段的小结的简单重复。结论应该准确、完整、明确、精练。

可以在结论或讨论中提出建议、研究设想、仪器设备改进意见、尚待解决的问题等。

（6）参考文献。按照 GB 7714—87《文后参考文献著录规则》的规定执行。

实训题

分小组作业。每个小组找一篇财经期刊典型论文，依据财经毕业论文写作的要求与基本规范，分析其规范性及存在的问题，进行交流。

8.7 财经毕业论文写作的结构设计方法与基本要求

8.7.1 财经毕业论文写作的结构设计方法

财经毕业论文结构设计要求用简洁的语言，具体、明确地概括出各部分的内容，使人一看就清楚明白，便于把握全文的内容和结构。

1．拟标题

其基本要求是：一要直接。标题要直接揭示论点或论题，不要用曲折的艺术手法来表达，应让人对文章的内容一目了然。二要具体。一般论文的标题比较长，写得具体，让人读后能准确地把握论文的基本论点或论题。三要醒目。标题只有鲜明才能有吸引力。从内容上说，标题新颖就能引人注目；从形式上看，过长的标题用正、副标题的形式加以调整，就会显得醒目。

2．写出基本观点

作者的基本观点要用论点句准确、鲜明地凸显出来，以引起读者的注意。

3．安排好全文的大项目

大项目即为论证基本论点服务的各个分论点，这是全文逻辑构成的骨架，一定要认真考虑，科学安排。

4．安排好各层次的中项目

中项目即各个分论点之下的下位论点。根据论文篇幅的长短，小论点之下有时还可再分成若干更小的论点。这些项目要安排到自然段，每个自然段都以论点句概括出该段的段旨。

5．安排好各段使用的材料

根据论证的需要，要在提纲中把所使用的材料逐一安排好。再把准备使用的资料卡片，按构思的顺序标上序码，加以排序，以备使用。

最后要全面检查、反复修改，使其论点鲜明突出，论据充分有力，论证符合逻辑，全文形成一个有机整体。这时就可以按提纲的安排顺序写出全文。

8.7.2 财经毕业论文写作的结构设计基本要求

财经毕业论文要有正确的立意、严密的逻辑、合理的结构。论文结构的设计，要在中心论点的统率和支配下，把各个论证部分严谨、周密地组织起来，分清主次轻重，做到层次分明。

1．结构合理，顺理成章

根据毕业论文内容的内在逻辑顺序或认识规律设计毕业论文的结构。因果关系探究的毕业论文，反映在结构上必然有因果关系的两个部分。或者由结果推断原因，或者由原因推断结果，缺一不可。如果论述的是事物一般与个别的关系，可以从个别到一般，也可以从一般到个别，或从个别到个别。反映在结构上，从个别到一般，逐一分析个别事物的特征，然后归纳出一般事物的特征；从一般到个别，通常一般结论在先，而后论述事物的对立统一关系，结构上必然有正反、前后、表里、上下等各对矛盾的两个方面的分析对比等。开头提出的问题，中间要有分析，结尾要有回答，有始有终，顺理成章。

2．逻辑严密，条理清晰

文章要有层次、有条理，这和材料的安排处理关系有关。材料之间的相互关系不同，处理方式也不同。如果材料之间有递进关系，则材料之间的次序不可颠倒，一层比一层深入。如果材料之间有接续关系，则前一部分与后一部分有直接的逻辑关系，前一层有未尽意思有待后面接续，一个接一个。由于毕业生理论功底不很深厚，在撰写毕业论文的过程中容易犯片面性错误，为强调某一事物的作用，而忽视另一方面，从而造成结论的片面性。

3．结构完整，首尾呼应

毕业论文结构是文章内容的组织安排形式，论文的结构应顺畅有序、层次清晰、前后呼应。结构的层次清晰，没有重复或互相矛盾的地方，意思连贯通畅，达到各分论点的证明要求；各层次之间的过渡与照应吻合，起承转合自然得体，各段落之间的衔接紧密；绪论、本论与结论协调一致。

4．过渡自然，接转细密

要使文章上下浑然一体、上下贯通、连接和转折自然合理。接转是一部分内容与另一部分内容接头的地方。好的毕业论文，接转在文章中起着承上启下的作用，是上下联系的纽带，稍不留意，就会造成脱节。为使接转、过渡得体，必须弄清楚上下两段关系怎样，然后再决定用什么形式把它们连接起来。转折指两层意思的转换。在论文中也同样有段落做转折，有句子做转折，也有词语做转折。

课堂讨论题

财经毕业论文写作的结构设计方法和基本要求是什么？

项目训练题

以小组为单位，围绕以下题目各设计一个框架结构，要求列出三级标题。

（1）高职院校财务信息公开的问题与对策思考。

（2）高职院校资金使用管理的问题与对策思考。

（3）高职院校维修经费管理与使用的问题与对策思考。

（4）高职院校基本建设资金管理的问题与对策思考。

（5）高职院校学生助学资金管理与使用的问题与对策思考。

8.8　财经毕业论文的修改与答辩

8.8.1　财经毕业论文的修改

写好财经毕业论文初稿后，接下来的工作便是修改。好的文章无一不是改出来的。毕业论文的写作不可能一次性达到完美境界，论文初稿更不可能做到滴水不漏。修改毕业论文是毕业论文写作的最后一道工序，也是写好论文必不可少的步骤。

1. 修改的目的与作用

财经毕业论文修改的目的和作用主要有如下四个。

（1）修改论文是提高论文质量的重要环节。为提高论文的质量，必须对毕业论文的初稿进行修改加工。受作者思想认识水平和语言文字驾驭能力的限制，有必要进一步修改论文。尤其是第一次写这么大篇幅的毕业论文，美中不足或不尽如人意是比较常见的，这也正是一篇有学术价值和研究分量的毕业论文不可能一次定稿，需反复修改加工才能完成的原因。修改加工的目的就是追求语言表述的准确程度，使论文质量在原来的基础上有较大的提高。

（2）修改论文是提高写作能力的重要途径。毕业论文的写作可以锻炼学生的写作能力。要提高写作能力，既要多写，也要多改。好文章是改出来的，学习怎样修改文章是写作的一种基本训练，而且是更有效的训练。从某种意义上讲，会不会写文章可以用会不会修改来衡量。通过修改论文，可以进一步提高构思文章、遣词造句、尊重和方便读者等方面的写作能力。

（3）修改论文是提高思维能力的重要手段。对论文进行修改加工，弥补原有的不足，趋于完善，是在更为严密的思维或思路的指导下进行的。每次修改也就意味着思维能力得到了进一步的提高。这种思维能力的提高主要体现在以下各个方面能力的提高，包括分析批评能力、区分主次的能力、梳理逻辑顺序的能力、解释结果和现象的能力、自我检查和完善的能力、严密思维的能力。

（4）修改论文是作者责任心的重要体现。修改毕业论文是培养严谨的治学态度和良好学风的需要。论文是给别人看的，会对社会产生一定的影响。因此，作者必须抱着对读者、对社会高度负责的精神认真修改论文。毕业论文作为一种科研成果的表现形式，如果不能保证其观点的准确性和科学性，不能保证遣词造句的妥帖性和行文的规范性，不仅会影响读者的阅读，还会给人们的思想行为产生消极的影响。因此，认真修改毕业论文既是对他人负责，同时也是对自己负责。

2. 修改的范围和内容

财经毕业论文修改的范围和内容主要包括如下四个方面。

（1）论文题目的修改。论文题目的修改可分为以下两种情况。

1）层次标题。论文除题目以外，其他标题统称为层次标题。层次标题在结构形式上可使整篇内容层次分明；从内容上是对每章、每条中心内容的概括。层次标题应与总题目有相同的要求，即应用简明得体的词语表述本章、条中的特定内容。此外，由于这些标题在文中处于各个不同层次，同一层次的标题应该表达出相互并列的关系，上下层的标题应该显示出直接相关联的关系。

2）标题的版式。为了在版式上体现出层次分明、美观醒目的效果，通常以不同的字体、字号区分不同层次的标题；有一级标题的文段，题后接排文都应该另起行；二级以下标题后接排文，可另起行，也可以采取标题后空一个字距接排文；标题中尽可能不用或少用标点符号，标题末不用标点符号；标题不得排在页末而无接文，即避免背题。

（2）论文摘要的修改。摘要是毕业论文的重要组成部分。摘要是以提供文献内容梗概为目的，不加评论补充解释，简明、确切地记述文献重要内容的短文。其基本要素包括研究的目的、方法、结果和结论。摘要应该具有独立性和自明性，并拥有与文献同等量的主要信息，即不需要阅读全文，就能获得必要的信息。

除中文摘要外，毕业论文一般还需要英文摘要。英文摘要通常是中文摘要的直译或意译。要注意一些专业术语的固定译法。对英语水平比较差的学生，建议将英文摘要交给英文水平较高或英文专业的同学或老师修改。

（3）论文正文的修改。

1）论文导论的修改。作为论文的开场白，应以简短的篇幅介绍论文的研究背景、研究问题、研究目的和意义、研究方法概括、研究内容和论文写作格式。导论部分的修改应做到以下四个方面：① 开门见山，不绕圈子。避免大篇幅地讲述历史渊源和选题背景。② 言简意赅，突出重点。③ 尊重科学，实事求是。在论述本文的研究意义时，应掌握分寸，切记拔高用词和客套话。④ 导论的内容不应与摘要雷同，也不应是摘要的注释。导论一般应与结论相互对应，在导论中提出的问题，在结论中应有解答，但也应避免导论与结论雷同。

2）论文正文其他部分的修改。论文正文是毕业论文的核心部分，占全文的主要篇幅。如果说导论是提出问题，正文的其他部分则是分析问题和解决问题。这部分是作者研究成果的学术性和创造性的集中表现，它决定着论文写作的成败和学术水平的高低。

正文的论述方式可以有两种形式：一种是将科学研究的全过程作为一个整体，对有关各方面做出综合性的论述；另一种是将科学研究的全过程按研究内容的实际情况划分为几个阶段，再对各阶段的成果依次进行论述。由于研究对象、研究方法和研究成果及相关学科的不同，对正文的写作和编排不能牵强地做出统一的规定，但一般的正文部分都应包括研究的对象、方法、结果和讨论这几个部分。

（4）论文语言和标点的修改。

1）对语言的锤炼，文字的加工，应该做到词达意正。要看用词是否准确，句子是否通畅，通篇有无漏笔，观点是否表达完整，是否有病句，是否存在用词大、空、滥、繁的弊病，力求语言精练、简洁、生动，文字通顺严谨。

2）检查标点符号，主要看标点符号的用法是否正确，以及调整点错位置的标点符号。修改时，要按约定俗成的用法，严格按规定的格式进行书写。另外，修改时，一定要把不规范的字改正，抄写时要书写工整、字迹清楚。还要检查论文中的图表、符号、公式，看看是否合乎规范，比较复杂和容易出错的地方，更应仔细校正。

3. 论文修改的方法

论文修改的方法主要有如下五种。

（1）导师指导法。毕业论文一般都是在导师的精心指导下进行的。因此，文稿（或部分章节）写好之后，导师一般会抽出时间阅读并给出具体的修改意见和建议。这对提高论文质量大有裨益。因为导师可能指导的学生比较多，加之其他教学和科研任务，因此要预留一些时间给导师，使导师能够合理安排时间来审阅自己的论文。

一般来说，导师在开题报告时会对论文的前三章（包括导论、文献综述和研究方法）进行审阅。而后可以每完成一章节，便交给导师审阅；也可以初稿全部完成后再一起交给导师审阅。

（2）虚心求教法。虚心求教法就是请别人（其他老师、专家、同学或同事）帮助发现自己论文中存在的问题并予以指点的一种修改方法。初稿完成后，还要虚心向除导师之外的人征求意见，旁人能够从比较客观的角度，帮助我们发现问题，有利于论文的修改。一般有两种做法：① 请在学术方面和写作方面的专家或经验比较丰富的人给予指教。② 请内行或同学一起讨论自己的论文初稿，让大家讨论之后将修改意见汇总，作者再根据这些意见进行修改。

（3）热改法。热改法就是在初稿完成后，趁热打铁，立即修改。此时作者头脑中对文章内容还比较熟悉，对原来的构思还记忆犹新，因此，对初稿中存在的毛病比较容易发现。同时在起草过程中发现需要改动的地方，由于忙于行文未作处理，初稿结束后及时修改，印象也比较清楚。但此时作者处于写作的亢奋状态，即使察觉出毛病，也难以取舍和割爱。

（4）冷改法。冷改法就是将写出的初稿先搁放一段时间再做修改的一种方式。许多人常有这种情况，初稿写好了，很想马上把它修改好，但是自己却怎么也找不出毛病，自我感觉相当不错，不愿修改或不知怎么修改。因此，采取冷改法这种拉开时间距离的阅读和修改，容易使作者心明眼亮。此时作者的思维比较容易跳出原有的圈子，从另外一种角度冷静地审视自己的论文。只要时间允许，改好的论文可以先搁一搁再进行第二次修改，如此反复数次，有益于提高论文的质量。

（5）读改法。读改法就是修改论文时边读边改的修改方式。这种方式要求作者多次诵读论文，借助语感发现问题。在平时的读书或谈话中，我们形成了语感。语感对检查语病、查漏补缺、错别字十分灵敏，甚至能随时发现语句啰唆、不通畅等毛病。读改法很常用，基本操作是大声朗读初稿，边读边改。

现在，使用计算机写作的同学越来越多。计算机极大地方便了论文的写作和修改。在计算机中修改毕业论文可以采用 Word 修订功能，即修改多次后仍能看出修改的部分处于哪个位置。无论用哪种修改方法，一定要反复校对检查，免得出现这样或那样的错误，影响毕业论文的总体质量。

8.8.2 财经毕业论文的答辩

1. 毕业论文答辩的意义

毕业论文答辩可以说是学生跨出校门、走向社会之前学校组织的最后一次重要的教学活动。高等学校的毕业生只有完成了各门功课的学习，成绩合格，在经过指导教师签署的同意意见之后，才能参加答辩。论文答辩的目的是：考查答辩生的论文是否独立完成；考查答辩生对所研究的问题的学术水平；考查答辩生对专业知识掌握的深度和广度；考查答辩生的思维和口才能力。

（1）毕业论文答辩是一种交流，是相互启发、共同提高的机会。学生的毕业论文答辩是相对于审问来讲的。答辩时答辩教师和全班同学自始至终参加，这样就形成双重性的双向交流和多重性的多向交流。

1）论文答辩本身，就体现了师生的双向交流。教师通过评审论文，对论文中涉及的政治思想、研究思路、专业理论、论点论据、结论等方面的情况，综合性地提出问题，学生对教师的设问予以答辩。这就形成了双向的思想交流活动。答辩教师在充分肯定论文长处的同时，提出论文存在的疑点、弱点、缺点甚至错误；学生可以本着坚持真理、修正错误的精神，进行必要的说明、解释、补充和修正。这不仅对于严格考核毕业论文是必要的，而且通过答辩，有利于进一步深化和提高学生的思想认识。

2）学生相互交流。同专业的学生在相同的理论基础上，各自从不同的侧面撰写论文，从理论与实践的结合上分析、解决现实问题。大家各有所长，再通过对教师设问的回答，可以使学生从方法论上，从多角度、多层次的认识上又达到一个新的水平。

（2）毕业论文答辩，是鉴别真伪、考查论文质量的关键环节。论文的真实性是公平竞争的前提。所谓真实性，这里是指毕业论文是不是作者本人的研究和写作成果，作者有无抄袭他人之作或他人代写的行为。这是毕业论文能否顺利通过的一个原则性问题。

在答辩中鉴别真伪，是在整个毕业论文工作过程中，从各方面、各环节为学生营造公平竞争环境的最后的关键环节。在论文选题、编写提纲、多次修改中，指导教师可能已经特别注意到了“真实性”的问题。但由于各个指导教师工作责任心的程度不同，指导工作到位程度的情况不一，或者教师对毕业论文判断失误，往往使鉴别真伪的问题集中到答辩的环节上。鉴别真伪的方法主要有两个方面。

1）听取作者的毕业论文概述报告。考查概述报告能否概述论文的全貌，综合其特点或论文的新观点、新方法。从概述中可以考查论述是否重点突出、语言简练、观点准确、论证充分，表达是否熟练、流畅等。

2）对学术论文中不准确、不鲜明、不全面的方面提出质疑，特别从科学、准确、全面等角度弄清搞透。一般情况下，由于多数学生初涉论文答辩场合，难免怯场。但诸多学生会答辩自如，只要是作者自己亲自动笔写的论文，不论答辩教师有何种质疑，都是不难回答的。

（3）毕业论文答辩是考查基本理论、基础知识，核定论文成绩的有效形式。通过考查论文中设计的基本理论、基本知识，进一步了解学生理论功底是否扎实，对相关知识理解的程度怎样，运用相关理论分析问题、解决问题的能力如何。

核定毕业论文成绩的工作是比较复杂的过程。在通常情况下，答辩“合议”的成绩与指导教师评定的成绩未必完全一致。这是因为，指导教师评审的成绩只是从论文本身质量考虑的。答辩“合议”审定的成绩，既考虑到论文的质量，又考虑到答辩的质量；既考查学生的文字表达能力，又考查口头表达能力；既参照论文对问题认识的程度，又参照学生认识升华的高度。所以，以答辩的情况核定毕业论文成绩，更能反映作者的综合素质。

2．毕业论文答辩的要求

（1）组织高效、得力的答辩机构。毕业论文答辩是一次大型的、内涵要求很高的教学活动，其质量首先取决于有序的组织和严格的管理。因此，组织高效、得力的答辩工作机构非常必要。

1）成立由学院、系部主要领导组成的，分管教学领导全面负责的毕业论文答辩领导小组，统筹安排、协调处理一切答辩的行政事务。

2）成立由业务精、责任心强、坚持原则、公正廉洁、具有答辩资格的教师组成的答辩委员会。答辩委员会一般由五人组成，高职院校必须由具有副教授以上专业技术职称或有经验的讲师担任答辩委员会主任。

（2）做好答辩资格审查工作。

1）各门功课修业考试、考核成绩及格。

2）毕业论文经过教师指导，并有指导教师签署的“同意参加答辩”的意见。

3）遵章守纪，自觉维护和监督答辩工作的严肃性和公平性。

4）毕业论文无抄袭嫌疑。

（3）要创造严肃认真、宽松自在的答辩环境，使学生畅所欲言。由于毕业论文答辩是带有考试性质的教学活动，加之答辩教师治学的严谨态度，在答辩过程中，容易出现个别学生思路混乱、答非所问等现象。鉴于此，答辩委员会主任或副主任既要强调严肃性，又要采取多种方法，营造宽松自在的气氛，缓解学生紧张情绪，以取得答辩的良好效果和成绩。

（4）严肃纪律，落实论文答辩的规定。毕业论文答辩既然是一次严肃的面对面的考试，自然就应有严明的纪律。论文答辩是双向、综合性的交流和学习，因此要求全体学生自始至终参加。教师所拟提问，在未答辩之前，必须保持其绝密状态。

3. 毕业论文答辩的基本程序

毕业论文答辩的基本程序，即答辩工作自始至终要有序安排。一般要经过以下五个阶段。

（1）预备工作阶段。答辩委员会主任、委员、记录员、学生各自在安排的位置就座。答辩委员会主任宣布答辩开始，并向全体学生讲清以下事项：介绍答辩委员会各委员的姓名、学术职称等情况；简要介绍答辩安排、要求和注意事项；简要说明答辩程序；鼓励学生充分发挥其优点，消除紧张心理；宣布学生答辩顺序。

（2）正式答辩阶段。

1）答辩学生简要介绍自己的姓名、学号及论文题目，介绍自己选题的目的，陈述论文的研究思路及基本结论。陈述时不宜按事先准备照本宣科，应采取口述的方式，以增强其可听性；内容上要重点突出、观点鲜明、思路清晰、详略得当；态度镇定自若，吐字清楚，速度适当。介绍自己和陈述论文的时间一般限定在10分钟内。

2）论文陈述后，由主答辩教师（委员）对毕业论文内容和答辩人介绍的情况提出三四个问题。答辩老师提问时，答辩人应集中注意力把问题听清楚并迅速记录下来，如果对问题中有些概念不太清楚，可以请求老师做些解释说明。总之，务必把问题弄清楚，并领会其要旨和核心，以便有针对性地准备，避免答非所问。

3）答辩人准备。答辩人根据老师的提问，在分析领会答辩老师提问的基础上，用10~20分钟的时间快速准备答辩内容。一般来说，准备时，首先要仔细推敲老师提出问题的关键，抓住问题的本质，充分调动所学知识和平时积累，分析整理答案。有些学校规定，答辩老师提出问题后，答辩人必须当场做出回答，可以是对话式的，一问一答；也可以一次性提出问题，答辩人按顺序逐一回答。这就需要答辩人集中注意力，听清问题，快速反应。

4）答辩人回答问题时要注意礼貌，落落大方。回答问题要简明扼要，抓住要害，不要东扯西拉或长篇大论，使人听后不得要领，感到烦琐。要客观、全面、辩证，切忌主观、片面和牵强。陈述观点时要中心突出，观点、事实清楚，层次分明，语速适中，口齿清晰，态度谦恭，充满自信。在答辩过程中，答辩老师甚至旁听的同学也可以就答辩的情况或论文的某一句临时提问，答辩人应虚心、耐心地听完提问，然后有针对性地回答，力求简练、正确。

5）在每个学生回答完问题后，主答辩委员（详看过论文的委员）根据论文和学生回答的情况做简单小结，其他委员可以提出看法和问题，最后由答辩委员会主任（副主任）简单总评（是否通过不宜说，待“合议”决定后全班集体宣布），然后再征求学生意见，等待“合议”后宣布成绩。

（3）“合议”评审论文及答辩成绩阶段。在答辩开始后，对每位学生的答辩优缺点及特长，各答辩委员都要一一记录，并以半天为单元对已完成答辩的学生情况做一小结。全部答辩结束后，各答辩委员采取无记名投票方式给每个答辩学生打分。

（4）宣布结果阶段。毕业论文答辩领导小组和答辩委员会联席会议对答辩成绩最后复议、审定后，由各答辩委员会主任（或副主任），当着全体学生的面，宣布“通过”学生名单和“不通过”情况（一般为尊重未通过学生，“不通过”名单不宜当场宣布）。

（5）善后工作阶段。

1）整理和填写《毕业论文答辩成绩评定表》。此项工作一定要细致、全面。特别是“提问要点”和学生“答辩要点”要详细填写。这两个“要点”是评定成绩的主要依据，是备查的根据。如果随便写写，没有完全反映学生答辩时的实情，就会给学生的成绩评定遗留下麻烦。

2）签名负责。记录员填写好“提问要点”、“答辩要点”后要签名。“答辩委员会评语”由主任、副主任等三人签名，以示负责。“答辩是否通过”及“论文答辩评定等级”由教学副院长（副主任）填写并签字。

3）按时向学校上报成绩。《毕业论文答辩成绩评定表》报学校教学科审定，然后依据此表填写《毕业论文答辩成绩单》一式两份，待学校主管领导审定签字后，一份由教学处存档，一份送学籍处登记成绩。

4．毕业论文答辩的应答技巧

答辩是一门学问，需要一定的策略和技巧。答辩人要想充分发挥自己的水平，顺利通过毕业论文的答辩，除了在答辩之前充分做好准备之外，还要在答辩中表现巧妙方法和才能。在实际操作中，通常表现为理性思维方法和实践中的体验两个方面。

（1）理性思维方法。

1）灵感型思维的发挥。灵感在答辩过程中常常出现，关键是要善于捕捉，正确运用。对于产生的灵感，要及时记录，以备自用。

2）发散型思维的开拓。即多向展开的思维方式。答辩中所谓的多角度，即发散型思维方法的具体运用及结果。发散型思维在答辩中的运用，就是对一个问题的回答可以多向考虑，最后优选最佳答案。还有，对问题的回答一时忘记了，那么，可以换个方向思考和回答。

3）直觉型思维的运用。从现实事物的生动印象，直接把握和阐述事物（问题）的本质和规律。根据自己的社会阅历，就某一问题在现实中的生动直观印象做综合归纳，言简意赅地回答问题，是现实可行的。

4）求同型思维的挖掘。求同型思维，即集中性思维和收敛性思维，是单向开展的思维。在答辩中如果有诸多的答案难以确定中心时，可应用这一思维方法，从“诸多”中挖掘“单向”，通俗地说就是“贴题”回答问题。

（2）实践中的体验。所谓实践中的体验，即根据教师所提问的问题即兴思考和验证如何答辩。

1）深刻理解题意和实质。对老师所提问题要原原本本地记录，记录后再复述一遍，避免弄错。然后逐个紧贴问题，思索答案，切忌答非所问。

2）开门见山，回答直破主题。由于回答问题的时间有限，只有直破主题，抓住要害，不纠缠枝节，才能思想集中地表述出较理想的答案。

3）抓住重点，旁及其余。有的问题含义较多、较深，回答时不可分散、零碎，而应抓住重点说深说透，然后对其余非重点一带而过。

4）坚持真理，修正错误。自认为是正确的就据理陈述，甚至争辩。在争辩中要以事实为根据，以谦虚的态度来磋商，以求教的言辞去动人。对于老师指出的错误，要以诚恳的态度修正，切不可固执己见。

5）思路清晰，表述明白。在短暂的准备过程中，根据撰写论文时的有关资料，整理思路，理清头绪，形成"腹稿"。这时，切忌把精力放在书写答案上，来不及形成清晰的思路，以免答辩东拉西扯、顾此失彼。

6）言简意赅，逻辑性强。有了"腹稿"，就要考虑语言表述的简洁性和说理的逻辑性，如果语言烦琐冗长，就会湮没中心，甚至使听者产生厌烦情绪。如果不注意逻辑性，就语无伦次，说不清道理。

7）尽量口述，增强生动感。在毕业论文答辩中，往往怕口述不好，便念稿子。其弊端：一是念稿子会淡化听者的注意力；二是生硬古板，无吸引力；三是稿子太长，易耽误时间；四是显现不出答辩之意及其气氛。

8）神态自若，情绪稳定。论文答辩时神态紧张的根源在于心理慌张。消除这种心理障碍的办法，一是积极参加答辩会场旁听，亲自了解答辩的基本过程，消除对论文答辩的神秘感；二是相信自己，胸有成竹。只要论文是自己选题、收集材料、构思、撰写、修改的，就没有理由怀疑自己，而应树立一定能够成功的信心。

9）毕业论文答辩中运用图表和多媒体，不仅是一种简洁、直观的表达观点的方法，还是一种调节会场气氛的手段，能为自己的答辩增色不少。

10）毕业论文答辩过程中涉及人称使用问题，多用第一人称"我"、"我们"，这样容易拉近答辩人和答辩老师、旁听同学的心理距离，使答辩人显得更加自信、亲切，增强答辩效果。

11）用目光与答辩老师和旁听同学交流。毕业论文答辩时，答辩人要注意自己的目光，用目光与答辩老师和旁听同学进行心灵的交流，容易使答辩老师和旁听同学对自己的答辩产生兴趣，这也是答辩人对答辩老师和旁听同学应有的礼貌。

12）恰当使用身体语言。与其他答辩活动一样，毕业论文的答辩以口头语言表达为主，但并不排斥肢体语言的运用。相反，肢体语言尤其手势语言的恰当运用，会使答辩人显得更加自信、有力、不容辩驳，使答辩效果更好。

总之，不论是实践中的体验，还是理性思维方法的应用，都要从自己的能力和应答问题的要求来确定。上述各个方面，有时也需交互使用。答辩技巧，关键在"巧"，根本在"熟"。只有非常熟悉自己论文的概念、原理、观点、论述等，才能找到答辩的技巧。

表 8-1 是某职业技术学院毕业设计（论文）答辩申报表，可供答辩学生参考。

表 8-1　某职业技术学院毕业设计（论文）答辩申报表

系部：__________　　　　　　专业教研室：__________

<table>
<tr><td>答辩学生情况</td><td>专业班级</td><td colspan="6"></td><td>学生总人数</td><td></td><td>答辩形式</td><td></td></tr>
<tr><td rowspan="6">答辩委员会组成人员</td><td>姓　名</td><td>年　龄</td><td>职　称</td><td>学　历</td><td>所学专业</td><td>毕业学校</td><td colspan="3">工作单位</td><td>职　业</td><td>备　注</td></tr>
<tr><td></td><td></td><td></td><td></td><td></td><td></td><td colspan="3"></td><td></td><td></td></tr>
<tr><td></td><td></td><td></td><td></td><td></td><td></td><td colspan="3"></td><td></td><td></td></tr>
<tr><td></td><td></td><td></td><td></td><td></td><td></td><td colspan="3"></td><td></td><td></td></tr>
<tr><td></td><td></td><td></td><td></td><td></td><td></td><td colspan="3"></td><td></td><td></td></tr>
<tr><td></td><td></td><td></td><td></td><td></td><td></td><td colspan="3"></td><td></td><td></td></tr>
<tr><td rowspan="7">答辩分组情况</td><td>组别</td><td>答辩小组组长</td><td colspan="4">答辩组成员</td><td>秘　书</td><td>答辩学生数</td><td colspan="2">答辩地点</td><td>拟答辩时间</td></tr>
<tr><td>1</td><td></td><td colspan="4"></td><td></td><td></td><td colspan="2"></td><td></td></tr>
<tr><td>2</td><td></td><td colspan="4"></td><td></td><td></td><td colspan="2"></td><td></td></tr>
<tr><td>3</td><td></td><td colspan="4"></td><td></td><td></td><td colspan="2"></td><td></td></tr>
<tr><td>4</td><td></td><td colspan="4"></td><td></td><td></td><td colspan="2"></td><td></td></tr>
<tr><td>5</td><td></td><td colspan="4"></td><td></td><td></td><td colspan="2"></td><td></td></tr>
<tr><td>6</td><td></td><td colspan="4"></td><td></td><td></td><td colspan="2"></td><td></td></tr>
<tr><td colspan="7">系部意见：

系部主任（签章）：
年　月　日</td><td colspan="5">教务处审核意见：

负责人（签章）：
年　月　日</td></tr>
</table>

8.9 财经毕业论文发表规范、投稿与论文的后续研究

8.9.1 财经毕业论文发表规范

财经毕业论文发表规范及格式如下。

中文题目

作者一 1，2，作者二 2，作者三 1

（1. 单位名称，省、市、邮编；2. 单位名称，省、市、邮编）

摘要：限 300 字以内，以第三人称对全文主要内容进行准确概括，包括研究目的、方法、结论等，不能使用“本文”、“笔者”等第一人称代词做主语。

关键词：3~7 个为宜，应选择描述论文研究范围、主题、核心概念的词或词组，用分号分开。

Title

Name1,2, Name2 ,Name1

（1.Unit ,city, province zip code, China ; 2. Unit, city, province zip code ,China）

Abstract：与中文摘要相对应，英文摘要应符合英文语法，概括论文内容，写明研究目的、方法、结果和结论。尽量用短句子并避免句型单调。用过去时态叙述作者工作，用现在时态叙述作者结论。避免使用一长串形容词或名词来修饰名词，可以将这些词分成几个前置短语，用连字符连接名词组，作为一个形容词。尽量用主动语态代替被动语态。尽量用简短、词义清楚并为人熟知的词。摘要词语拼写，用英美拼法都可以，但在每篇文章中须保持一致。注意中英文不同的表达方法。不要简单地逐字直译。

Key words：对应中文翻译即可，用分号分开。

1 引言

正文在 5 000 字以上为宜，参考文献按顺序引用。

2 一级标题

2.1 二级标题

三级标题 同正文

正文 对参考文献要按顺序引用，图要有图题，表要有表名，按顺序编号。

……

参考文献

参考文献只列最主要的，必须已公开发行的书刊才能列入，最少不得少于 5 条。文献按文中出现先后次序编排，书写格式如下。

专著：[序号] 作者. 题名[M]. 出版地：出版社，出版年.

期刊：[序号] 作者（多作者用逗号分开，超过 3 个者用“，等”代替）. 文章题目[J]. 刊物名称，年代，卷数（期数）：起止页码.

论文集：[序号] 作者. 题名[C]//编者. 论文集名. 出版地：出版者，出版年，起止页码.

学位论文：[序号] 作者. 题名[D]. 保存地点：保存单位，年份.

报告：[序号] 作者. 题名[R]. 保存地点：保存单位，年份.

报纸文章：[序号] 作者. 题名[N]. 报纸名，出版日期（版次）.

标准：[序号] 标准编号，标准名称[S].

专利：[序号] 专利所有者. 专利题名[P]. 专利国别：专利号，公开日期.

电子文献：[序号] 主要责任者. 电子文献题名[电子文献标识/载体类型]. [发表或更新日期]. 电子文献的出处或可获得地址.

电子文献标识：[DB]——数据库；[CP]——计算机程序；[EB]——电子公告。

电子文献载体类型：[OL]——联机网络；[MT]——磁带；[DK]——磁盘；[CD]——光盘。

注意：

1．关于参考文献格式的补充说明。参考文献的具体格式，作者亦可参照国内著名杂志（如《计算机学报》、《中国科学》等）以及国际著名杂志或会议（如 Computational Linguistics、ACL）的相关约定。但在一篇论文内，参考文献的格式及其引用必须规范、一致。

2．全部用 Word 文档。

3．必须写上作者联系方式，包括姓名、地址、邮编、电话（最好手机）、电子邮箱。若有所属课题、基金名称（基金编号），也应写上。

8.9.2　财经毕业论文投稿

学术论文的投稿也有一些规律，如果能够了解这些规律，对投稿与发表将会起到积极的作用。

1．保持稿件的工整与清晰

不少期刊的编辑部每天都要收到上百篇稿件，多数编辑部首先会剔除版面潦草马虎的稿件，因为这个原因被淘汰未免太可惜了。编辑部要求作者的稿件字迹端正、标点清楚，数字和计量用法规范，使用标准简化汉字。尤其欢迎计算机打印稿件，一般拒用不规范的稿件。建议同学们在论文写作开始时就用计算机文字处理系统，这不仅可极大地提高写作效率，而且能够使稿件整洁。也可以给编辑部发送电子邮件，既节约了邮寄时间，也省去了编辑部录入的工序。

2．投稿刊物的选择要适合

（1）选择适当级别的刊物投稿。期刊分为南大核心期刊（大概 500 种）、北大核心期刊（大概 1 200 种）和一般期刊（2012 年统计 9 867 种）。作者一定要正确评估自己论文的质量。倘若是普通作者、质量一般的论文，可以向一般期刊或一些普通高校的学报投稿，这样用稿概率高一些。

（2）注意刊物的内外向性。注意不要投稿给不用外稿的刊物，投稿时选择一些外向性较强的刊物，即采用外稿较多的刊物。阅读刊物的简要介绍和约稿启事（作者须知），或者写信到编辑部索取说明，询问有关要求。多数刊物会在每年度第一期或最后一期刊登这方面的说明。多阅读几期拟投稿刊物，以便从中获取稿件来源的信息。

（3）选择与专业领域相符合的刊物投稿。所有期刊都有自己的专业领域，发表专业内或与专业相关的学术论文，所以财经类论文要投稿给财经类、经济类或综合类有财经专栏的期刊。

3．选择投稿的适当时机

正确选择投稿的适当时机也很重要。期刊会围绕近期经济现象、经济政策、经济问题确定重点选题，围绕热点选题撰写论文并投稿，将会大大提高成功概率。例如，房地产产业政策成为热点时，相关内容的论文易被采用。研究要多关心时事，了解时局和社会经济热点。

8.9.3 财经毕业论文的后续研究

毕业论文的写作是课程学习的总结，是对学生学习成果的检阅，是学生从事科学研究的尝试。但它是阶段性研究，一定存在其内容的不完整及研究思路的不完善，需要学生在毕业以后、在经历了工作实践以后的后续研究。

后续研究有助于对问题的深入思考，进行更深入、更系统的研究，使毕业论文成为未来职业发展的课题或就业创业的依据。毕业论文写作的过程，是学生综合运用各种已学知识，并自主填补专业学习知识缺损的过程，有效地补充了可能在未来个体发展中有用的知识内容。但在学生毕业走入社会后，自然又会遇到许多新的问题，需要对问题的深入思考，因此后续研究有助于毕业论文的选题更深入、更系统，使毕业论文成为未来职业发展的课题或就业创业的依据；毕业论文的后续研究能够强化学生发现问题、分析问题、解决问题的能力，有利于培养学生敏锐的专业洞察力，拥有判断问题和系统分析问题的能力，拥有运用知识去解决理论与实际问题的能力。随着毕业论文研究的进一步完备与完善，还可以将研究成果正式发表，并在此基础上拓展研究视野。国际上许多优秀的科研成果，其思想形成之初就是在大学毕业论文阶段，因为这一阶段的学生思维比较活跃，强化学生的创新能力，有利于激发学生的创造能力，挖掘学生的创造潜力，提炼学生的创新思想。后续的研究可以积极地引导他们将创新的火花转化为科研的初步成果。毕业论文作为研究成果也可以直接应用与推广。例如，对某个特殊类型商业组织的工作人员着装款式与主色调研究的论文可以直接推荐给企业利用。或者在实习期做的针对性研究，也可以有偿转让，这些也属于科研成果的转化。

思考题

毕业论文拆分成学术论文发表时应该注意哪些问题？

案例——某职业技术学院财经类专业学生毕业论文

×××职业技术学院

毕 业 论 文

题　　目：中小企业会计电算化工作现状与对策分析

所属系部：工商管理系

专业班级：11 会计电算化×班

学生姓名：×××

指导教师：王××

2014 年 3 月 28 日

毕业设计（论文）任务书

学生姓名：×××	
专业班级：11 会计电算化×班	所属系部：工商管理学院
题　　目：中小企业会计电算化工作现状与对策分析	
任务内容： 1．中小企业加强会计电算化工作的意义 2．我国中小企业会计电算化工作现存的主要问题 3．完善中小企业会计电算化工作的对策	
设计技术参数或论文撰写要求： 1．按所学专业选题，要立意求新，实用可行。 2．论文观点鲜明正确，中心突出，论据充足可靠，层次分明、结构严谨、逻辑性强。注意避免单纯罗列资料或数据，忽视论证分析的情况；避免写成描述性的记叙文章。 3．学生应独立完成论文写作，严禁抄袭他人之作，严禁请人代写。 4．论文交稿时，要求字迹工整，卷面清洁。文前列出目录，文后列出参考文献清单。 5．论文应表述自己的独立见解，尽量避免照搬照抄书中语句。 6．论文一律用统一的论文稿纸撰写，并将封面、任务书填写齐全。	
时间安排： 2014 年 2 月 24 日　上报论文题目 2014 年 3 月 7 日　上交论文一稿 2014 年 3 月 21 日　上交论文三稿	 2014 年 2 月 25 日　上交论文提纲 2014 年 3 月 14 日　上交论文二稿 2014 年 3 月 28 日　上交论文正本
参考资料： 1．王世定．企业会计实务操作[M]．辽宁：辽宁大学出版社，2013. 2．刘德运．内部审计原理与技术（第 2 版）[M]．北京：中国审计出版社，2012. 3．张雪松．企业会计电算化存在的问题及对策[J]．经济师，2013（1）.	

指导教师签字：　　　　　　　　　　　　　　　　教研室主任签字：

年　　月　　日

毕业设计（论文）评审表

学生姓名：×××
专业班级：11 会计电算化×班　　　　所属系部：工商管理系
题　　目：中小企业会计电算化工作现状与对策分析
指导教师评语：   初评成绩： 指导教师签字： 年　月　日
评审小组意见：   评审小组成员签字： 年　月　日
终评成绩：

摘　要

会计电算化的推广能增加企业对会计电算化基础工作薄弱、会计电算化管理的规章落实不到位、缺乏会计电算化专业人才、信息安全存在隐患、会计软件存在一定缺陷，以及完善中小企业会计电算化的对策的认识。

完善中小企业会计电算化工作，需要加强组织与管理的控制，做好安全防范工作；建立健全完善的会计电算化管理制度；加强会计电算化信息系统的安全性、保密性；做好会计电算化档案管理工作；培养会计电算化综合性人才。

其意义在于，减轻会计人员的劳动强度，提高工作效率，促进会计工作的规范化；提高会计工作的质量，促进会计工作职能的转变，提高企业的管理水平；促进会计队伍素质的提高，促进会计理论研究和会计实务的发展，促进会计制度的改革；为整个管理工作现代化奠定基础。

关键字：电算化；问题；对策

目　录

中小企业会计电算化工作现状与对策分析

随着竞争的不断加剧，企业越来越需要准确、快捷的信息资料。会计电算化作为企业领导重要的决策依据，已基本普及到各中小企业，但就其发展情况还存在许多不完善的地方。怎样使企业更有效地利用会计电算化信息，是我们亟待解决的问题。

1. 中小企业加强会计电算化工作的意义

会计电算化是利用信息技术、现代化会计技术，以先进的计算机为工具，对各种会计信息收集、处理、存储、分析和传送的人机系统，又称会计电算化信息系统。会计电算化是现代企业信息管理系统的一个重要的组成部分，包括现代信息管理技术在会计领域的开发、使用、培训、服务、制定和执行法规制度，以及微观与宏观管理会计业务和会计管理现代化的全部。会计电算化不仅能使广大财会人员从繁重的手工操作中解脱出来，减轻劳动强度，更重要的是能提高会计信息收集、整理、反馈的灵敏度和正确度，提高会计的分析决策能力，为提高会计管理水平和会计信息质量提供有效的途径，是终为经济效益服务。对于中小企业来说，加强会计电算化工作具有重要意义。

1.1 减轻会计人员的劳动强度，提高工作效率

实现会计电算化后，只要将原始会计数据输入计算机，大量的数据计算、分类、归集、汇总、分析等工作，全部由计算机完成。这就将会计人员从繁杂的记账、算账、报账中解脱出来，减轻了劳动强度。同时，由于计算机处理速度快，是手工处理速度的几百倍、几千倍，从而使大量的会计信息得到及时、迅速的处理，提高了工作效率。

1.2 促进会计工作的规范化，提高会计工作的质量

手工会计工作中，由于工作量大、业务繁杂等原因，易出现错记、漏记，账证表难以规范、统一。实现会计电算化后，软件采用先进的技术对输入数据进行校验，防止非法数据的进入，如一张借贷不平的凭证，计算机可以拒绝接收，从而保证了会计信息的合法性、完整性，促进了会计工作的规范化，提高

了会计信息的质量。

1.3　促进会计工作职能转变，提高企业管理水平

会计作为管理活动的一个重要组成部分，不仅具有核算、监督的基本职能，而且还通过分析，进行预测并参与经济决策。手工处理方式下，会计人员整天忙于记账、算账、报账，很难有时间和精力对会计信息进行分析，参与经济决策。同时，由于手工处理方式的客观限制，会计信息难以得到全面、详细、及时、准确的处理，使分析、预测缺少科学的依据。会计电算化后，不仅可以将会计人员从繁杂的事务中解放出来，使他们把主要精力用于经济活动的分析、预测，同时也提供了更全面、科学的决策依据，更加充分地发挥会计的预测、决策职能。

1.4　促进会计队伍素质的提高

会计电算化的实现，对会计人员提出了更高的要求。一方面，会计信息处理方式的改变，要求会计人员学习和掌握许多新知识；另一方面，会计职能的转变，需要会计人员更多地参与经济活动的分析、预测，探索经济活动的规律。

1.5　促进会计理论研究和会计实务的发展，促进会计制度的改革

由于会计电算化改变了传统的会计信息处理技术，必然对会计核算方式、方法、程序、内容等方面产生一定的影响。同时，会计电算化提出了许多新的技术问题，如电算化后的内部控制、审计方法等，促使会计理论和会计实务工作者去研究、探索，推动会计理论研究和实务的发展。

2．我国中小企业会计电算化工作现存的主要问题

2.1　对会计电算化的认识不够

中小企业会计电算化事业起步较晚，还未充分认识到会计电算化的意义及重要性。其单位会计电算化仅仅从减轻会计人员负担、提高核算效率方面入手，根本未认识到建立完善的会计信息系统对企业的重要性，使现有会计提供的信息不能及时、有效地为企业决策及管理服务。中小企业会计一直习惯手工记账，要改变这种方式，有一定难度，对会计电算化只是停留在简单的模仿手工记账阶段，只能进行事后反映，无法进行科学决策、预测和事中的控制。在计算机

上进行一些与会计化无关的操作，认为不会带来不良后果，安全意识比较淡薄。

2.2 会计电算化基础管理工作薄弱

会计电算化工作虽然在很大程度上减轻了会计人员的工作量，但同时也增加了系统维护人员岗位。财会人员和维护人员的共同操作，同时带来了许多新的要求，提出了许多新的问题。目前，不少中小企业没有建立起严密的电算化规章制度或有章不循，使会计电算化不能正常健康运转，导致手工记账与计算机记账并行时间过长，增加了会计人员的工作量。

2.3 会计电算化管理的规章落实不到位

为了使会计电算化工作规范运作，财政部从 1994 年开始到目前为止，相继颁布了一些规章制度。对于这些专门针对会计电算化的规章，许多相关人员并不知道和了解，因此，有时在实际操作中已经违规了，但操作者不清楚，单位的领导也不知道，同时也没有相应的部门去纠正，更谈不上有部门监督管理了。还有不少已经实行会计电算化的单位，虽然知道国家制定的规章，但并没有真正地实施这些规章制度。例如，有些单位对会计电算化操作人员没有严格实行权限限制制度，操作员密码公开或不设密码，为越权使用和数据篡改留下隐患；有些单位人才缺乏，致使会计电算化系统维护这一制度形同虚设；有些单位由于没有处理好企业实施会计电算化后人员职能的转换问题，致使一些会计人员在岗位责任制度方面，职责不明，无从下手；还有些单位没有建立专门的会计电算化机房，没有制定相应的上机操作制度等。

2.4 缺乏会计电算化专业人才

会计电算化发展到今天，对财务人员已经提出了新挑战，即必须对计算机基础知识和使用方法准确地掌握。目前，各专业院校都设置了会计电算化课程，培养了大批复合型人才。然而在实际财务工作岗位上，一些年龄较大的会计人员对会计的业务比较熟悉，分析能力较强，但对计算机的操作比较生疏，没有必需的计算机知识和实践技能，不能适应会计电算化发展的需要；而年轻的财务人员计算机操作得心应手，而分析、决策能力相对差。很多会计人员没有足够的实际经验应对日益复杂的账务处理，即使有一部分人通过了会计电算化的考试，也只是掌握了一些对计算机的基本应用，但实际操作会遇到许多解决不了的问题，也不能灵活运用会计软件满足工作需要。遇到超出应知应会范围的东西，只能找软件的维护人员，而维护人员又基本是计算机专业出身，对财务知识知之甚少或一窍不通，双方不能很好地配合，这也是制约会计电算化发展的原因。要使计算机知识和会计工作经验有机结合，还有待时日。

2.5　信息安全存在隐患

我国会计电算化应用推广、发展迅速，从单项业务处理到建立较为完善的会计信息系统，从“各自为战”的单机操作到会计软件网络化的实施，取得了较为显著的成效。但随着网络系统的进一步发展，会计电算化在信息安全方面有较大隐患：在外部，有计算机病毒和网络黑客的攻击等，在内部，有软件本身的缺陷等。计算机内部控制制度不完善，将导致会计数据的不完整，以及会计工作内部控制失效，这些是会计电算化继续发展要解决的问题。

3．完善中小企业会计电算化工作的对策

3.1　提高企业管理者对会计电算化工作的认识

企业管理者的支持与理解是解决问题的前提。要加强会计人员的计算机技术培训和知识更新。首先，领导必须重视，建立健全一系列电算化模式下的规章制度，严格执行内部控制制度，加强安全、保密措施，建立备份制度，预防会计信息处理中断和数据丢失。其次，加大对会计电算化专业人才的培养力度，特别是电算化管理人才的培训。改善会计人员的知识结构，不断进行知识更新，选拔具有一定计算机知识的会计业务骨干到高校进修计算机专业，同时吸收高校新毕业的会计电算化人才，实现新老结合，尽快形成一支过硬的会计电算化队伍。再次，目前大多数中小企业的会计电算化还属于初级阶段，软件的应用相对简单，更改凭证可以不留有痕迹，更应注重加强对会计人员的职业道德培训，加强法制教育。

3.2　加强组织与管理的控制，做好安全防范工作

进行适当的职责分离，实行电算化人员的权限分级授权管理，建立电算化环境下的会计信息系统的岗位责任制。具体包括：系统管理员具有最高的权限，

操作人员严格按照凭证输入数据，不得擅自更改；除了系统管理员外，其他人员不得直接打开数据库文件进行操作。严格执行岗位责任制和权限控制制度，杜绝个人越权限操作，以便利用会计电算化进行舞弊而给企业造成损失。上机人员在上机前后，应进行操作登记；操作密码要注意保密，不得随意泄露；操作人员必须严格按照操作权限操作，不得越权或擅自上机操作；每次上机完毕，应及时做好备份工作以防止意外事件发生。

3.3　建立健全完善的会计电算化管理制度

对于管理上的混乱，各级财政部门要加强对会计电算化规章的宣传、指导和监督检查。同时，已经实现会计电算化的单位内部也应根据财政部的有关规章，结合单位的实际建立单位内部会计电算化的管理制度，以确保会计电算化的正常运作。这个管理制度体系一般包括：第一，人员管理制度。主要对会计电算化信息系统人员的任职资格进行规划并划分职责。第二，操作管理制度。主要包括操作规程、操作权限、操作记录、管理制度及内部制度。第三，数据管理制度。主要包括数据输入输出的管理、备份数据的管理、存档数据的管理和保密规程。第四，系统维护制度。主要包括系统维护任务、系统软件硬件的维护、系统维护权限的规定、机房管理制度等。

3.4　培养会计电算化综合性人才

会计电算化的应用，对会计人员提出了更高的要求。既要求会计人员要掌握一定会计专业知识，还要掌握相关的计算机知识，财务软件的使用技术、保养和维护、管理等多方面的专业知识。所以要积极推进会计电算化进程，就必须大力加强人才培训的力度，提高会计人员综合业务素质。在培训的内容上要切合实际工作需要，及时更新培训内容，学了就能用得上，完善会计人员会计电算化知识结构体系。对会计人员、系统维护人员、系统管理人员应按不同内容、不同要求进行培训，培养会计电算化骨干力量，建立良好的培训机制，落实培训效果，造就一大批既能够精通计算机信息技术，又专于财务管理知识，能够熟练地进行财务信息的加工和分析，满足各方对财务信息的需求的复合型人才，为促进会计电算化的顺利发展打下良好的基础。

3.5　加强会计电算化信息系统的安全性、保密性

政府主管部门进一步完善会计制度，对危害计算机安全的行为进行制裁，为计算机信息系统提供一个良好的社会环境。制定计算机机房管理制度，制定机房防水、防火、防盗、防鼠的措施，以及突发事件的应急对策等。进行必要的内部控制：第一，实行用户权限分级授权管理，建立网络环境下的会计信息岗位责任；第二，建立健全对计算机病毒、黑客的安全防范措施；第三，建立会计信息资料的备份制度，对重要的会计信息资料要实行多级备份；第四，加强审计制度；第五，建立进入网络环境的权限制度。加强网络安全防范能力：对网络会计系统的安全防范能力采用一些措施，如采用防火墙技术、网络防毒、信息加密、身份认证、授权等。加强数据的保密与保护：在进入系统时加一些诸如用户口令、声音监测等检测手段和用户权限设置等限制手段，另外还可以考虑硬件加密、软件加密等机器保密措施和专门的管理制度，如专机专用、专室专用等。加强磁介质载体档案的管理：为确保档案的真实性和可靠性，实行纸质档案和新型载体档案双套保管的制度。

结　论

通过以上的论证，我们可以看出完善中小企业会计电算化工作是十分必要的。完善中小企业会计电算化，能够减轻会计人员的劳动强度，提高工作效率；促进会计工作的规范化，提高会计工作的质量；促进会计工作职能的转变，提高企业的管理水平；促进会计队伍素质的提高；促进会计理论研究和会计实务的发展，促进会计制度的改革；为整个管理工作现代化奠定基础；提高经营管理水平；使财务会计管理由事后管理向事中控制、事先预测转变，为管理信息化打下基础；推动会计技术、方法、理论创新和观念更新，促进会计工作的进一步发展。

会计电算化的推广能增加企业对会计电算化基础工作薄弱、会计电算化管理的规章落实不到位、缺乏会计电算化专业人才、信息安全存在隐患、会计软件存在一定的缺陷，以及完善中小企业会计电算化的对策的认识。

完善中小企业会计电算化，需要加强组织与管理的控制，做好安全防范工

作；建立健全完善的会计电算化管理制度；加强会计电算化信息系统的安全性、保密性；做好会计电算化档案管理工作；培养会计电算化综合性人才。

其意义在于，减轻会计人员的劳动强度，提高工作效率，促进会计工作的规范化；提高会计工作的质量，促进会计工作职能的转变，提高企业的管理水平；促进会计队伍素质的提高，促进会计理论研究和会计实务的发展，促进会计制度的改革；为整个管理工作现代化奠定基础。

所以，我们要针对中小企业会计电算化过程中产生的各种问题，采用多种方法，从各个方面解决，完善中小企业电算化工作。

参考文献

[1] 王世定. 企业会计实务操作[M]. 沈阳：辽宁大学出版社，2010.

[2] 刘德运. 内部审计原理与技术（第 2 版）[M]. 北京：中国审计出版社，2011.

[3] 张雪松. 企业会计电算化存在的问题及对策[J]. 经济师，2012（1）.

课堂讨论题

结合毕业论文答辩实践的相关内容，思考本专业毕业论文答辩可以应用哪些技巧。

项目训练题

请到中国知网论文数据库中检索以下论文，以小组为单位讨论，围绕以下题目，进行模拟答辩训练，注意答辩技巧的选择应用。

（1）企业财务管理中心地位理论刍议。

（2）试论国有企业财务的分权分层管理。

（3）企业利益相关者的财务治理。

（4）财务外包风险控制研究。

（5）新会计制度下财务管理模式探讨。

参 考 文 献

[1] 李道荣．现代经济应用写作[M]．北京：中国人民大学出版社，2011.
[2] 洪威雷，岳海翔，邱相国．行政管理应用写作[M]．北京：中国人民大学出版社，2011.
[3] 郝全梅．秘书应用写作[M]．上海：华东师范大学出版社，2013.
[4] 冯春，祝伟，淳于淼泠．公文写作[M]．北京：北京大学出版社，2013.
[5] 李中标．现代公文写作指南[M]．长沙：湖南人民出版社，2012.
[6] 王育杰．最新党政公文写作方法与规范[M]．北京：中国广播电视出版社，2013.
[7] 刘鹰，王严根．党政公文写作指要[M]．合肥：安徽人民出版社，2012.
[8] 夏海波．公文写作与处理[M]．北京：北京大学出版社，2013.
[9] 谭慧．公文写作模板与常用语汇[M]．广州：广东经济出版社，2012.
[10] 栾照钧．公文写作与评改禁忌大全[M]．广州：广东经济出版社，2012.
[11] 丁晓昌，冒志祥，胡元德．新编应用写作学[M]．南京：南京师范大学出版社，2013.
[12] 柳新华，徐艳华．公文学的现状与展望[M]．北京：经济科学出版社，2012.
[13] 胡可杜．党政机关公文规范与材料写作[M]．广州：广东教育出版社，2012.
[14] 陈光华．教育公文写作[M]．济南：山东教育出版社，2013.
[15] 霍唤民．财经写作教程（第二版）[M]．北京：高等教育出版社，2013.
[16] 王军元．现代广告学（第 4 版）[M]．苏州：苏州大学出版社，2013.
[17] 丁培卫．广告创意与文案策划[M]．福州：福建人民出版社，2012.
[18] 郑建鹏，张小平．广告创意与文案[M]．北京：中国传媒大学出版社，2011.
[19] 何纯．当代传媒新闻写作教程（修订版）[M]．湘潭：湘潭大学出版社，2012.
[20] 曹林．时评写作十讲[M]．上海：复旦大学出版社，2011.
[21] 陆明，赵华．本科毕业论文面临的问题及解决办法[M]．北京：清华大学出版社，2012.
[22] 应届生求职网．每个人都可以成为传奇：应届生求职、职场全攻略[M]．上海：上海交通大学出版社，2013.
[23] 邓双喜，谭真雄．大学生就业指导与创业教育[M]．上海：华东师范大学出版社，2011.
[24] 徐左平．大学生职业发展指导教程[M]．上海：华东师范大学出版社，2013.
[25] 邹爱华，彭彦．法律文书写作[M]．武汉：武汉大学出版社，2012.
[26] 王青山，王金山．财经应用文写作[M]．北京：高等教育出版社，2013.
[27] 刘春丹．财经应用文写作（第二版）[M]．北京：北京大学出版社，2012.
[28] 史蒂芬・P・罗宾斯．管理学（第四版）[M]．黄卫伟，等译．北京：中国人民大学出版社，1998.
[29] 张琼．大学生职业核心能力论[M]．上海：同济大学出版社，2010.
[30] 李雨龙，乔路．公司章程制定指南[M]．北京：法律出版社，2006.

[31] 李体仁，岳巍. 探讨培养关键能力的途径与方法[J]. 中国教育技术装备，2013（12）:77-79.
[32] 尹金金，孙志河. 关键能力的内涵比较与反思[J]. 中国职业技术教育，2006（34）:26-27.
[33] 凌红. 德国关键能力培养理念及对职业教育的启示[J]. 中国成人教育，2011（12）:111-113.
[34] 赵娇. "能力为本"理念下的高职财经应用写作教材编写[J]. 职业技术教育，2013(2):79-81.
[35] 罗金凤. 高职财经应用写作课程开放式教学的研究与实践[J]. 南宁职业技术学院学报，2013（4）:54-57.
[36] 周颖斌. 财经应用写作的情境仿真教学探析[J]. 福建商业高等专科学校学报，2013（1）:23-26.
[37] 张谛. 基于行动导向的高职财经应用文写作教法探究[J]. 北京工业职业技术学院学报，2013（4）:107-109.
[38] 傅祥威. 高职应用写作教学中案例法与讲授法的互补运用[J]. 广西教育，2013(39):113-114.
[39] 穆宁，刘晓阳. 高职财经类专业顶岗实习工作的探究与应用[J]. 中国科教创新导刊，2011（34）:63.
[40] 谢宏. 基于应用能力的高职财经类专业《经济法》课程教学改革研究与实践[J]. 才智，2013（4）:208-211.
[41] 顾春军. 借鉴台湾教材编写体例 改进大陆《应用写作》教学——以高职院校《应用写作》教材为例[J]. 应用写作，2013（12）:45-48.
[42] 黄献红，韦靖，屈海英，滕晓婳. 高职应用写作课程项目教学法的应用及效果分析[J]. 广西教育，2013（27）:103-104.

反侵权盗版声明

举报电话：（010）88254396；（010）88258888

传　　真：（010）88254397

E-mail：　dbqq@phei.com.cn

通信地址：北京市万寿路 173 信箱

电子工业出版社总编办公室

邮　　编：100036